作者简介 ---

张 鑫 蒙古族，现就职于内蒙古自治区党委网络安全和信息化委员会办公室。中国传媒大学博士，理论舆论学专业，在读期间，参与国家社科基金项目《新形势下的舆论引导新格局、新机制研究》，参与编写《中国广播电视年鉴》项目；发表《移动社交媒体舆论热点传播机制探析》《网络空间治理的发展实践与优化路径》等论文。

移动社交媒体
舆论热点传播机制研究

人民日报
博士文库

Yidong Shejiao Meiti

Yulun Redian Chuanbo Jizhi Yanjiu

张　鑫◎著

人民日报出版社·北京

图书在版编目（CIP）数据

移动社交媒体舆论热点传播机制研究／张鑫著．
—北京：人民日报出版社，2020.6
ISBN 978-7-5115-6413-9

Ⅰ.①移… Ⅱ.①张… Ⅲ.①互联网络—传播媒介—
舆论—研究—中国 Ⅳ.①G219.2

中国版本图书馆 CIP 数据核字（2020）第 091097 号

书　　　名：移动社交媒体舆论热点传播机制研究
　　　　　　YIDONG SHEJIAO MEITI YULUN REDIAN CHUANBO JIZHI YANJIU

著　　　者：张　鑫

出 版 人：刘华新
责任编辑：林　薇
封面设计：中联学林

出版发行：人民日报出版社
社　　　址：北京金台西路 2 号
邮政编码：100733
发行热线：（010）65369509　65363527　65369846　65369828
邮购热线：（010）65369530　65363527
编辑热线：（010）65369526
网　　　址：www. peopledailypress. com
经　　　销：新华书店
法律顾问：北京科宇律师事务所 （010）83622312
印　　　刷：三河市华东印刷有限公司

开　　　本：710mm×1000mm　1/16
字　　　数：278 千字
印　　　张：16.5
版次印次：2020 年 6 月第 1 版　　2020 年 6 月第 1 次印刷

书　　　号：ISBN 978-7-5115-6413-9
定　　　价：95.00 元

致　谢

　　读书不觉已春深，一寸光阴一寸金。在博士生涯即将结束的此刻，种种情景从记忆中闪过，从大学到博士，从学生走到工作岗位，已然度过十载，恰经历青春岁月，有欢乐、有苦楚、有期待，但更多的，还是不舍和感激！

　　感谢母校中国传媒大学对我的培养。能够在人生最珍贵、最美丽的年华在这里求学，是我一生之幸。在这里，结识众多师友，得到颇多帮助和鼓励，读博阶段成为我人生又一次难能可贵的成长期、进步期。未来，我将秉承"立德、敬业、博学、竞先"的校训，在人生的道路上一往无前，再接再厉，为母校的建设发展添砖加瓦。

　　感谢恩师雷跃捷教授，成为其弟子何其幸运，能够得到导师对我的严格要求、悉心指导、循循鼓励和宽容体谅。导师的笔耕不辍和勤勉毅力教会了我严谨求实的科研思维，儒雅风范和高尚人格也让我明白学术的收获需要艰辛的付出和努力。论文从选题、开题到内容的组织和篇章结构，都倾注了导师大量的心血。多少个深夜里，雷老师认真细致地修改着密密麻麻的文章，一字一句对论文提出修改意见，当我对论文选题和思路感到迷茫时，是雷老师的关怀鼓励让我打开思路、充满信心；当我精疲力竭而疏于论文撰写时，是雷老师给予我及时的指导和鞭策……导师渊博的知识、敏锐的学术眼光、"研墨只取七分色，还留三分赠砚池"的治学态度使我深受裨益，是我一生学习和追求的榜样力量。

　　感谢郑保卫教授、陈富清教授、王灿发教授、王锡苓教授、张艳秋教授对论文精心指导和提出的宝贵意见，感谢刘笑盈教授、刘燕南教授、龙小农教授、赵雪波教授、李智教授、贾乐荣副教授、李汇群副教授、黄建老师、薛宝琴老师等在我就读期间给予的鼓励和支持。感谢传播研究院的老师和同学们，学院充满激情的研究氛围提升了我学习研究的深度和厚度，老师和同学们扎实的学风和优秀的素养不断激励我进步。感谢所有被本文引用和参考过的文献作者，是他们的研究成果为本文提供了参考和借鉴，在此向每一位学者表示真诚的感谢。

感谢青城的领导与同事们，是你们的理解和支持才让我有机会到北京实现读博的梦想。

感谢家人对我无条件的付出和支持，给我最美好的爱和最温暖的依靠，在困难关头给予我陪伴鼓励，让我始终铭记"业精于勤荒于嬉，行成于思毁于随"的深刻教诲，是我一生学习前进的最大动力。

读书学习是一生要做的修为，是通向广阔世界最好的路，这些成长的磨砺、奋斗的汗水，都将累积成为向上攀爬的阶梯，支撑着我看到更高处的风景。为博士生涯画上一个小小的句号，心向未来，开启一段新的征程，我将始终不忘初心，感恩铭记，在学习中心怀梦想，不负人生！

张鑫

2019 年 6 月

摘　要

　　以微博、微信、移动短视频为代表的"两微一端"等移动社交媒体开启了网络舆论场的移动化时代，移动舆论场成为舆论热点产生和发酵的重要场域。中国网络舆论生态环境的新格局给舆论传播机制带来深刻变革，为网络空间治理和舆论引导工作提出了新的研究课题。本研究梳理辨析移动社交媒体、舆论热点、传播机制等概念，从舆论学、传播学等角度分析其内涵及层次，以赋权理论、自组织理论、议程设置理论、场域理论、社会网络理论等为切入点，寻找能够解释移动社交媒体舆论热点传播和引导复杂现象的理论支撑点，提出移动社交媒体舆论环境下开展网络舆论引导的理论依据。系统梳理分析移动社交媒体的发展历程和格局现状，深入研究舆论热点传播带来的新生态环境和发展趋势。本研究分别聚焦微博、微信和移动短视频的舆论热点传播机制，研究不同移动社交媒体在舆论热点传播环境、传播要素、传播过程、传播影响等方面的特性，分别构建微博、微信、移动短视频的舆论热点传播路径和模式，挖掘对舆论传播的系统影响和结构作用。在分类研究和案例研究的基础之上，研究移动社交媒体舆论热点的构成要素及传播特征，以此为基础探索影响移动社交媒体舆论热点传播的动力因素，得出事件性质、舆论正负向、传播渠道、自组织群体、共情心理、场域情境、流行话语等是影响移动社交媒体舆论事件是否能够生成扩散为舆论热点的内在结构要素，挖掘舆论热点传播动因与舆论场的密切关联作用。深入分析移动社交媒体舆论热点发展演化规律，对近年来网络舆论热点事件传播的时间特点、空间特点、传播模式、影响效果等进行分析总结，对比当前几种主要的移动社交媒体舆论热点传播模式，通过研究舆论热点事件的话题主题与规模，议程设置的同步化、颗粒化，首轮发酵路径，关键传播节点等传播关键阶段，发掘移动社交媒体舆论热点传播的内生规律及对舆论热点传播机制的变革，提出移动社交媒体舆论热点生成的偶发性、舆论传播的圈层性、舆论效果的协同性、舆论消散的长尾性的传播机制特性，构建移动社交媒体舆论热点传播的优化模式，发现热点触发、互动传播、碎片聚合、群体极化、长尾闭合传播机制的联动机理，研究新的传播模式对网络空间和社会关系产生的深刻影响。在理论研究基础之上，从实践角度检验移动社交媒体舆论热点传播机制的影响和效果，分析移动社交媒体背景下网络舆论引导的复杂性及当前工作状况、存在的主要问题，从移动社交媒体舆论热点传播机制带来的积极意义和影响作用角度出发，重点研究移动社交媒体舆论热点传播机制营造的舆论传播新环境，促进网络治理新发展，以及创新社会治理新实践。立足于加强和改进舆论引导，分析移动社交媒体环境下加强网络舆论引导工作的目标、原则思维和方法途径，从宏观、中观、微观层面提出具体建议。对5G时代给新的舆论热点传播机制带来的发展变革以及挑战进行展望，为未来的网络空间治理和舆论引导提供参考借鉴。

关键词：移动社交媒体；舆论热点；传播机制；网络舆论引导

目　录
CONTENTS

绪　论

第一节　研究的基本内容

随着互联网新技术新应用发展和移动智能终端的普及，2014 年 6 月底，我国手机网民规模首次超过 PC 端，社会进入移动互联网时代，给舆论生成传播带来变革性影响。2018 年年底，我国手机网民规模达 8.17 亿，网民通过手机接入互联网的比例高达 98.6%，移动流量资费大幅下降，跨省"漫游"成为历史，居民入网门槛进一步降低，信息交流效率得到提升[①]。互联网、通信网、广电网的三网融合，不同媒体形态的融合发展，形成人与信息之间、媒体与信息之间全新的传播体系；泛媒介化传播开启了信息传播的"裂变量级"时代；移动社交媒体场景化、个性化发展构筑新的社会关系的形成，用户在移动互联网上突破时空限制和心理文化背景因素，与网络空间和社会关系发生着深刻的相互作用。当前，新的网络媒体技术和形式纷纷涌现，传统媒体也在紧跟技术发展进步，与新的媒介技术交融升级，网民个人上网设备进一步向手机端集中，受众已大规模移向移动互联网平台[②]。特别是移动端社交媒体的迅猛发展、技术的不断创新、内容和应用的深入融合和移动端场景化发展，使得移动社交媒体

---

① 中国网信网 . CNNIC 发布第 43 次中国互联网络发展状况统计报告［EB/OL］. http：// cnnic. cn/gywm/xwzx/rdxw/20172017＿7056/201902/t20190228＿70643. htm，2019 － 02 － 28/2019 － 03 － 02.

② 中国网信网 . CNNIC 发布第 41 次中国互联网络发展状况统计报告［EB/OL］. http：// www. cac. gov. cn/2018 － 01/31/c＿1122346138. htm，2018 － 01 － 31/ 2018 － 02 － 23.

在网络空间治理和舆论传播引导中发挥着越来越重要的作用。

从顶层设计角度来看，2014 年，习近平总书记主持召开中央网络安全和信息化领导小组第一次会议，提出做好网上舆论工作是一项长期任务，要把握好网上舆论引导的时、度、效，使网络空间清朗起来。① 标志着网络舆论工作进一步成为国家重要议事日程。《关于制定国民经济和社会发展第十三个五年规划的建议》中明确指出："牢牢把握正确舆论导向，健全社会舆情引导机制，传播正能量。"② 2016 年，习近平总书记主持召开网络安全和信息化工作座谈会，强调要本着对社会负责、对人民负责的态度，依法加强网络空间治理，加强网络内容建设，做强网上正面宣传，培育积极健康、向上向善的网络文化。③ 党的十九大报告也对网络舆论工作提出了明确要求。2018 年，根据《深化党和国家机构改革方案》，将中央网络安全和信息化领导小组改革为中央网络安全和信息化委员会，负责网络安全和信息化领域重大工作的顶层设计、总体布局、统筹协调、整体推进、督促落实……④

从舆论传播角度看，移动社交媒体集工具属性、媒体属性、社交属性和服务属性于一体，传播模式融合了大众传播、人际传播、组织传播的特性，给舆论热点传播机制带来巨大变化，给网络空间治理工作提出了重要研究课题。以微博、微信、移动客户端为代表的"两微一端"等移动社交媒体开启了网络舆论热点传播的移动化时代，移动舆论场成为舆论产生发酵的重要场域。同时，知乎、分答、豆瓣等以社交为基本功能的网络交流问答社区，以抖音、快手、火山小视频等为代表的短视频，以喜马拉雅、蜻蜓 FM 等为代表的音频互动移动客户端等迅速占领垂直领域市场，塑造出多元细分的舆论场和舆论传播机制。海量的信息和数据造成的信息过载和注意力稀缺，也促使知识付费模式迎来前所未有的发展，正在深刻改变舆论生态格局。移动社交媒体使用户的传播能力大大增强，舆论冲击力越来越大，也越发不可控制。国家和地方有关部门加大

---

① 中国网信网．习近平：创新改进网上宣传 把握网上舆论引导的时度效［EB/OL］．http：//www. cac. gov. cn/2014 -02/28/c_ 126205895. htm，2014 -02 -28.

② 人民网．中共中央关于制定国民经济和社会发展第十三个五年规划的建议（全文）［EB/OL］．http：//house. people. com. cn/n/2015/1103/c164220 - 27772642 - 4. html，2015 -11 -03.

③ 央广网．习近平：加强网络内容建设 做强网上正面宣传［EB/OL］．http：//m. cnr. cn/news/20160419/t20160419_ 521919073. html，2016 -04 -19.

④ 新华网．中共中央印发《深化党和国家机构改革方案》　［EB/OL］．http：//www. xinhuanet. com/2018 -03/21/c_ 1122570517. htm，2018 -03 -21.

管理力度，采取多种措施净化网络环境，互联网正能量和网民理性程度大幅提升。

从社会治理和网络治理角度来看，在移动社交媒体已逐步成为信息获取传播主要渠道、舆论热点生成发酵重要场域的背景下，对网络空间治理造成了新的困境和挑战，也提供了社会和网络协同治理的新思路和渠道。2016 年 10 月 9 日，习近平总书记在中央政治局第三十六次集体学习时指出："随着互联网特别是移动互联网发展，社会治理模式正在从单向管理转向双向互动，从线下转向线上线下融合，从单纯的政府监管向更加注重社会协同治理转变。"① 在从新闻宣传工作向新闻舆论工作的理念转变过程中，切实提升网络空间治理能力，关键和基础在于加强对移动社交媒体传播规律的系统性、复杂性研究，分析掌握舆论热点事件在移动社交媒体中的传播模式和传播机制，提出移动互联网时代加强网络空间治理的对策和建议，实现协同治理的最佳效果。

一、研究缘起与问题

在移动社交媒体传播作用构建的舆论空间中，舆论生态进一步呈现出去中心、交互性和社会化特征。公共话语权的逐步迁移，传统话语权力的非对称关系日益改变，新旧媒体交互影响、舆论表达多元复杂成为当下中国舆论场格局的典型写照。面对复杂的移动舆论场格局，以及层出不穷的新技术新应用，为深入研究当前舆论传播出现的新情况、新现象、新问题，探索移动社交媒体舆论热点传播的内在规律和外在环境，对移动社交媒体舆论热点传播机制加以构建和改善，本研究主要聚焦和试图解决以下几个问题。

一是描述和探索移动社交媒体舆论热点传播的新问题和新现象。在传统媒体时代，舆论热点的传播引导已形成了较为完善的机制与格局，而移动社交媒体的发展为信息传播、议题设置、舆论生成、传播效果等方面带来了深刻的变革，也为传统舆论生态和社会治理带来了新的问题和挑战，需要深入探索移动社交媒体传播环境下舆论热点传播机制的具体表现，并对新现象和新机制加以描述分析。

二是在对移动社交媒体舆论热点传播机制具体现象进行描述的基础之上，

① 人民网. 习近平在中共中央政治局第三十六次集体学习时强调：加快推进网络信息技术自主创新？朝着建设网络强国目标不懈努力［EB/OL］. http：//dangjian. people. com. cn/n1/2016/1011/c117092 - 28768107. html，2016 - 10 - 11.

探索研究移动社交媒体舆论热点传播机制的形成和发挥作用的理论支撑和依据，在移动社交媒体舆论热点传播过程中找出对新的传播现象和传播规律的理性认知。通过采用不同的理论分析工具，挖掘移动社交媒体舆论热点传播机制的运行原理和联动机理，在构建移动社交媒体舆论热点传播机制的基础之上对现有的舆论热点传播机制加以改进完善。

三是在经过理论层面探讨的基础之上，从实践层面研究移动社交媒体舆论热点传播机制在舆论传播引导的实践过程中如何发挥作用，取得了什么样的实际效果，通过丰富的案例和实践经验资料等，从实际应用效果角度检验理论研究认知，在运行和发挥作用的过程中对舆论热点传播机制的规律和作用进行检验。

四是在理论研究和实践分析检验之后，发现当前移动社交媒体舆论热点传播机制存在的问题和需要改进的地方，有针对性地对存在不足和问题的原因加以梳理，挖掘移动社交媒体舆论热点传播机制与舆论引导的交互关联的逻辑关系，通过深入探索移动社交媒体舆论热点传播带来的复杂性影响以及创新格局和实践，为提出加强和改进移动社交媒体网络舆论引导的对策和建议提供理论依据。

二、研究对象

本研究以移动社交媒体舆论热点的传播机制为主要研究对象，重点探究移动社交媒体舆论热点的生成环境、传播格局、传播特征、传播机制及移动社交媒体环境中网络舆论引导策略，以赋权理论、自组织理论、议程设置理论、场域及场景理论、社会网络理论为研究工具，以微博、微信、移动短视频为研究范围，寻找能够解释移动社交媒体舆论热点传播复杂现象的支撑点，分析移动社交媒体舆论热点发展演化规律及传播模式，进而研究新的传播机制对网络空间和社会关系产生的深刻影响。

随着移动通信网络环境的不断完善以及智能手机的进一步普及，移动互联网应用向用户各类需求深入渗透。当前微信、微博、QQ、短视频等社交媒体已经实现了移动终端与 PC 端的深度融合。鉴于这样的变化，其中社交网络产生影响的交叉部分难以准确地划分，但是由于移动终端的使用人数迅猛增多，微信、微博活跃用户等多通过移动终端传播社交，因此，作为一般规律的研究，本文将微信、微博平台所带来的影响主要归于移动终端平台。本文研究关注的移动社交媒体，主要包括发展趋势稳定，有庞大的用户数量，兼具信息传播、舆论生成媒体属性和交流互动的社交属性的移动端应用，如微博、微信、移动端社区等，对属于移动社交媒体范畴但基本不具备舆论热点生成良好条件的平台如电商平台、生活服务类平台不在本研究范围之内。

三、研究目的

基于网络舆论对整体舆论空间、社会治理越来越重要的作用，学界对网络舆论的生成、传播及影响等问题进行了大量卓有成效的研究，基本构建起当前网络舆论研究的框架和理论体系。然而，移动社交媒体的成熟发展和普及应用给网络舆论生态环境带来了深刻改变，舆论热点的传播发展和治理路径方式也相应出现了较大变化，现有的一些理论研究和方法不足以全面深入地阐释移动社交媒体领域舆论生成传播的一系列问题和现象，急需在新的时代背景中对相关研究进行更新和补充，以便更好地厘清舆论热点传播规律，为深入建设综合治网体系和治网格局提供思路和方法。本研究在对移动社交媒体不同平台的舆论热点传播特点及传播规律总结归纳的基础上，分析影响舆论热点传播的外部环境和内在规律，探索当前移动社交媒体舆论热点的传播机制，通过对舆论热点传播动因要素解构分析，发现现有移动社交媒体治理和传播存在的问题，构建移动社交媒体舆论热点传播模式和路径，提出切实可行的网络舆论引导策略。具体研究目的如下。

一是解读当下移动社交媒体舆论生态格局，为研究舆论热点传播机制提供理论和实践背景依据。当前，移动社交媒体已经成为获取信息、表达观点、传播舆论的最主要渠道，深刻改变了传统舆论生态格局，与传统舆论场形成了新的碰撞，为网络舆论场带来了新变化和新发展。移动舆论场的各个传播要素都呈现出不同于 PC 端网络舆论场的复杂特征。通过对移动舆论场复杂性的认知和分析，全面深入地了解舆论热点事件发生的生态环境和主客观因素，对移动社交媒体现状格局、困境挑战和发展趋势分析审视，从整个舆论空间环境的宏观角度来分析移动社交媒体舆论对传播格局带来的影响，研究其对舆论发酵生成的影响力，及其在舆论场扮演的具体角色和发挥的重要作用。

二是研究新媒体传播环境中的移动社交媒体舆论热点传播机制，从多领域多学科角度加大了理论研究的深度和广度，聚焦移动社交媒体舆论热点传播机制的主体、客体、环境、渠道、构成要素、传播特征、传播规律等内容，归纳总结舆论热点生成传播的内在规律和传播联动机理，提炼出影响移动社交媒体舆论热点传播的动力因素和关键节点，为建立移动社交媒体舆论热点传播新模式提供规律性的认识、构建优化模式。以案例分析和文本分析为主要方法，对微博、微信公众账号、朋友圈、短视频平台中的舆论热点事件传播规律深入研究，根据不同移动社交媒体舆论热点传播特性，探索归纳不同的传播模式和路径，也为未来学科发展范式和创新带来新切入点。

三是研究移动社交媒体舆论热点传播机制对网络治理和社会治理的积极作用和复杂性影响，梳理移动社交媒体舆论引导机制现状，提出移动社交媒体舆论热点传播机制创新网络治理新格局、社会治理新实践，为提升综合治网能力提供支撑和依据。通过分析移动社交媒体背景下网络舆论引导的复杂性及当前存在的主要问题，从宏观、中观、微观层面提出加强网络舆论引导的具体举措。

四、研究意义

本研究以移动社交媒体的舆论热点传播机制为切入点，对构成和影响"传播机制"的相关因素"传播场域""传播要素""传播模式""传播影响"等课题深入分析，在此基础上构建移动社交媒体舆论热点传播的优化模式，提出加强网络舆论引导的策略。该项研究的意义具体表现在以下几方面。

一是拓展新的研究对象。目前，国内对舆论热点传播机制的研究主要包括网络舆论传播机制的概念特征研究、舆论传播的各个要素研究、舆论形成传播过程研究、舆论作用影响等方面；对移动社交媒体的研究重点在对用户行为和用户媒介素养的研究、将移动社交媒体作为媒体形态和发展状况的研究、移动社交媒体舆论形态的发展趋势、内涵和外延等方面。专门针对移动社交媒体的舆论环境、传播机制和对网络空间影响的相关研究较少。本研究选取当前受众范围广、影响大的移动社交媒体舆论热点传播机制为研究对象，旨在对移动社交媒体舆论热点形成和传播的规律进行探索。

二是丰富网络舆论的理论研究。关于网络舆论生成和传播的研究发展成为我国网络舆论研究的新重点和新亮点，与网络舆论引导、网络舆情研究密切联系，成为兼具理论价值和现实意义的研究新领域。当前关于移动社交媒体舆论的相关研究主要从实践应用层面开展，理论研究较为缺乏。研究移动社交媒体舆论热点传播机制有利于丰富舆论学的理论研究内容，结合"赋权理论""自组织理论""议程设置理论"等研究支撑，从移动社交媒体的外部环境和舆论传播的内部机理等不同视角对网络舆论进行深入思考，完善发展网络舆论相关理论，为舆情分析研判、舆论引导、网络治理等提供学理支撑和解释框架。

三是为提升综合治网能力的现实服务。当前，移动社交媒体舆论热点事件高发突发，传统的互联网治理方式已不适应移动社交媒体的发展趋势，舆论引导的时、度、效无法保证，给网络空间治理工作带来困难和问题。因此，探究如何应对移动社交媒体舆论传播及引导具有重要的现实意义，本研究从舆论热点发展全过程出发，通过对移动社交媒体平台上舆论事件的传播扩散、分析研判、应对引导等的具体研究和案例分析，为丰富社会治理平台和手段，有效提升综合治网能力提供实践层面的借鉴参考。

五、研究内容与思路

本研究从舆论学、传播学视角切入，重点关注移动社交媒体舆论热点传播的形成和运行机制，紧紧围绕移动社交媒体"舆论热点传播机制"这个问题开展研究。

首先，对移动社交媒体、网络舆论热点、舆论传播机制等概念展开研究，系统梳理和舆论热点传播机制相关联的国内外研究文献，在前人研究基础之上挖掘本研究的创新之处。研究移动社交媒体舆论传播环境和格局，发现移动社交媒体舆论传播给整个舆论场生态格局带来的结构性变化。系统梳理当前移动社交媒体发展历程、发展格局和发展状况，关注移动社交媒体发展所带来的挑战和趋势。

其次，以微博、朋友圈、微信公众账号、短视频等具有代表性的移动社交媒体为具体研究对象，运用赋权理论、自组织理论、议程设置理论、场域理论、社会网络理论等对不同移动社交媒体平台上的舆论热点事件进行文本分析、案例研究、理论研究，重点探索移动社交媒体舆论传播要素、传播特征、传播过程等传播机制的内在规律，分析舆论热点传播的外在环境，总结不同的移动社交媒体平台特有的舆论热点传播模式、对传播机制带来的革新，以及特有的传播机制对舆论场产生的影响。

再次，在对微博、微信、移动短视频的舆论热点传播机制进行对照梳理的基础上，分析移动社交媒体舆论热点传播动因要素，提炼其与舆论热点传播特性的密切关联作用，总结移动社交媒体舆论热点生成、发展、波动、共振、衰减演化规律及传播机制，以及对传统舆论传播模式的新变革。在移动社交媒体舆论热点传播规律性范式的基础之上，研究构建热点触发、互动传播、碎片聚合、群体极化、长尾闭合等新的舆论热点传播机制，深入挖掘不同传播机制之间的联动机理及对网络空间和社会关系产生的深刻影响。

最后，分析移动社交媒体舆论热点传播机制对网络舆论引导的复杂性影响，系统梳理移动社交媒体舆论引导机制，发现当前网络舆论引导存在的主要问题，探索移动社交媒体舆论热点传播机制创造的网络治理新格局和社会治理新实践，并从加强和改进舆论引导的角度，提出强化思维更新、强化基础管理、强化主体责任、强化行业自律等促进移动社交媒体舆论环境健康发展的建议和展望。

六、研究方法

文献研究法。通过参考文献、内容分析等进行客观、系统、定性的描述。梳理移动社交媒体、舆论热点、传播机制等相关概念，深入研究运用舆论学、传播学理论对舆论热点传播机制等进行文本分析，在此基础上确立研究论文思路。

案例分析法。选用多案例研究法，利用丰富的案例充实研究内容，挑选不同媒介平台上多个舆论热点传播事件为案例，得出普遍性和特殊性的结论。在案例具体研究中，既有典型案例分析，也有类型统计、数据对比，在多案例研究基础上进行高度的概括分析，以案例推导结论，佐证观点。

比较研究法。在定性研究中，使用纵向比较和横向比较的研究方法，既包括不同案例之间的比较，也包括不同平台、不同网络空间场域的比较，特别是在移动社交媒体不同平台舆论热点的传播机制研究中，选取移动社交媒体中影响力较大的微信、微博、移动短视频等代表进行研究，对比不同平台移动社交媒体舆论热点传播特征及对舆论场的作用，提出多样化、针对性策略。

深度访谈法。对互联网主管部门工作人员和从业人员进行深入调查访谈，梳理总结了规律性认识和研究思考。通过与相关领域从业人员的对话采访，深入了解移动社交媒体的发展形势和舆论传播特征，收集整理相关资料，汇总形成具有参考价值的研究内容。

七、研究创新之处

泛媒体时代的到来，极大拓展了舆论热点传播的研究领域和研究对象，技术的高速发展也引发了学界对研究方法的革新。

一是研究视角和对象较新。本文研究对象选取移动社交媒体中的舆论热点传播现象，在现有传播机制研究的基础之上挖掘了移动社交媒体空间中舆论热点这一新的研究对象和领域，探讨了当前移动舆论场中舆论传播的复杂现象，系统研究了舆论热点传播规律和特征，从传播机制层面研究舆论热点事件如何通过移动社交媒体发酵扩散爆发，侧重于分析移动社交媒体的舆论热点生成演化过程及影响力维度，试图获得移动社交媒体舆论热点传播的规律性认识，构建舆论热点传播的新模式。通过提供新的研究思路、引入新的研究视角，为舆论传播机制相关研究提供理论参考和借鉴。

二是研究成果直接服务于实践。通过对移动社交媒体舆论热点传播模式的研究，从移动舆论场环境研究角度分析舆论热点传播影响要素，总结移动社交媒体舆论引导机制存在的弊端和不足之处，对移动社交媒体与社会治理、网络治理的互动作用进行不同维度和层次的探讨，从加强网络舆论引导角度提出科学化对策建议，为改进实际工作提供思路和方法。特别是结合丰富的实证案例和实践工作抽象归纳出舆论热点生成传播机制构成要素及如何发挥作用，并采用多个理论工具进行对照，指出机制的内在工作原理，在一般经验总结的基础上实现理论升华。

第二节　文献综述

为进一步掌握当前我国移动社交媒体舆论热点传播机制相关研究的整体情况，将有关内容涉及的包括专著、论文期刊等文献资料列入研究范围，分别以舆论传播机制、社交媒体、网络舆论热点等为主题检索，分析研究有代表性的文献，有关文献情况如下。

一、研究现状

网络舆论热点的生成环境与传播机制，是舆论事件出现、形成、发生作用的关键环节，是网络舆论主体和客体互相协同影响、发挥作用的场域结构。媒介技术的不断更新迭代和移动社交媒体作用的日益突出，带来了舆论生态和媒介格局的深刻变化，移动社交媒体的相关研究也成为舆论传播机制研究的重要问题。历年来学者对网络舆论的研究主要集中在网络舆论理论本质探究、网络舆论的功能作用和网络舆论引导方面，关于网络舆论热点生成传播机制等舆论发展机理的规律性研究较少。在理论研究不断深入和技术持续发展中，舆论传播机制研究领域出现了一些具有理论深度和现实参考价值的学术文献，为传播学、舆论学研究提供了较新的研究范式和理论支撑。

（一）舆论热点与舆论传播机制

1. 舆论热点研究现状

在中国知网以"舆论热点"为关键词进行主题检索，截至 2018 年年底，相关论文共有 297 篇。搜索中文核心期刊和 CSSCI 发表的期刊论文，共检索到 277 篇论文；搜索博士、硕士论文，共检索到 20 篇论文，相关研究在 2010 年以后呈现出大幅增长。有学者认为网络热点事件是在网络上广泛传播、引起网民共同关注、激发网络群体参与、形成舆论推动进程的社会事件或事务①。还有学者认为网络热点是在网络广泛流传、备受社会关注的中介性社会事件，具体可以表述为网络热点是某段时间内各个领域发生的引起人们较大关注的话题，是从不断更新的海量网络信息中提取出来的，能呈现网络当前重要事件、关注焦点、舆论方向的相关信息②。一般而言，网络热点是指在网络上广泛传播、网民广泛参与并引发全社会热议的事件。总是与社会热点问题、重要人物事务等息息相关，通常通过各类网站新闻、贴吧论坛、聊天室以及微博、博客等发酵，在其中获得较高的点击率、点赞量、转载量和评论量等，形成网民关注焦点，反映现实中的社会热点和个人情绪③。

当前舆论热点主要研究内容包括：

一是舆论热点的生成路径机制及传播结构分析。有研究认为网络舆论热点生成路径呈现"蝴蝶效应"，任何事件都有可能借助媒体演变成轩然大波，形成舆论热点，构成循环式生成路径④。有研究梳理 2016 年发生的 5 起热点事件，提炼出新媒体引发热点事件—新媒体设置议程—新媒体平台之间共振—传统媒体跟进报道传播新路径，认为新路径和前移动互联网时代形成鲜明对比，新媒体平台不仅成为热点事件的首发地和发酵池，而且已经具备了自洽的议程设置

---

①　薛可，许桂苹，赵袁军. 热点事件中的网络舆论：缘起、产生、内涵与层次研究. 情报杂志，2018（8）：8 - 83.

②　肖岳峰，李祖塔. 网络热点对大学生思想行为影响. 高教论坛，2011（8）：8 - 10.

③　唐琪. 网络热点事件的科学传播研究. 长沙：湖南大学，2012：8.

④　师静，王秋菊. 从"蝴蝶效应"谈网络舆论热点生成路径. 传媒观察，2011（2）：14 - 15.

功能，传统媒体随后的跟进报道只是扩大了热点事件的传播力度和范围，不再是热点事件形成中不可或缺的一环①。从议题的信息架构角度分析，对网络舆论热点的内容属性、框架建构和修辞手法归纳某议题不同于一般议题而引爆网络舆论的原因之所在②。

　　大量的研究以特定热点事件为案例，探讨社交媒体舆论的生成传播爆发过程和舆论演化规律，如以"罗尔事件"为例归纳网络热点事件在微信中的信息生成、传播及自净规律，认为信源发布的信息迎合用户普遍心理需求，则在第三方公众平台的助推下极易获得广泛的关注度，其反应速率往往与元信息的传播速率成正比③。以"丽江女游客遭殴打"事件为例，研究基于社会网络热点舆情的传播呈网状模式而非线性模式，新的媒体环境和复杂的社会网络加大了舆论传播的复杂性，舆论在不同传播网络中传播演变，形成多终端、多网络、交互式的传播机制④。以"人贩子一律死刑"事件为例，分析媒体融合格局给舆论传播带来的新特点，具体研究该案例给舆论引导带来的正面效应和潜在的负面影响，归纳辟谣机制、预警机制、自净机制和监督机制的舆论引导机制⑤。

　　二是舆论热点事件中的群体特征研究，挖掘舆论热点事件的政治功能和社会意义。学者普遍认为，热点舆情具有衍生性，其快速交互扩散、快速聚集演变的特征能将一个地方性突发事件在极短时间内形成全国关注之势，另外手机用户的增多延长了夜间的舆情高峰期⑥。或以具体群体为例总结网络舆论热点中的群体具有群体关系的松散性、群体关系的暂时性、群体关系的基础性及群体感情狂暴，缺失理性的特征⑦。以"乌坎事件"为例，将社会传播网络分为人际传播网络、组织传播网络、大众传播网络、新媒体传播网络，提出乌坎事

① 窦锋昌，李华. 热点事件传播的新路径、新特点与新应对——以 2016 年 5 起热点事件的传播为例. 新闻战线，2017（9）：115 – 118.
② 刘艳婧. 网络舆论热点议题的信息架构分析. 新闻学与传播学，2013（12）：42 – 46.
③ 郁赛君. 网络热点事件的信息生成、传播及自净机制——以"罗尔事件"为例. 青年记者，2017（5）：80 – 81.
④ 夏彬. 基于社会网络的舆论传播与引导机制研究——以"丽江女游客遭殴打"事件为例. 昆明：云南财经大学，2018：46.
⑤ 雷跃捷，李汇群. 媒体融合时代舆论引导方式变革的新动向——基于微信朋友圈转发"人贩子一律死刑"言论引发的舆情分析. 新闻记者，2015（8）：54 – 59.
⑥ 杨娟娟，杨兰蓉，曾润喜，张韦. 公共安全事件中政务微博网络舆情传播规律研究——基于"上海发布"的实证. 情报杂志，2013（9）：11 – 15.
⑦ 赵娅军. 网络舆论热点中的网民群体特征分析. 新媒体，2015（5）：81 – 82.

件社会传播网络的基本功能和社会传播网络影响下的集体行动策略①。

三是舆论热点的引导机制及策略研究，主要集中在突发事件应对、舆论事件预测研判、政府及相关部门管理机制及引导策略方面。以程序论为理论基础，对舆情发展的整个过程，从事件前期的预警，到中期的应对，再到后期的效果评估等进行了详细阐述，从理论研究层面构建了舆论引导机制的框架模式②。提出网络舆论传播产生"蝴蝶效应"加大的形式，要求政府积极地面对舆论事件发生的偶然性，重视对网络舆论的形成机制研究，提高管理部门在网络舆论场中引导舆论的能力③。同时，大量的舆情市场数据咨询服务机构发展迅猛，人民网、新华网、中国青年网、中国经济网等主流媒体网站和清华大学、武汉大学、中国传媒大学等高校均成立了舆情监测中心，以热点舆情事件为支撑提供舆情研判和引导方法策略。

2. 舆论传播机制研究现状

在中国知网以"舆论传播机制"为关键词进行主题检索，截至 2018 年年底，相关论文共有 80 余篇。搜索中文核心期刊和 CSSCI 发表的期刊论文，共检索到 59 篇论文；搜索博、硕士论文，共检索到 7 篇论文。相关研究主要集中在2010 年以后，从广义来看主要内容涉及突发事件网络舆论传播引导、传播演化机制及传播模式等，从狭义看主要研究舆论传播机制的不同阶段、不同模式，如探讨网络舆论生成机制、演化机制、爆发机制和消散机制等舆论生成扩散的不同阶段特征。

目前对网络舆论传播机制的研究，一是从不同网络媒体的特点入手，如研究微博、微信、网络直播、传统媒体等不同环境下舆论传播的特点及模式，分别对社交媒体舆论生成不同阶段的舆论传播特征进行分析，探讨社交媒体舆论传播的复杂性和系统性。《社交媒体新世代的互动传播》重点研究社交媒体环境下的信息交互行为和传播机制，挖掘信息生成、信息传播机制以及个人与个体、个体与媒介、个人与信息的情感交互和行为互动，提出社交媒体舆论传播机制深刻改变了传统的舆论生成和运行模式④。还有学者对移动互联网环境下信息

---

① 陈艳. 集结的力量——乌坎事件社会传播网络研究. 杭州：浙江大学，2013.
② 焦俊波. 突发事件舆论引导机制研究. 武汉：华中科技大学，2013.
③ 戴月华. 网络舆论传播中的"蝴蝶效应"：复杂性理论的传播学启示. 传媒学院学报，2012（12）：37−41.
④ 王喆. 社交媒体新世代的互动传播. 北京：科技出版社，2018.

传播机制、舆论演化模式等问题进行研究，挖掘移动互联网的舆论传播与演化机制规律①。

二是从网络舆论传播环境角度出发，引进"场"的概念，认为以互联网为主的新媒体已经形成了相对独立的新媒介场，为网络舆论兴起创造了媒介环境②。《中国网络媒体 20 年（1994—2014）》对中国网络媒体 20 年来的发展历程进行了年鉴式梳理，对大事件、关键时间节点进行了系统性归纳注解③。分析新舆论格局下新媒体与传统媒体舆论格局的基本演变历程，总结新舆论格局机制背后的动力与诉求等④。以突发群体性事件、少数民族群体、涉法涉诉、反腐、高校大学生等领域的不同舆论传播主体为切入点，研究舆论传播机制对特定群体观点态度、组织动员的重要影响，以及舆论传播控制情况。

三是从网络舆论传播演化角度出发，研究网络舆论的形成过程及各个传播要素之间的关系。《舆论引导新论》描述了我国舆论引导已形成的格局和机制的总体状况，分析当前我国舆论引导格局和机制所存在的问题，在此基础上，力图探索建立健全舆论引导新格局和新机制的路径和方法⑤。《转型期网络舆论生态：动因、机制与模型》探讨了当前网络舆论生成传播态势和发展规律，以及不同传播阶段网络舆论的演进动力和机制作用，构建了网络舆论生成及传播的机制模式⑥。《网络舆论形成机制研究》对网络舆论事件的生成、传播及调控机制进行定性和定量的研究，以案例分析和理论假设为基础搭建传播模型，并对网络舆论形成机制的结果进行理论检验⑦。《互联网时代网络舆论发生机制研究》探究了网络舆论要素的影响、网络舆论发生机制的社会环境、网络舆论焦点事件的形成过程、网络舆论发生机制等，从社会结构、社会心态、社会事件、个体参与四个因素研究网络舆论发生的缘由⑧。将美国社会学家埃弗雷特·罗杰斯和休梅克提出的"创新扩散论"引入舆论传播过程，从具体的、微观的角

① 柯赟. 移动互联网舆论传播与演化机制研究. 传媒, 2015（12）: 71 - 73.
② 余秀才. 网络舆论场传播的行为与动因. 武汉: 华中科技大学, 2011: 24.
③ 闵大洪. 中国网络媒体 20 年（1994—2014）. 北京: 电子工业出版社, 2016.
④ 李良荣, 张媛. 新老媒体结合 造就舆论新格局. 国际新闻界, 2008（7）: 47 - 52.
⑤ 雷跃捷, 薛宝琴. 舆论引导新论. 北京: 社会科学文献出版社, 2018.
⑥ 刘朝霞. 转型期网络舆论生态：动因、机制与模型. 北京: 中国社会科学出版社, 2016.
⑦ 崔蕴芳. 网络舆论形成机制研究. 北京: 中国传媒大学出版社, 2012.
⑧ 余红. 互联网时代网络舆论发生机制研究. 武汉: 华中科技大学出版社, 2016.

度描述了新观念的扩散过程①。将网络舆情发展分为两种演变路径：从酝酿到扩散、爆发、消亡；经历或长或短的酝酿、扩散期走向消亡，对应归纳梳理了潜伏期与网络舆情触发机制、扩散期与网络舆情传播机制、衰退期与网络舆情阻断机制相应的传播机制，认为传播机制主要受互联网传播特性、传播仪式观视角下的关系维系和信念共享、沉默的螺旋作用下的观点趋同、群体极化与自我服务偏差、意见领袖的导向作用五个要素影响②。解析网络舆论生成的总体趋势及不同论坛舆论生成的内部趋势，明确网络舆论的基本属性、形成规律及其影响方式、范围与效果③。

国外学者对舆论传播机制的研究更为多元系统，逐步建成了较为完善的理论体系和研究方法，主要聚焦于舆论传播话题、舆论传播模型、舆论传播影响因素和舆论传播控制机制等方面。关于舆论传播话题，研究话题在社交网络中的普及度和流行度，分析研判舆论话题的发展趋势，并预测话题的风险点较为普遍。关于舆论传播模型的构建，国外学者基于大量数据分析构建了复杂的传播模式。将传染病模型引入社交媒体舆论传播中，将受众分为易感染、已感染和免疫三种状态。基于弱连接与强连接、博弈论视角、羊群效应、小世界网络等理论构建了不同的传播模型。如从应用物理学理论领域引入应用粒子交互模型（Sznajd Model）说明舆论传播演化的复杂性和不稳定性；引入有限信任模型说明受众的观点和态度具有羊群效应的特点，个体非常容易受群体意见的影响，有利于信息的公开传播速度④；将 SIR 模型与小世界网络相结合⑤，提出以个体属性为基础的 SICRS 建模方法⑥。关于舆论传播的影响因素和控制机制，国外学者较多从政治学角度挖掘应用。如研究传播客体与政府、传播客体与网络媒

① 言靖. 传播视野下的舆论形成机制研究. 新闻知识，2009（2）：32 – 45.
② 李洋. 网络舆情传播机制及其引导. 青年记者，2018（33）：23 – 30.
③ 安珊珊. 网络舆论生成中的要素及其互动影响机制——基于四个中文 BBS 论坛的探索性研究. 新闻与传播研究，2012（5）：56 – 67.
④ 张澜. 基于空间约束的有限信任舆论演化模型研究. 武汉：华中科技大学，2014.
⑤ Zanette D H. Dynamics of rumor propagation on small – world networks. Physical Review E，2002，65（4）：041908.
⑥ Guo Dong – Wei, Chen Jing, Zou Yun, Li Bing. Evolutionary characteristics of public opinion spread in social networks. International Conference on Computer and Computational Intelligence，2013（5）.

介间的交互关系，得到控制网络舆情传播的若干有效策略①。

（二）社交媒体及其舆论功能作用

在中国知网以"社交媒体"为关键词进行主题检索，截至 2018 年年底，相关论文共有 8000 余篇。随着移动互联网技术的发展，对社交媒体的研究自 2010年起也开始成倍增长，社交媒体迅猛发展的十年也是相关研究开始走热的时期。新闻与传媒是社交媒体的主要研究领域，社交媒体品牌营销、经济发展、网络安全技术、信息系统等领域也占据一定数量。国内新闻传播学领域关于社交媒体的专著较少，主要作为研究网络传播、新媒体的内容之一。关于社交媒体的论文数量较多、内容丰富，主要包括社交网络、社交媒体本质、社交媒体传播、社交媒体与不同文化形态关系以及社交媒体的实用性研究等。从舆论学视角看，主要包括以下几个方向。

一是研究社交媒体特征及其舆论场环境，对社交媒体的概念内涵进行与时俱进的发展和界定，分析社交媒体的整体环境态势。《社会化媒体：理论与实践解析》对社交媒体的构成要素、传播机制、传播受众及影响进行了专门研究②。学者普遍认为社交媒体显著的互动性、参与性是其区别于其他媒体的本质特征。彭兰指出社交媒体的主要特征是内容生产与社交的结合；平台上的主角是用户，而非网站的运营者③。多个舆情服务机构及决策咨询中心发布年度社交媒体舆论场报告，从宏观角度对社交媒体的传播环境进行深入的概括和特征总结。由中国社会科学院新闻与传播研究所编写的《中国新媒体发展报告》，概括了移动互联网、微信、微博客、大数据与云计算、社交媒体、移动应用 APP 等新媒体发展态势，全面解析了中国新媒体舆论场的传播环境。由人民网发布的《中国移动互联网发展报告》总结梳理了移动互联网发展状况和趋势，归纳了移动舆论场的新特点及对社会综合治理的影响。凯度连续数年发布《中国社交媒体影响报告》，重点从用户角度对社交媒体的影响力进行数据采集，为各级政府和学术研究提供支撑和服务。

二是研究社交媒体对舆论传播格局的深刻影响和对经典理论的解释重塑，

---

① Kam C. Wong. The making of the USA PATRIOT Act II：Public sentiments，legislative climate，political gamesmanship，media patriotism. International Journal of the Sociology of Law，2006（6）.

② 彭兰. 社会化媒体：理论与实践解析. 北京：中国人民大学出版社，2015.

③ 彭兰. 社会化媒体、移动终端、大数据：影响新闻生产的新技术因素. 新闻界，2012（16）：16 – 21.

侧重传播形态、传播模式、传播特征等主题。彭剑的《社会化媒体舆论传播与引导研究》深入分析了社会化媒体舆论的结构特征、话语特点、传播机制，以及社会化媒体舆论与主流媒体舆论、政府舆论三者之间的博弈与互动关系，并揭示各自运行的基本特征及差异①。方兴东等认为我国互联网发展最新浪潮的关键词是"即时化"，即大规模同时在线的实时互动。每一次互联网浪潮的根源是传播机制的重大变革，并从信息控制、信息消解速度等角度分析对比三次浪潮的传播机制大环境②。运用定量研究方法比较微博和微信在传播条件、路径和传播效果方面的不同，探索了用户行为特征、用户结构、传播优势不足等③。从微观的角度剖析移动短视频对新闻生产流程、新闻生产主体、新闻生产方式以及新闻生产内容所带来的变革，从宏观的角度分析移动短视频对新闻发布机制、分发机制以及互动机制所带来的变革④。

三是研究社交媒体舆论影响因素及其传播效果等。从宏观、中观、微观层面分析社交媒体舆论传播演变过程中各要素相互作用的传播力及对舆论场的影响力，构建社交网络舆情综合治理模式⑤。从社交媒体传播影响力评价指标体系构建方面，重点分析不同社交媒体的传播影响力，构建评价性指标，分析社交媒体网络舆论传播力的构成因素、应对策略等，为提升社交媒体影响力提出建议⑥。研究政务社交媒体的使用意愿和接受模式，探析影响用户使用意愿的因素，解释公民使用政务社交媒体的行为特征⑦。

国外关于社交媒体及其舆论功能的研究更具有前沿性和应用性，有较高的参考价值。《新新媒介》对新媒介的传播舆论话题功能特征分析梳理，研究社交媒体通过构建舆论话题以期在移动互联网时代实现融合转型的发展路径⑧。《网络社会的崛起》指出网络构建了新社会形态，而网络化逻辑的扩散实质地改变了生产、经验、权利与文化过程中的操作和结构⑨。《数字化生存》中总结了数

① 彭剑. 社会化媒体舆论传播与引导研究. 上海：三联书店，2016.
② 方兴东，张静，张笑容. 即时网络时代的传播机制与网络治理. 现代传播，2011 (5)：64 – 69.
③ 匡文波. 中国微信发展的量化研究. 国际新闻界，2014 (5)：33 – 39.
④ 李福琦. 移动短视频对新闻生产与传播机制的变革. 济南：山东师范大学，2018.
⑤ 郭宏博. 突发事件社交网络舆情的扩散及其控制研究. 秦皇岛：燕山大学，2016.
⑥ 冯锐，李闻. 社交媒体影响力评价指标体系的构建. 现代传播，2017 (3)：63 – 69.
⑦ 徐蕾. 政务社交媒体用户使用意愿研究. 南京：南京大学，2015.
⑧ 保罗·莱文森. 新新媒体. 何道宽译. 上海：复旦大学出版社，2011：3 – 8.
⑨ 曼纽尔·卡斯特. 网络社会的崛起. 夏铸九等译. 北京：社会科学文献出版社，2000.

字化生存所具有的"分散权力""全球化""追求和谐"和"赋予权力"的四大特质①。《社交网络改变世界》深入研究了社交媒体对社会关系、网民身份的影响与改变②。

有学者研究社交媒体对舆论传播话题的普及度和流行性的影响，建立预测话题趋势的模型，提出优化传播效果的策略。以在奥巴马、特朗普竞选美国总统中的重要作用为例，从政务社交媒体对公共关系影响角度，发现社交媒体能够促进民众对政府的信任，帮助政府即时响应公众需要③。也有学者通过采集数据建立模型，提出社交媒体影响力指标的算法。如建立社交媒体影响力测评模型（SMIA）④，提出了活动生成（Activity Generation）、认知（Recognition）和公信力（Credibility）的一级指标；基于个体使用者角度提出了社交媒体影响力评价模型，包括用户贡献率（Contribution）和参与度（Participation）两个维度，贡献率包括行为（Actions）、网络（Network），参与度包括互动（Interaction）、口碑（Word of mouth）⑤。

（三）移动社交媒体舆论传播机制

在中国知网以"移动社交媒体"为关键词进行主题检索，截至 2018 年年底，相关论文共有 97 篇，相关研究始于 2013 年，2016 年以后的研究约占 70%。搜索中文核心期刊和 CSSCI 发表的期刊论文，共检索到 35 篇论文；搜索博、硕士论文，共检索到 13 篇论文。在舆论学研究视野范围内，关于移动社交媒体舆论传播机制的专门研究较少，还没有较为系统化地梳理归纳和深层次的理论研究成果。目前国内关于社交媒体及移动社交媒体舆论传播机制的具体研究方向如下：

第一，社交媒体舆论传播机制概念内涵的研究。从不同研究视角提出社交媒体舆论传播机制内涵的新认识，以此为基础对网络舆论场发生的深刻变化和

---

① 尼古拉斯·尼葛洛庞帝. 数字化生存. 胡泳译. 海口：海南出版社，1997.
② 马修·弗雷泽，苏米特拉·杜塔. 社交网络改变世界. 谈冠华，郭小花译. 北京：中国人民大学出版社，2013：1 – 10.
③ Hong H. Government websites and social media's influence on government – public relationships. Public Relations Review, 2013, 39（4）：346 – 356.
④ Hassan S, Shiratuddin N, Hashim NL, etal. Evaluating Social Media: Towards a Practical Model for Measuring Social Media In fluence. International Journal of Interactive Communication Systems and Technologies（IJ1CST），2014, 4（2）：33 – 49.
⑤ Withaar RJ, Ribeiro GF, Eifng R. The Social Media Indicator 2: Towards a Software Tool for Measuring the Influence of Social Media EGOV/ePart On going Research, 2013：200 – 207.

整体格局进行探究。从概念内涵来看，有学者借助新媒体环境下的舆论传播来界定社交媒体的舆论传播概念，认为社交媒体舆论传播是指在一定时期内，依托社交网络平台，围绕一定的社会中介事项的发生、发展、变化所引发的网民及其他社会公众对相关事件政治态度的重大转变，包括舆情传播之后所造成的社会影响的态势①。立足社会化媒体环境与中国本土情境，探讨社会化媒体时代舆论研究的基本概念、核心议题与创新路径②。从舆论传播机制结构来看，主要包括新媒体环境下舆论热点传播机制变化相关研究；社交媒体中群体及突发事件舆论热点传播机制研究与应对；反腐、高校、社会民生等特定领域的社交媒体舆论传播机制研究，并从政府治理角度提出引导策略；研究微博、微信等单个平台的舆论传播机制内涵；就传播过程、传播机制的组成要素特征等对微信、微博的传播机制综合分析③，提出优化措施④。

　　第二，社交媒体舆论传播机制特性及影响研究。《移动网络舆论传播机制及引导策略》《社会化媒体舆论生成及传播机制研究》等关于移动社交媒体舆论传播的专著，主要研究舆论生成、传播机制与动员模式，探讨舆论生成背后的独特性和传播机制的复杂性，并提炼和概括出舆论的运行机制及模式。彭剑认为社交媒体舆论传播机制的独特性在于不在场的个体参与、信息传播的二重性、舆论形成的协同性⑤。赵作为认为社交媒体已经成为舆情事件的首曝媒介和传播主渠道，具有基于共情心理的舆情热点触发机制、基于网络空间特定关系和理论下的舆论自净化现象、基于网络表达情绪化和非理性化的群体极化、基于新型媒介话语结构的"议程设置"、基于强弱关系下的不同舆论形态传播的传播机制特征⑥。对新媒体平台的信息传播特点进行分析，关注移动社交媒体在信息传播中对群众情绪的动员及社会治理方面的积极作用⑦。从传播主体、传播内容、传播途径等要素入手，研究移动社交网络的传播新特点及对社会造成的

① 翟波，赵晓阳．论新媒体介质下舆情传播与应对．新西部（理论版），2015（04）：77－79．
② 周葆华．社会化媒体时代的舆论研究：概念、议题与创新．南京社会科学，2014（01）：48－57．
③ 孔大为．突发事件中的微博传播机制研究．北京：中央民族大学，2013．
④ 束芳彬．微信的传播机制研究．武汉：华中师范大学，2015．
⑤ 彭剑．社会化媒体舆论生成及传播机制研巧．编辑之友，2016（4）：70－74．
⑥ 赵作为．社会化媒体舆情生成及传播机制探究．出版广角，2017（10）：81－83．
⑦ 汪明艳，陈梅．社交媒体网络舆情传播影响力研究综述．情报科学．2017（5）：171－176．

新影响①。通过对不同网络环境下谣言的传播情况对比分析，发现在移动社交网络中网络谣言的传播范围更广，传播速度更快②。还有学者认为移动网络舆论话题先在熟人圈子里悄悄发酵，集聚一定能量后突然向网络蔓延。一方面，凭借口碑传播使关注用户持续增长，熟人圈子越来越大；另一方面，稳定的用户群体使彼此之间的黏性更强，更愿意把信息分享给熟人圈子里的人③。

第三，社交媒体舆论传播机制的过程及阶段研究。学者们对社交媒体舆论传播机制的阶段过程研究主要基于网络舆论传播机制阶段的划分，将传播机制不同阶段与舆论传播特点相结合，通过建立假设模型的方法，将社交媒体舆论生成及传播机制划分为三阶段模型、四阶段模型、五阶段模型和六阶段模型等。对舆论热点传播过程进行较为清晰和各具特色的区分，有助于有效掌握舆论传播的全过程。如将传播阶段划分为发生阶段、变化阶段和结束阶段④；产生阶段、传播阶段、整合阶段⑤；潜伏期阶段、扩散期阶段、消退期阶段⑥。相对应认为社交媒体舆论有三种传播机制，即互动扩散机制、聚合放大机制、群体极化机制⑦。这种划分方式逻辑较为简单，对舆论整体传播演进的机制研究不够精准，无法充分揭示传播过程中的各个阶段。

学者刘毅将网络舆论传播阶段划分为涨落阶段、序变阶段、冲突阶段和衰退阶段四个阶段⑧。曹劲松按照时间流程将网络舆情传播阶段划分为集聚阶段、散播阶段、热议阶段和流行阶段⑨。借鉴美国学者斯蒂文·芬克的危机管理四阶段分析理论及马斯·伯克兰的焦点事件理论，将网络舆论形成过程分为舆论潜伏期、突发期、蔓延期、终结期⑩。关照到社交媒体传播过程研究中，将社

① 张晓瑞. 移动社交网络的传播学研究. 北京：北京邮电大学，2013.
② 王辉，韩江洪，邓林，程克勤. 基于移动社交网络的谣言传播动力学研究. 物理学报，2013（11）：106 - 117.
③ 林凌. 移动网络舆论传播机制及引导策略. 当代传媒，2012（5）：27 - 30.
④ 王来华. 舆情变动初论. 学术交流，2005（12）：155 - 159.
⑤ 徐敬宏，李欲晓，方滨兴等. 非常规突发事件中网络舆情的生成及管理. 当代传播，2010（4）：42 - 43.
⑥ 兰月新，曾润喜. 突发事件网络舆情传播规律与预警阶段研究. 情报杂志，2013（5）：16 - 19.
⑦ 彭剑. 社会化媒体舆论生成及传播机制巧. 编辑之友，2016（4）：70 - 74.
⑧ 刘毅. 网络舆情研究概论. 天津：天津人民出版社，2007：292 - 326.
⑨ 曹劲松. 网络舆情的发展规律. 新闻与写作，2010（5）：45 - 47.
⑩ 田卉，柯惠新. 网络环境下的舆论形成模式及调控风险. 新闻学与传播学，2015（5）：45 - 47.

交媒体舆论传播阶段划分为舆论产生期、高峰期、蔓延期和消退期，对应机制包括舆论热点的引发机制、扩散机制、变动机制和阻动机制[1]。相应地提出社交媒体舆论演变经历形成期、扩散期、爆发期和终结期，在此基础上提出了启动机制、驱动机制、变动机制和阻动机制四个演变机制[2]。四个阶段的划分模式是目前较为基础、应用较为广泛的研究方式，不仅是对三阶段划分法的补充，也能够更为完整地说明传播机制的内在变化。

　　还有学者提出了舆论传播机制的五阶段、六阶段划分模式，从传播过程角度，如将网络舆论传播阶段划分为潜伏阶段、萌动阶段、加速阶段、成熟阶段和衰退阶段五个阶段[3]。或划分为潜伏阶段、爆发阶段、蔓延阶段、反复阶段、缓解阶段和长尾阶段六个阶段[4]，长尾阶段的提出为研究网络舆论的后续进程提供了新的视角。从传播关键环节角度，认为作为舆论传播机制主要分为六个阶段，包括问题的发生、舆论领袖的发现、意见的发生、事实与意见信息的传播、意见的互动与整合、舆论的形成[5]。对应在社交媒体，有学者提出社交媒体舆论传播机制是通过社交网络舆情传播过程中各个阶段相互联系、相互协调的作用方式来发挥作用的，包括潜伏机制、成长机制、爆发机制、蔓延机制、反复机制和衰退机制[6]。五阶段、六阶段的划分模式进一步细化完善了舆论传播完整动态的复杂演进程序，为研究社交媒体舆论传播机制提供了重要的理论依据和丰富的研究模型。

　　国外社交媒体舆论传播的研究已经形成了较为成熟的理论框架体系和基础，最早产生于信息科学领域，关注社交媒体舆论传播与技术变革的关系。社交媒体的繁荣发展和现实需求推动了相关理论和应用研究的深入开展，社交媒体的舆论传播机制也成为传播学、舆论学的重要研究对象，国外对社交媒体传播的研究更偏重应用型，主要集中在舆论传播话题、舆论传播模型、舆论传播影响因素和舆论传播控制策略等领域，涉及政治公关、品牌营销、社会服务、用户行为以及运用数据分析教育、医学等领域的推广普及等。国外研究对中国的社

①　蔡攀攀. 社交媒体时代热点舆情的传播机制与管理研究. 桂林：江西财经大学，2017.
②　易承志. 群体性突发事件网络舆情的演变机制分析. 情报杂志，2011（12）：6－12.
③　谢科范，赵湜，陈刚. 网络舆情突发事件的生命周期原理及集群决策研究. 武汉理工大学学报，2010（4）：482－486.
④　李彪. 网络事件传播阶段及阈值研究. 国际新闻界，2011（10）：22－27.
⑤　韩运荣，喻国明. 舆论学原理、方法与应用. 北京：中国传媒大学出版社，2005.
⑥　孔利军. 社交网络舆情传播与控制策略研究. 太原：山西财经大学，2016.

交媒体系统涉猎较少，多以对比举例等形式出现在案例分析中。因而，相关理论和实证研究方法对我国借鉴意义较大。

从研究成果和未来发展趋势来看，国内社交媒体传播机制研究方兴未艾，研究主要集中在社交媒体传播机制的概念内涵、传播特性、影响效果等方面；国外的研究较为多元，主要集中在社交媒体用户行为特点、传播模式构建、应用技术研究和社会影响等方面。从研究热点的不同领域可以看出，我国的研究更加聚焦于社交媒体传播机制本身的内涵功能等，而国外的研究拓展到了相关学科，如将社交媒体传播的研究与心理学、经济学、教育学、营销学等融合，结合起来应用意义更强。随着互联网技术的不断更新迭代，未来社交媒体传播机制的研究可以关照到大数据技术与泛媒介传播的功用上。此外，移动社交媒体的新特征及新机制也应成为传播学、舆论学研究的重要对象。

二、现有研究成果评析

综合国内外研究，已有的国内外文献对移动社交媒体舆论传播特点、演变方式、传播阶段以及影响因素等展开了较为深入的研究，但在宏观角度对网络舆论场的移动社交媒体传播机制及效果作用的研究论述较少，对于当前移动社交媒体传播机制各个阶段的模式特点研究和对传播新趋势、新方向关注不够。

一是研究对象的选取不够系统全面。对传统媒体、新闻网站、微博、微信等的研究选取较多，但系统地研究移动社交媒体特别是微视频、移动社区等新技术、新应用的较少，缺乏可借鉴性的丰富成果。多数研究还停留在移动互联网普及推广的初期，对当前移动社交媒体繁荣发展环境下的舆论传播新现象、新特点研究追踪不够。

二是缺乏深入从移动社交媒体生态系统角度来分析舆论传播机制规律的研究，以个案研究为主，研究对象未能形成完整的体系。目前针对微博、微信等中观、微观层面的案例研究较多，宏观层面较少，对系统内部各个要素之间的互动协同关系及对网络空间的深远影响关注不够，从系统的视角切入传播机制的成果较少。

三是对移动社交媒体舆论传播机制各个要素的研究不够全面协同，往往是基于单独的平台或案例提出研究思路，对移动社交媒体舆论传播规律各个阶段的系统化研究不够深入，针对移动社交媒体传播各个阶段的影响和控制策略还不够优化和完善，缺乏从宏观、中观、微观等不同视野、多个因素对舆论传播影响的交织作用来考察舆论传播全过程的研究。

随着移动社交媒体的影响扩展到各个社会领域和理论学科，需要在已有的研究基础上，全面梳理和提炼移动社交媒体舆论传播相关理论基础，开拓研究视角，丰富研究思路，更加全面客观地挖掘研究移动社交媒体舆论传播机制内在机理和外在特征，系统全面地研究，应是未来研究的重点。

第三节　相关核心概念

一、舆论传播机制

"机制（mechanism）"一词来源于希腊语 mekhane，原指机器的构造和运行原理，运用在不同学科可以引申出丰富内涵。机制主要是指事物内部运行和变化的规律，对事物的发展变化起着基础性、决定性作用。掌握机制的本质内涵，需要把握两个层面的内容，一是事物的组成部分，二是各个要件之间的运行关系及运行关系之间的动力。事物组成部分的客观存在是机制存在的前提基础，各个部分之间的运行关系是影响机制发挥作用的关键环节。机制的建立，既包括机制组成要件的客观存在和内部运行，也包括机制外部的主观控制和制度性设计。

机制的概念被广泛运用于社会生活的各个领域，用来总体概括事物的内部结构和运行规律。在传播学和舆论学视野下，机制概念的延伸和应用即为舆论传播机制。舆论传播机制也可以理解为"在正视事物各个部分的存在的前提下，协调各个部分之间关系更好地发挥作用的具体运行方式"①，包括两个部分：第一部分是舆论本体的组成部分，主要指包括舆论传播主体、传播内容、传播途径、传播对象、传播效果等在内的舆论传播过程中的各个要素和组件；第二部分是各要素之间的关系和组织规律，以及系统运行环境，包括舆论传播的形式、方法以及流程的各个环节，是对传播特征、传播模式、传播过程的整体概括。其基础作用就是把舆论传播的各个要素按照一定的规则和程序协调组织起来，完成传播过程的运转。舆论传播机制构建了社会与舆论互动影响的桥梁，成为

---

① 辞海. 上海：上海辞书出版社（第 1 版），2009.

影响舆论传播效果的关键因素。有学者提出，传播机制是传播的形式、方法以及流程等各个环节，包括传播者、传播途径、传播媒介以及接收者等所构成的统一体。传播机制就是一种对信息从发布者到接收者的渠道的总体概括①。而传播模式是简明阐释传播机制的有效方式，有助于发现传播过程中的优势和漏洞环节，再有针对性地加以完善和改进。目前传播学中公认的经典模式有拉斯韦尔的5W模式，构建了传播学研究的基本框架；施拉姆提出了施拉姆传播模式，对传播互动反馈环节进行了完善；赖利夫妇构建了更为系统、注重传播过程的大众传播模式，经马莱兹克的总结提炼，提出了更为完整、充分的信息传播过程和各个环节因素。

延伸到移动社交媒体的舆论热点，其传播机制是相对于传统媒体、网络媒体舆论热点传播机制的一次变革，是以移动社交媒体为基本传播渠道，通过传播主体、传播客体、传播媒介之间互动作用的传播全过程。在移动社交媒体传播环境下，舆论热点的传播体现了独特性，传播过程中各要素以特有的内在特性和运行规律，构成了移动社交媒体舆论热点传播整体机制。因此，研究移动社交媒体舆论热点传播机制，首先需要精细化地分析移动社交媒体舆论热点的传播过程，对移动社交媒体的传播主体、传播受体、传播媒介及传播效果等逐一进行关注和特征总结，并在此基础上，探索移动社交媒体舆论热点传播过程中各个要素的关系和运行规则，才能构建科学有效、系统协同的移动社交媒体舆论热点传播模式。

本研究重点关注的移动社交媒体舆论热点传播机制，既包括客观存在的移动舆论场中的各个要素的特征，以及要素之间的运行规则，也包括舆论传播主体外在参与传播控制过程，是传受双方、传播特征、传播模式、传播过程的统一体。通过分析各个传播要素功能以及要素之间的配置关系、运行传播机制的理论研究，梳理归纳移动社交媒体舆论热点特有的传播机制及规律性认识，进而通过特有传播机制构建舆论热点传播的模式，实现网络空间的深化治理。在舆论传播的现实层面，舆论热点的传播机制也更为复杂，不同舆论的生成阶段和模式也不尽相同，对舆论热点生成与传播的认识需要不断丰富和完善，从而提炼出传播机制的规律性认识。

---

① 刘洪举，任镝. 网络舆论的传播与控制机制. 情报科学，2015（04）：20-24.

二、社交媒体与移动社交媒体

（一）社交媒体概念

社交媒体的概念由 social media 翻译而来，国内有社交媒体、社会化媒体、社会性媒体等不同翻译表述，鉴于社会化媒体的叫法更加强调媒体的社会化功能及过程，而社交媒体的叫法突出了社交互动的重要特性，凸显了交互关系和媒介功能，基于本文主要研究目的，采取社交媒体的叫法，可理解为社会化媒体的狭义范畴。社交媒体的概念，存在多种版本定义，但对其内涵特征的看法基本是一致的，随着媒介技术的发展和新型社交媒体的不断涌现，社交媒体的定义也出现了新的拓展和理解。

学界普遍认为"social media"的概念始于 2007 年，美国学者 Antony May-field 在著作 *What Is Social Media*（《什么是社会化媒体》）中认为社交媒体是一系列在线媒体的总称，具有参与、公开、交流、对话、社区化、连通性的特点，赋予每个人创造并传播内容的能力[①]。学者安德烈·开普勒（Andreas Kaplan）和迈克尔·亨莱因（Michael Haenlein）认为社交媒体是一系列建立在 Web2.0 技术和意识形态基础上的网络应用，它允许用户自己生产内容和交流[②]。国内学者提出，社交媒体是建立在互联网技术，特别是 Web2.0 基础之上的互动社区，它最大的特点是赋予每个人创造并传播内容的能力。它是用来进行社会互动的媒体，是一种通过无处不在的交流工具进行社会交往的方式[③]。

本研究认为社交媒体的定义有广义和狭义之分，广义的概念泛指"社交媒介"，包括所有带有社交功能、能自发生产和传播信息的互联网应用，几乎涵盖当前所有主流移动互联网应用。狭义的"社交媒体"指基于构建社会关系网站，为个体生产、交互和传播信息提供支撑或辅助服务的互联网应用工具或平台，兼具社交属性、媒体属性和平台属性。社交功能通过交流交互可以实现构建一个社会关系网络；媒体功能以个人为节点，面向大众或特定人群传播信息；平台功能内容生成和展现为个人模式，平台内容由个人账号提供，平台只聚合内

① 谭天，张子俊. 我国社交媒体的现状、发展与趋势. 编辑之友，2017（01）：47–56.
② 曹博林. 社交媒体：概念、发展历程、特征与未来——兼谈当下对社交媒体认识的模糊之处. 湖南广播电视大学学报，2011（9）：21–29.
③ 何冬梅. 门户网站广告和社交媒体广告对比研究——以腾讯网和微信为例. 新闻研究导刊，2016（10）：56–62.

容而不生产内容。本研究认为，社交媒体是基于互联网技术，具有互动性和社交性的基本功能，用于交流分享信息意见，自主产生内容观点的工具和平台，实现了媒介与个人的有机统一。自主性、互动性、社群性是社交媒体的基本特征。

（二）移动社交媒体的概念

2011 年以后，移动互联网技术开始普及运用，新型社交媒体因移动互联网技术发展而纷纷涌现。移动互联网为社交媒体带来全新的发展机遇、强大的生命力以及信息传播模式的又一次变革。种类繁多的移动社交应用开始集中涌入移动社交应用市场，以微信为代表的移动社交媒体不仅成为网民获取信息最重要的渠道，更是成为网络舆论热点生成发酵的重要场域、网民日常生活的重要组成部分，传统媒体、网络媒体纷纷入驻移动社交媒体，推动了媒体深度融合发展。2011 年，约翰·杜尔（John Doerr）首次提出了"SoLoMo"的概念，即移动互联网包含"social（社交）、local（本地化）和 mobile（移动）"三大主体特征，"SoLoMo"的观点为移动社交媒体的界定提供了借鉴，即重视用户需求和体验，突出使用过程中的互动性、参与性、即时性，用户创造内容，自主定义个性化、差异化服务等。在移动社交时代，每个移动终端在多维关系网络中实时链接，构建不断更新的虚拟场景。基于移动社交媒体建构的以人为节点的关系网络越来越明显。

从学术研究角度看，移动社交媒体的概念还没有形成广泛共识和权威定义，主要是因为互联网技术和应用一直处在形成之中、发展之中、过程之中，一些概念和定义还未来得及统一，就被新出现的各种形式、模式、渠道、手段等颠覆或重新认识。按照字面意义，移动社交媒体即是基于移动互联网技术，为社交媒体带来的移动化和终端化发展，即通过移动终端设备实现社交媒体的全部功能。移动社交媒体是社交媒体在移动互联网时代的新形式，用户可以实现即时的信息获取、传播分享、社会交往等功能，通过移动终端设备，社交媒体的功能和应用得到了极大的延伸。综上所述，移动社交媒体是指依托移动终端和网络服务、社交媒体服务为主的在线型互动平台。根据当前微博、微信等主流社交媒体的用户使用习惯、传播主要平台和传播效果，本研究将微博、微信、移动短视频纳入移动社交媒体范畴。

（三）自媒体的概念

移动社交媒体最突出的特点就是大大提升了自媒体的活跃度，创造了一大批影响力堪比主流媒体的移动端自媒体账号。自媒体译自英文 We media，最早由美国专栏作家丹·吉尔默提出，他认为"草根媒体"又称"私媒体""自媒体"，是指自愿在视频或论坛网站上提供及时新闻报道的个体或组织。草根媒体源于熟练运用高技术网络工具的网民，不再满足于只接受传统媒体的新闻报道，他们更愿意主动加入采集、制作、传播新闻的过程中来。2003 年 7 月，美国新闻学会媒体中心出版的谢因·波曼与克里斯·威理斯撰写的研究报告《自媒体——受众如何塑造新闻信息的未来》中，将自媒体定义为"一个普通市民经过数字科技与全球知识体系相连，提供并分享他们真实看法、自身新闻的途径"。这一定义的核心在于普通大众。在传统媒体时代，普通大众是相对于公共媒体而言的信息接收者，而在自媒体时代，普通大众具有信息接收者与传播者、制造者的多重身份。目前，国内关于"自媒体"有多种认识或解释。有学者将自媒体看作新媒体发展的最新阶段，认为自媒体的核心在于普通网民可以自主地提供和分享信息。将自媒体和新媒体之间的关系进行梳理，认为自媒体是新媒体的衍生物或新媒体的子概念。也有学者认为自媒体是与"公媒体"相对应的概念，它是以互联网的发展与技术为支撑，将国家、媒体和团队集体的思想传播，转化为通过个体的自由表达、信息自主发布的私人传播。与主流媒体相比较，自媒体在传播主体身份、传播目的、传播内容三方面存在差异。传播主体方面，自媒体的运营是非官方机构或个人，即使有官方媒体在自媒体平台上创建了账户进行信息传播，由于其主体和传播内容的官方色彩，也不能称之为自媒体。传播目的方面，自媒体的主要目的是吸引更多人的阅读、关注、转发，达到更好的传播效果，进而将这些关注通过广告、打赏等商业行为进行二次转换获取利润；传播内容方面，自媒体呈现内容的形式包括视频、音频、图片、短文等多种形式。为了吸引受众阅读，行文风格轻松活泼，内容偏向娱乐化。

　　本研究认为，自媒体同样有广义和狭义两个概念，广义上的自媒体是指私人化、平民化、普遍化、自主化的传播者，以网络化、社交化手段，向不特定的大多数或特定的单个人传递规范性及非规范性信息的一种新媒体业态。所有非官方的民间团体、组织和个人开设的网站、APP、账号，均在自媒体范畴，概念边界较为宽泛、数量规模十分庞大。狭义上的自媒体是指有策划、有创作、有团队、有运营，以个人账号形式出现，通过多渠道、多平台、多账号等对公众发布，具有规模化生产和持续传播能力的自组织媒体，目的是形成社会广泛关注和舆论效应。个人开设的账号转发官方或转发权威媒体信息及党政机关、人民团体、企事业单位和新闻单位等开设的官方账号不属于此范围，一些纯个人账号发布个人零星信息，未形成传播影响和舆论关注也不属于此范围。自媒体与其他网络媒体的主要区别是自己没有平台，寄生于别的平台之上，为这些平台生产内容，与平台是相互依赖、相互补充的关系。目前普遍使用的是广义上的自媒体，如"人人都是麦克风""人人都是自媒体"，但从网络空间治理角度看，绝大多数个人账号没有从事舆论热点传播或形成广泛影响，不属于新闻舆论范畴。

当前自媒体发展迅猛，规模庞大，对舆论的影响和对主流价值观的冲击与日俱增。自媒体存在形态主要有两类：一是依托主流移动社交媒体平台注册的部分账号。即在主流社交媒体平台注册、专（兼）职化、团队化运营的非官方机构和个人账号。如"六神磊磊读金庸"（微信公众账号），"章蓉娅医生""姚晨"（微博账号），"马虫医生""罗元裳"（知乎账号），"晚安妈妈""科学有故事"（喜马拉雅账号）等。二是依托新闻客户端开放平台注册的部分账号。即在今日头条、网易新闻、凤凰新闻、百度 UC 等新闻客户端媒体开放平台，注册的"头条号""网易号""大风号"等账号。如"黄小厨""诗词世界""Feekr旅行"（大鱼号），"坤哥玩花卉""耳科赵医生"（头条号）等。

三、网络舆论热点与移动社交媒体舆论

研究网络舆论热点，首先需要对网络舆论有基本的理解。网络舆论的定义在学界有着广义与狭义之分。从广义上来说，网络舆论可以看成是以互联网为传播渠道的舆论，为公众在网络中所表现的多数一致的意见，不仅包括网上的公开言论，也包括现实生活中无声意见的表达。而狭义的定义则是指在论坛、贴吧、门户网站、微博等互联网平台上多数一致的意见，且影响仅限于互联网上。陈力丹在《舆论学——舆论导论研究》中提出，网络舆论是指公众以网络为媒体对虚拟社会、现实社会中的各类现象、社会问题及公共事件等以态度、意见和情感取向等诸多形式的多数且一致的表达，对事态发展和社会变化存在一定的影响，包括理性与非理性状态[1]。并非所有网络舆论都可以发展成为舆论热点，大部分网络舆论在海量的互联网场域中默默沉底，而能够成为舆论热点的事件，首先具有话题的争议性和广泛性，能够在较大范围群体中引发关注

---

① 陈力丹. 舆论学——舆论导向研究. 上海：上海交通大学出版社，2012.

和讨论。一般而言，还需要传播关键环节的推动刺激，在传统媒体时代可以是意见领袖或权威主体，而在移动社交媒体中，则呈现出了关键环节的不确定性和偶发性。

目前学者对移动社交媒体舆论热点传播的专门研究较少，借助学者对社交网络舆论的界定，社交网络舆论传播是指在一定时期内，依托社交网络平台，围绕一定的社会中介事项的发生、发展、变化所引发的网民及其他社会公众对相关事件政治态度的重大转变，包括舆论传播之后所造成的社会影响的态势①。舆论事件在无数个移动场景里讨论传播、生成发酵，基于庞大的用户群体及不同的社群关系，使移动舆论场始终保持着活力和流动性。人民网舆情数据中心连续数年发布中国移动舆论场研究报告，指出中国移动舆论场载体趋于多元，热点转换频繁，总体呈现出微信趋向平台化发展、微博探索多元化布局、移动端影响信息获取和传播格局、技术变革对移动舆情影响显现、知识型社群进入舆论议题设置行列等特点②。越来越多的网络舆论事件表明，移动社交媒体已经成为推动议程设置、生成传播舆论热点的主要力量，具备以下新特点。

跨时空性。移动社交媒体舆论热点的传播突破了时间、空间、渠道的限制，可以不受现实因素影响，实现图片、文字、视频、语音等形式随时随地精准传播，因而具备了其他传播设备和渠道无可比拟的传播效率。突破时空限制的实时传播让用户能够第一时间交互反馈，在重大突发事件舆论热点生成发展中发挥着重要作用。以移动社交媒体为传播平台的舆论热点事件，几乎实现了事件与舆论热点时空的同步发生、同步传播、同步扩散，真正实现了随时随地即时传播。

议题偶发性。在传统媒体时代，议程设置由官方和主流媒体主导，基本处于相对稳定可控的形态。PC端的互联网时代，舆论热点事件一般限制于特定地域、特定领域的影响，关注的受众往往也较为固定，全网形成全国性、火爆性议题较少。移动社交媒体真正实现了时时处处在线的场景化虚拟空间，议题参与者不再受限于空间、时间、群体、技术等因素障碍，舆论热点事件更容易引起全网广泛关注，引发不同群体、不同阶层的表达和行动。因此，移动社交媒

---

① 翟波，赵晓阳. 论新媒体介质下舆情传播与应对. 新西部（理论版），2015（4）：77 - 79.

② 单学刚，朱燕，卢永春. 载体多元、热点频出、交融传播——2016 年中国移动舆论场研究报告. 中国报业，2016（15）：44 - 45.

体舆论事件可能随时随地出现，任何普通受众都可能成为议题的设置者和传播者，面对身边随时发生的事件，受众的选择性、自由性更大，舆论热点生成的偶发性更加明显，一时风靡的网络段子、表情包、非主流文化等都因移动社交媒体得以传播，且并不具备深刻的现实意义。

社交互动性。区别于传统媒体舆论议题传播的滞后反馈，以及 PC 端互联网议题传播的延时反馈，移动社交媒体舆论热点的传播反馈具有极强的交互性，面对海量丰富的舆论话题，受众通过点赞、分享、评论、跟帖等方式参与到议题传播过程中，因受众的积极参与反馈，甚至在一定程度上影响舆论走向、影响社会公共议程设置。移动社交媒体所具有的强社交互动性，让舆论热点事件有了比以往任何媒体更强的力量。

迅疾爆发性。由于移动社交媒体的跨时空性、强交互性和偶发随机性，舆论热点事件具备强大的舆论爆发力和影响力。一个热点事件一旦出现，各个舆论传播主体迅速跟进，引发全民关注讨论，出现传播量以亿为单位的现象级事件，甚至可能影响司法审判和国家政策方针。特别是由微信、QQ 群等移动社交媒体聚合形成的较为隐私的半开放性或封闭性圈群，缺乏舆论的公开讨论和观点对冲，特定意见发展成为居于主导地位的意见，易引发观点的群体极化，造成舆论的情绪性、行动性倾向，进而对社会现实产生非理性影响。

第四节　理论研究基础

本研究重点要回应的理论问题有如下几点：哪些舆论学理论可以充分解释当今移动社交媒体舆论热点传播现象及趋势；不同理论对移动社交媒体舆论热点传播研究视角有什么帮助；哪些理论成果更加适合解释移动社交媒体舆论热点传播机制研究，帮助发现其传播机制内在规律和外在影响因素。对比不同的理论基础，本研究选取赋权理论、自组织理论、议程设置理论、场域与场景理论、社会网络理论等作为研究切入点，便于从不同角度考察移动社交媒体舆论热点的传播与影响相关机制问题。

一、赋权理论

赋权理论（empowerment）在国外成熟地运用于各学科领域，主要指赋予或充实个人或群体的权力，激发赋权主体介入参与事件的过程和方式。随着媒介形态的变化和对社会影响的加深，传播学领域逐渐认识到赋权理论与媒介研究的密切关系，赋权理论在传播学研究中不断深化发展，有学者通过对案例的研究，提出赋权在传播过程中发挥影响主要体现在参与、对话和组织化三个方面①。新媒体的发展又为赋权理论提供了新的阐释方向。

　　传播学对新媒体赋权的研究，主要包括自我赋权、传播赋权、虚拟空间赋权等方向。赋权理论的提出，最大贡献在于发现了新的权力运行机制，在赋权环境中，群体和个人不需要依赖于外部权力的授予，而可以通过自组织的协同和运动，创造生成新的权力产生模式。数字化生存天然具有"赋权"本质，这一特质将引发积极的社会变迁，在数字化的未来，人们将找到新的希望与尊严②。关系赋权是社会资本配置的新范式，它天然具有"去中心化"倾向，如果说传统社会是个人不断将权力让渡给行政机构和资本集团的过程，那么互联网社会的权力逻辑则恰恰相反，个人、群体与网络自组织的权力增长势能超过传统组织，属于个体的行动权和自由价值正在回归，在互联网时代以另一种方式连接与聚合，正在改变社会结构与权力格局③。当前，互联网技术对普通受众的赋权超过了以往的赋权形式和能量。随着网络信息技术的发展，社交媒体用户权力被极大激活。2010年以来，国内微博、微信的迅速爆发和知乎、豆瓣等移动社区的崛起，使得个人参与信息传播和影响舆论的积极性得到极大提升。

　　在移动互联网环境中，社交媒体生态格局发生了深刻变革。泛媒介化成为趋势，传统发声者、把关人和受众界限模糊，参与信息传播和舆论引导的主体对媒介赋权提出了更高要求，内容供给议程设置和自组织关系创造已不能适应传统传播参与互动需求，而需要媒介与场景深度融合，共同创造场景价值，在理论研究工具的支撑下发挥媒介影响作用。

二、自组织理论

　　自组织理论是系统论的发展，出现于20世纪60年代，主要研究在复杂的组织系统中，各个要素按照一定的规则，从无序发展到有序发展、由低级发展

---

① 赵晓燕. 自媒体视角下的赋权理论研究. 科学大众, 2016 (10): 20 – 27.
② 尼古拉斯·尼葛洛庞帝. 数字化生存. 胡泳译. 海口: 海南出版社, 1997: 269.
③ 喻国明, 马慧. 关系赋权: 社会资本配置的新范式——网络重构社会连接之下的社会治理逻辑变革. 编辑之友, 2016 (9): 5 – 8.

到高级发展的过程。德国理论物理学家哈肯（H. Haken）对组织构成进行了归纳，将其分为他组织和自组织两类，他组织和自组织最大的区别就是是否依靠外部条件运行，自组织是按照系统内部特定规则，自动形成一种有序结构①。从传播机制来看，自组织理论主要包括耗散结构论、协同论、突变论、混沌论、演化路径论等，与移动社交媒体的舆论传播特性和传播要素相互关系的演化有着一致的结构，均对移动社交媒体舆论热点传播机制的研究有重要参考价值，提供了结构性理论支撑。

耗散结构论对研究移动社交网络中复杂传播关系有重要借鉴意义。耗散结构理论认为，远离平衡态、系统开放性、系统内不同要素间存在非线性机制、系统的涨落是耗散结构出现的四个基本条件。在移动社交媒体平台中，网络空间环境是一个复杂的非线性结构系统，人人都可能成为发声主体，议题之间的流动时刻在发生，移动舆论场中的各个要素相互调节、相互作用，通过非平衡的常态影响舆论走向，舆论热点的爆发和消解，即是系统涨落节点。舆论传播过程中各个参与主体的自组织运动构成了舆论传播的耗散结构，不同传播路径及复杂交互关系，共同构成了移动舆论场的新场景。

建立在系统论、信息论、控制论、突变论等理论基础之上，协同论主要研究系统内部各个要素之间的协同机制，即系统内的要素在开放交互和非平衡状态的环境中，自发通过内部协同，建立自组织的有序结构。系统内各个要素的协同和竞争是推动自组织发展、产生新的结构的重要基础，通过研究影响系统变化的控制性因素，促进系统内各个因素的协同作用，发挥系统的最大功效。协同论中关于临界点的概念认为，当系统中的元素通过聚集达到临界值时，子系统就会自发产生协同效应，在混沌中出现稳定结构，并产生新的时空环境和功能。协同论中关于不同系统和组织在远离平衡状态下，通过子系统的协同运转从而达到相对平衡理性的状态，在传播机制模式中得到有效运用。在舆论热点传播过程中，要充分激发主体、客体、环境等各个因素的主体作用，通过持续协同互动，调动不同主体参与网络舆论引导的积极性，推动要素和相互关系的优化配置，实现传播最佳效果。处在移动社交媒体中舆论热点事件的各个参与者、各种声音和多个平台形成协同效应，推动舆论从无序发展到规律性引导，促进移动端舆论成为影响社会发展的正向能量。

---

① 赫尔曼·哈肯. 大自然成功的奥秘：协同学. 凌复华译. 上海：上海译文出版社，2005.

混沌论最早在气象学领域提出，认为通过系统的连锁反应，初始条件微小的变化最终导致系统内极端的结果。舆论传播是一个动态的、非线性的开放系统，导致舆论事件在传播过程中具有不确定性、不可预测性等特点，因此，基于描述复杂系统的混沌理论可以为深入研究网络舆论热点传播机制提供新的视野和思路。根据混沌理论，系统中的各个要素按照非线性规则组合配备，表面上混乱无序，造成系统内部环境和关系网络非常复杂，但具有深层次的规律和运行方式，一个微小的个体行为可能引发不可预知的后果，从网络舆论量变到质变的过程中，微小的因素变异也可能产生巨大的结果差异。在舆论热点传播过程中，舆论环境中个体因素不应单独割裂对待，而要放在整体复杂的系统中研究各个要素发展轨迹，防止出现负面舆论热点和突发事件爆发，进而影响整个主流意识形态建设。网络舆论事件传播发展的不确定性、结果的未知性与不可预料性，以及由蝴蝶效应产生的突发性连锁反应，都与混沌理论密切相关。

演化路径论为研究舆论热点传播机制提供了重要的方法论。根据演化路径论提出系统发展的三种路径，舆论场是从无序到有序的自组织系统，舆论热点的传播遵循着特定的规则和路径。经过临界点或临界区域的演化路径，事件发展结果难以预料，个体的变化可能影响整个舆情的发展方向，网上突发性事件和群体舆情事件基本遵循着以下演化路径：演化的间断性道路，总体来看舆情热点事件的传播路径是可预测的，但可能出现某些特定因素，导致传播过程的起落和特定节点的不可预测性，一般性的网上热点事件、主动设置议题在该路径中变化发展；渐进的演化道路，传播过程基本可以预测，大部分正面宣传议题，都具有较为平稳的传播路径。两种基本的演化路径，从整体系统的视角提供了研究网络舆论事件传播路径的科学方法。

三、议程设置理论

李普曼在《舆论学》中最早提出了"拟态环境"的概念，即"新闻媒介影响我们头脑中的图像"①，成为议程设置理论的思想基础。在议程设置理论发展的第一阶段，美国学者唐纳德·肖（Donald Shaw）和麦克斯威尔·麦克姆斯（Maxwell McCombs）通过对总统大选进行调查，来研究媒介议程对公共议程的影响，提出媒介提供的信息和安排的议题能够有效影响受众对话题的关注程度

---

① 沃尔特·李普曼. 公众舆论. 阎克文，江红译. 上海：上海人民出版社，2006.

以及对不同话题关注程度的先后顺序，并于 1972 年发表了《大众媒体的议程设置功能》，正式标志着议程设置理论的成型①。从传播效果角度来说，议程设置影响的是传播效果的认知层面，有效地揭示了大众媒介对公共议题的影响力，对深入认识媒介和公众的传播关系提供了新的角度。在议程设置理论发展的第二阶段，学者们提出了"议题建构""议题融合""属性议程设置"的新概念，发现大众媒体不仅能够决定受众"想什么"，还能够影响受众"怎么想"，议程设置理论的功能实现了深化发展。在议程设置发展的第三阶段，议题开始逐步纳入互联网影响范围，互联网改变了传统议程设置理论的产生背景和应用范畴，信息传播模式由直线单项的传播发展为多元网状的传播模式，传受关系和传受地位都发生了极大变化，鉴于现实社会和媒介发展的种种变化，麦库姆斯等学者参照网络结构理论框架，提出了网络议程设置理论。其核心观点是，影响公众的不是单个议题或者属性，而是一系列议题所组成的认知网络；新闻媒体不仅告诉我们"想什么"或者"怎么想"，同时还决定了我们如何将不同的信息碎片联系起来，从而构建出对社会现实的认知和判断②。第三阶段的议程设置理论完善和丰富了新阶段传播主体、传播受众、传播关系等要素的新变化，突出了网络结构在传播过程中对话题生成和发展的重要作用，用系统的思维将舆论各个要素联系起来，更加完善了用户与议程之间的互动作用，让关系传播再度成为理论研究重点领域。

四、场域与场景理论

场域理论是社会学关于人与环境关系的经典理论。布尔迪厄的场域理论认为，场域是指人的每一个行动均被行动所发生的场域所影响，并非单指物理环境，也包括他人的行为以及与此相连的许多因素③。考夫卡则从心理学角度提出了心理场的概念。场域特别是舆论场，与哈贝马斯的"公共领域"有着密切联系，主要是对社会公共事务的公开讨论及发表看法的特定场合。在舆论产生、发展、发挥作用的社会整体环境中也存在特定的舆论场概念。刘建明认为，舆

---

① 麦库姆斯. 议程设置：大众媒介与舆论. 郭镇之，徐培喜译. 北京：北京大学出版社，2008.

② 史安斌，王沛楠. 议程设置理论与研究 50 年：溯源·演进·前景. 新闻与传播研究，2017（10）：8－19.

③ 布尔迪厄. 实践与反思. 李猛，李康译. 北京：中央编译出版社，1998.

论产生的社会环境包括了公众环境、意识环境以及产生意见的"场"①。包括同一空间的人群密度与交往频率、舆论场的开放度、舆论场的渲染物或渲染气氛②。

在网络传播时代，网络舆论场这一概念也对应出现。学者认为网络舆论场主要包括心理场、新媒体场和社会场三个因素，由政治、经济、文化、心理、媒体等因素形成交互、多元、多变的舆论气候，既影响网络舆论传播主体与客体的心理活动，也影响网络舆论传播行为③。尽管目前学界对网络舆论场的探讨和研究很多，但多数把网络舆论场作为研究背景，基于理论层面开展对网络舆论场中网络舆论和网络舆情特性的研究，或者是从实践应用层面对网络舆论场中网络舆情现象分析研判和预测应对，将网络舆论场当作研究主体较少涉及。网络舆论场可以概括为，网络舆论产生的社会环境，主要包括网络媒体、网民心理以及与之相关的整体环境。网络舆论场与网络舆论相互作用，既影响网络舆论产生发展的全过程，也被网络舆论塑造和改变。关于是否出现了移动舆论场，学界看法不一，一些学者专门研究微信、微博等个体平台出现的舆情案例，认为微信、微博等场域具有区别于 PC 端舆论场的舆论环境、网民心理及媒体特点，已具备舆论场产生的要素。综合近年来的学者研究，移动舆论场是借助移动网络技术，依托于移动社交媒体产生的舆论虚拟时空环境，其基本构成要素为移动社交媒体平台、舆论参与主体、舆论话题及其整体环境，有学者也将其称为场景力。

场景最初是戏剧、电影里的专有术语，主要是人物与周围环境关系的总和。其后逐渐演变应用在传播学、社会学研究中，传播学者梅罗维茨（Joshua Meyrowitz）在《消失的地域：电子媒介对社会行为的影响》中建立了"新媒介—新场景—新行为"的关系模型，提出"场景"（situation）概念，认为应把情境视为信息系统，新的传播媒介的引进和广泛使用，可能重建大范围的场景，以此出发研究"媒介场景"对人的行为及心理影响，传播学中更偏重于研究媒介本身。在新媒介技术背景下，罗伯特·斯考伯提出了有别于传统媒体时代的"场景"（context）概念，其在《即将到来的场景时代：移动、传感、数据和未来隐

① 刘建明等. 舆论学概论. 北京：中国传媒大学出版社，2009：50.
② 刘建明. 社会舆论原理. 北京：华夏出版社，2002：36 – 37.
③ 余秀才. 网络舆论场的构成及其研究方法探析——试述西方学者的"场"论对中国网络舆论场研究带来的启示. 现代传播，2010（5）：120 – 123.

私》（*Age of Context：Mobile，Sensors，Data and the Future of Privacy*）中提出，移动设备、社交媒体、大数据、传感器和定位系统是移动互联网的"场景五力"，其所营造的内容场景将帮助每个个体获得前所未有的在场感①。罗伯特·斯考伯的场景概念"context"，偏重于新型媒介技术所带来的行为和环境影响，重点研究的是媒介内容上下文关系。在移动互联网时代，实现影响力不仅仅需要提供受众所需内容，还要塑造符合场景环境的服务和产品，将内在符号价值通过文字内容还原到具体现实生活场景中。彭兰认为，广义的场景包含情境，场景同时涵盖基于空间和基于行为与心理的环境氛围，决定人们的行为特点与需求特征，其构成基本要素包括空间与环境、用户实时状态、用户生活习惯以及社交氛围②。还有学者在技术层面对场景尤其是社会场景（Social Context）进行定义，认为社会场景指的是不同用户相互关联的特征，如社会纽带和群体行为③。

五、社会网络理论

社会学视野中的网络理论（Networks Theory）能够对网络空间兼具技术、社会、交互的多元关系和属性提供创新视野和理论支撑。网络理论中网络的含义并非从互联网技术角度理解，而是指网络空间中的关系和结构。英国学者 R. 布朗（Alfred Radcliffe - Brown）最早提出社会网络的认知，后由威尔曼（Barry Wellman）对概念进行完善，认为"社会网络是由某些个体间的社会关系构成的相对稳定的系统"，即把"网络"视为联结行动者（actor）的一系列社会联系（social ties）或社会关系（social relations），它们相对稳定的模式构成社会结构（social structure）。在社会网络理论中，关系要素用以描述参与者之间的社会关系，以及发生不同程度的社会关系的行为和过程；结构要素用以描述参与者在社会网络中的位置及形成的模式。着眼于关系要素和结构要素，社会网络理论主要包括强弱联结理论、社会资本理论以及结构洞理论。在移动社交媒体舆论热点传播机制要素构建中，社会网络理论可以提供几个关键的理论依据。

---

① 罗伯特·思考博，谢尔·伊斯雷尔. 即将到来的场景时代. 赵乾坤，周宝曜译. 北京：北京联合出版公司，2014.
② 彭兰. 场景：移动时代媒体的新要素. 新闻记者，2015（3）：20 - 27.
③ Guanqing Liang，Jiannong Cao. Social Context - Aware Middleware：A Survey. Pervasive and Mobile Computing Journal（PMCJ），2015（2）：207 - 219.

一是网络参与者的强弱联结。联结是网络空间的基本构建单位，主要分为强弱联结两种程度。网络空间中的参与者，通过社会性的黏着关系来产生强弱互动，主要从互动频率、感情力量、亲密程度和互惠交互四个维度来判断联结的强弱程度。强弱联结在信息传播和用户关系中发挥着不同作用，在移动社交媒体舆论热点传播机制中，强弱联结的关系是不可或缺、互动补充的，强关系提升了传播的质量，而弱关系提高了传播的广度。

二是网络参与者的位置关系。网络空间参与者在传播过程中所处的位置，以及因不同位置发挥作用而产生的社会结构和演进模式，是影响参与者能否形成相对稳定位置的重要因素。根据结构洞理论，在网络空间中，除了强弱联结，还存在社会网络结构中的缝隙，"洞"主要指代参与者之间彼此联系，但不发生直接关系的结构网络，这种关系所形成的缝隙是影响关系网络稳定性的变数，缝隙中的弱联结需要依靠中介的力量消除，即所谓的"洞效应"。

三是网络参与者的影响作用。在社会网络理论中，社会资本用以描述不同参与者在同一结构网络中对结构影响作用的大小。社会资本主要是指参与者通过强弱联结所拥有的社会资源，网络结构中社会资本占有数量的多寡决定了参与者在网络结构中的地位和影响力。社会资本与参与者的影响作用密切关联，参与者的社会资本越多，构建的社会网络规模越大，反之社会网络规模越大，所能拥有的社会资本也越多。

社会网络中强弱联结、结构洞和社会资本的概念能够有效阐释移动社交媒体舆论热点传播机制中各个要素的结构和关系，在将网络空间视为社会网络结构的基础上，为研究舆论热点传播机制提供了一个新的视角，在传统的舆论学、传播学理论之外，引入社会学视野下对社会结构和网络空间的认知，改进传统舆论传播模式的构建，从而建立全新的、多层次、立体化、协同化的舆论热点传播结构。

六、理论选取依据

为深入研究移动社交媒体舆论热点传播机制的复杂现象和理论问题，本研究选取不同的理论阐释不同移动社交媒体舆论热点传播机制的特性，主要基于两个原因。第一，较之传统媒体或 PC 端网络媒体传播，移动社交媒体的舆论热点传播现象更为复杂多变，较难选择单一的传播学、舆论学理论对各个移动社交媒体的不同传播特性进行规律性研究，针对微博、微信等不同移动社交媒体的传播机制，单个理论无法有效地挖掘内在传播规律和机制运行规则。而有针对性地选取多个理论观察不同的移动社交媒体，能够更为丰富地挖掘移动社交媒体的多元传播现象，通过采用不同的理论分析工具研究移动社交媒体舆论热点传播机制的运行原理和联动机理，能够从不同角度发现具有代表性的移动社交媒体舆论热点传播机制的特性，提供了观察研究舆论热点传播更为完整的角度，有利于开拓移动社交媒体舆论研究的视野。第二，具体选择赋权理论、议程设置理论、自组织理论、场景理论、社会网络理论作为研究不同移动社交媒体平台的切入点，主要是建立在理论适用性、针对性和开拓性的基础之上。具体理论选取依据如下。

第一，赋权理论与微博舆论热点传播机制。微博作为最早出现且发展成熟的移动社交媒体，其传播机制给舆论生态环境带来变革式影响，微博能够生成"广场式狂欢"的舆论空间，最根本的原因在于对每个普通受众的赋权，通过用户自身的参与互动，主导舆论传播的话语权和议程设置的主动权。尽管移动社交媒体为赋权的来源产生和发生作用提供了丰富的应用空间，但比较半封闭或封闭式传播空间，或舆论功能较弱的传播媒介，只有微博开放式、弱传播关系的舆论场，能够为传播赋权提供发展充分的平台，也只有在赋权理论视野下观察研究微博，才能有效构建微博舆论场中传播主体、传播对象和传播路径之间的复杂关系，更好地发现其舆论热点传播机制规律，进一步厘清普通用户、网民名人、网络社群等的传播权力范式，为舆论热点传播发展的运行规则找到内在联系。微博舆论场的公开透明和用户高度的自主选择充分激发了话题的活跃度和传播力，鼓励分享互动的功能设置和由分享互动带来的粉丝量的变现，为舆论生成爆发酝酿了良好条件，不断赋权的刺激动力和链条式的传播网络在整个微博舆论场引爆舆论。微博的独特传播结构决定了微博与其他社交媒体传播模式和传播机制的不同，在赋权理论视野下，微博舆论热点传播模式中话语权的分配关系和用户在传播过程中各司其职的参与作用，使开放、共享、自主、去中心化的特点得以充分体现，媒介传播特性能够有效地将分散的、碎片化的信息还原和整合，实现舆论事件的再构造和观点价值的增值，甚至能够显著影响现实社会的权力再分配，形成区别于传统权力分配的新的话语中心。活跃关系赋权的存在为舆论热点的流动提供了桥梁，不论是中心节点用户还是普通用户，都可以参与到任意微博话题的讨论中，赋予广大用户更多的存在感和价值感，是维持微博社交关系和活跃度的重要条件，微博赋权的过程即是舆论热点事件传播爆发的过程。

第二，自组织理论与微信朋友圈舆论热点传播机制。自组织理论为研究舆论热点传播机制提供了重要的方法论。根据自组织理论提出的系统发展的多种路径和演化规则，能够较为清晰地认知微信朋友圈中舆论热点复杂的传播关系和舆论热点生成发展路径。自组织理论是从系统论中演化发展而来的一种理论，重点研究系统从无序到有序、从有序到高级状态的发展过程。在自组织理论视野下，微信朋友圈可以视为一个完整的自组织系统，其运行规则和舆论热点传播路径基本遵循着自组织的发展过程，通过自我调节和演进，普通舆论事件酝酿发展成为舆论热点。不同于微博的开放场域或微信公众号的订阅式传播，微信朋友圈是一个较为独立封闭的内在系统，传统的传播学、舆论学理论无法有效解释适用微信朋友圈的系统性自组织传播，对自组织理论的引入，有利于从更加系统化、过程化的视角深入认识微信朋友圈舆论热点传播规律，能够从自组织生成运行的基本条件，即开放性、规则性、流动性和非线性认知微信舆论热点传播机制及其演化动力，个体演化、组织演化和系统演化三个层次研究发现自组织演化过程中微信朋友圈传播形式、传播群体和传播空间的变化。

第三，议程设置理论与微信公众账号舆论热点传播机制。议程设置理论发展的过程，与媒体技术的革新和传播方式的变化密切相关，从传统的议程设置理论到网络议程设置理论的出现，表明了网络媒体对传统媒体甚至整个主流舆论话语权的影响。在移动社交媒体的舆论传播时代，议程设置的源头和方式再一次发生变化，个人也充分掌握了设置议题的主导权，但微博、微信朋友圈等以普通用户舆论传播为基础的社交平台，所设置形成的议程媒介功能和影响力较弱，议程设置的效果无法与专业性媒体相比。而微信公众账号较好地融合了媒介与社交功能，不论是主流媒体、商业媒体还是自媒体，都可以通过微信公众账号设置议程，既实现舆论传播功能又可以在微信系统中社交互动，一些微信公众账号议程设置的影响力，甚至超过传统媒体的传播力、影响力。社交网络传播的重要主导因素是传播方式而非传播主体，其传播机制是受众广泛参与的病毒式传播，传播对象是多样的、广泛渗透的。在微信公众账号平台上，舆论热点传播主体不只限于社交媒体本身，还包括平台每个主体，每个传播环节和节点，充分体现了议程设置对每个传播要素的互动作用。微信公众账号赋予传播主体较大程度的自主议程设置权力，主动参与舆论事件的传播互动、融合议题，在推动议程设置完成后还能继续通过微信朋友圈、群组和个人用户实现多层级的传播转发扩散，信息的不断裂变和渗透，使微信公众账号的舆论热点传播和议程设置功能得以不断强化，微信公众账号议程设置效果让人与媒介的融合进一步加深，使得微信成为兼具大众传播和媒体传播属性的一种新媒体。随着传统媒体、政务媒体纷纷入驻微信公众账号平台，媒介议程、自媒体议程、普通用户设置的议程互动交流、相互融合，互相参考借鉴话题议程，让议程设置的影响力更加突出。

第四，场景理论与移动短视频舆论热点传播机制。移动短视频借助移动网络技术，依托于音视频场景能够产生舆论虚拟时空环境，移动短视频的传播环境，与场景的概念高度契合。尽管微博、微信等移动社交媒体具备了音视频传播的条件和受众基础，但其传播形式和舆论空间与移动短视频的"在场感""场景力"有着较大差距，只有移动短视频的舆论热点传播机制，才能赋予用户此情此景的情景状态和传播行为。移动短视频作为传播介质其特殊之处在于既是平台也是窗口，是一个综合复杂的多功能集合体，是信息内容的输出展示窗口，也是其传播承载渠道，因此，本研究将移动短视频作为场域及场景理论的适用对象，移动短视频作为一个被塑造的场景空间环境和生态系统，主要包括现实场景、虚拟场景以及基于社交平台和虚拟环境创造的现实增强场景。通过场景理论构建，尝试研究两个层面的问题：一是分析移动短视频对舆论热点传播模式的影响，这一层面移动短视频是影响源；二是舆论传播主体对移动短视频舆论热点传播的影响，这一层面舆论传播主体是影响源。借鉴场域和场景理论，本研究主要将媒介移动场景作为发生作用的影响源，研究宏观层面移动社交媒体的结构性变革对网络空间场景和舆论传播行为的深刻影响。在移动短视频中，场景的创造不仅仅是信息内容的背景环境，场景往往就是信息本身，通过与内容的互相融合增加丰富感和充实感，强化场景代入感。

第五，社会网络理论与移动社交媒体舆论热点传播机制的构建。在移动社交媒体舆论热点传播机制研究中，可将网络空间视为社会网络结构，研究传播机制构建中舆论热点的传播动因，具体分析附着力因素法则（流行事物本身具有的感染力）、关键人物法则（关键人物发挥的信息中介与意见领袖作用）、环境威力法则（酝酿流行风潮的社会氛围）在移动社交媒体舆论热点传播中的关键节点和结构因素，即事件本身的性质、传播渠道、自组织群体、共情心理、场域情境性和流行话语体系在不同层面如何影响移动社交媒体舆论事件是否能够形成热点。社会网络理论可为研究移动社交媒体舆论热点传播机制带来借鉴和启发，一是网络空间参与者的复杂性，在移动社交媒体传播中，没有绝对的主体和对象，所有参与者包括政府部门、媒体机构、互联网企业、社会组织和个人等所处的关系和位置是持续变化的，所带来的影响也充满了偶然性与不平衡性。二是网络结构的能动性，舆论传播机制研究的切入点主要包括各参与主体的互动关系和相关机制的建立。网络结构的能动性有利于将技术的变革纳入机制构建的重要考量，在机制的发展中关注技术本身主动对舆论传播带来的重要影响。三是关系网络的互动性，舆论传播涉及的范围十分广泛，强弱联结程度不同，参与者之间的互相协调与互动十分重要，通过不断协同的过程构建参与者之间的良性关系，加深不同要素之间的交流和参与度。

社会网络理论关于强弱联结、结构洞、社会资本等概念有助于弥补传统传播学、舆论学研究关于舆论传播机制对舆论引导、网络空间治理等课题解释力不足的问题，有助于把握舆论热点传播机制的复杂性和系统性。社会网络理论能够较好地阐释舆论热点传播机制的社会属性，将参与者、关系、技术、资本等因素统一纳入考察范围，对舆论热点传播机制及各个要素的关系构建提供了有力的理论支撑和解释。但从社会网络理论视野认知舆论热点传播机制来看，多偏向于对现有现象的描述和解释，缺乏理论的升华和创新，还需在关系不确定性和结构洞的缝隙等方面探索发展。

第一章

移动社交媒体舆论热点传播环境及格局研究

当前，社会转型改革进入深水区攻坚期，移动互联网技术的进步使大众话语权得到极大增强，政府对舆论热点传播高度重视，网络舆论活跃度大幅提升，与社会现实深刻交互，移动舆论场传播环境和生态格局呈现出一系列新特点和新现象。本章通过对移动舆论场传播环境的宏观分析，探索当前移动社交媒体的发展格局，对移动社交媒体舆论热点传播环境内在机理特征和外延生态格局进行深入研究，以此为基础，探究移动社交媒体的影响作用给舆论热点传播带来的挑战和未来发展趋势，为研究移动社交媒体舆论热点传播机制奠定背景性基础。

第一节 移动社交媒体给舆论传播带来的变化

借助移动互联网的发展普及，网络舆论与社会现实互相观照、融合深化，形成了相互影响又协同促进的网络舆论传播新格局。媒体传播格局和舆论生态环境发生深刻变化，信息渠道、传播手段丰富多样，提供信息、影响舆论的主体多元多变。以手机为代表的智能终端成为获取场景化、个性化信息和服务的信息基础设施，真正实现"人人处处时时在线"，新媒体特别是依托移动端的社交媒体依靠覆盖广、传播快捷、信息海量等特点，强烈冲击着传统舆论格局，移动社交媒体极大地释放了社会表达和组织行动，成为舆论热点传播发酵的主阵地；移动舆论场成为引领舆论走向、影响社会政治生活的重要力量。舆论热点事件生成发酵的主要平台和渠道逐步向移动端转移，信息传播、舆论生成模式发生深刻变化。

一、网络正能量更加充沛

党的十八大以来，中国互联网顶层设计环境发生了积极而深刻的变化，中央网络安全和信息化领导小组正式成立，习近平总书记亲任组长，完成了国家在互联网层面的顶层设计。党的十九大报告中明确提出，高度重视传播手段建设和创新，提高新闻舆论传播力、引导力、影响力、公信力，加强互联网内容建设，建立网络综合治理体系，营造清朗的网络空间。① 近年来，随着网络强国战略的实施和网络空间法治化进程推进，网络空间更加清朗，网络正能量更加充沛，移动端超过 PC 端成为获取资讯服务、开展社交娱乐、生成引导舆论的重要平台，中国开始进入移动互联网传播"新常态"②。随着《网络安全法》等一系列法律规范的出台，以及《关于推动传统媒体和新兴媒体融合发展的指导意见》《关于促进移动互联网健康有序发展的实施意见》等顶层文件的实施，国内互联网领域特别是新型社交媒体领域法律法规、指导意见逐步完善。从世界互联网大会到中美互联网论坛等一系列互联网外交政策和活动的开展，开启了互联网外交新局面。

在顶层设计主导下，近年来移动舆论场表现出较强的舆论正能量劲头，主流舆论热点如重大事件及重要时间节点的移动端宣传、国家外交形象塑造、网民特别是年轻群体爱国情怀的表达等，主导引领着网上舆论整体态势，移动舆论场与社会心态的交互作用，提升了正能量舆论热点传播效果，促进营造了健康平稳的网上舆论环境，凸显出顶层议程设置能力的提升和国家网络治理成效。特别是党的十九大召开，移动社交媒体的助力传播对网络舆论场产生重大积极意义，网民国家认同感持续上升，舆论总体走势积极平稳，网民参与舆论监督的意识、手段和能力不断提升，能够更加理性客观判断新闻媒体和网络意见领袖舆论影响力。

---

① 共产党员网. 习近平：决胜全面建成小康社会 夺取新时代中国特色社会主义伟大胜利——在中国共产党第十九次全国代表大会上的报告［EB/OL］. http：//www. 12371. cn/2017/10/27/ARTI1509103656574313. shtml，2017 - 10 - 27.

② 李未柠. 2014 中国网络舆论生态环境报告：中国进入互联网"新常态"［EB/OL］. http：//news. xinhuanet. com/newmedia/2014 - 12/25/c_ 1113781011. htm，2014 - 12 - 25/2014 - 12 - 27.

二、网络舆论更加复杂多元

"舆论超市"出现。随着国家政策的调整和社会大环境的变化，舆论场出现众生喧哗的"舆论超市"。根据近年来《中国互联网舆情分析报告》发现，从舆论热点范围来看，事件关注点大致出现了区域性、个体性事件逐渐减少，国家性、公共性事件逐渐成为热点的特征。各类重大活动、重要会议受到国内外舆论高度关注，国际话题也开始成为网络舆论关注点，推高舆情总体热度；全国舆论热点事件多发、形势复杂，相关讨论、关联话题集中出现，舆论共振效应明显。从领域分布来看，利益诉求类热点范围最大、领域较广、覆盖面多。社会事业类涉及教育、市政建设、医疗卫生、公共交通等关乎民众切身利益的民生话题，关注度较高，网民讨论较多。网民参政议政愿望日益增强，对党和政府执政能力提出更高要求。越来越多的网民通过移动社交媒体对党和政府的工作进行舆论监督、反映问题、提出诉求，寻求社会支持和官方答复，由此带来网络问政表达渠道和方式的变化。

信息超载与信息黑洞并存。移动端的海量数据和人人皆可发声的社交媒体环境带来了信息过载、重复、注意力稀缺等问题。把关人的缺失造成了各类虚假信息、网络谣言及网络舆论热点事件的频频反转。调查显示，当前近六成假新闻首发于微博。而微信信息封闭性高，倾向于熟人间传播，但由于封闭式传播环境，自我纠错能力弱，相较于微博，微信谣言的辟谣难度更大[①]。

精英与大众相结合。网上的精英主要是指以"网络大V"为代表的网络意见领袖，可以发挥主动设置议程、引导舆论的功能。网络草根主要是指活跃在互联网上的普通网民。由于国家互联网管理政策和移动互联网天然的赋权属性，过去几年里微博中的意见领袖流失严重，影响力逐渐减弱，意见领袖逐步向微信迁徙，网上意见领袖和网络草根话语权逐步增强，随着移动舆论场的逐渐饱和成熟，网上舆论不再呈现出最初的简单直白特点，转而呈现出专业化、深度化趋势。移动社交媒体中越来越多的网络舆论热点涉及社会改革、经济发展等专业领域，不少专家学者纷纷参与其中解读和评论，更易形成舆论影响力和传播力。

---

① 陈郁. 2015《新媒体蓝皮书》发布：近六成假新闻首发于微博［EB/OL］. http：//www. ce. cn/xwzx/gnsz/gdxw/201506/24/t20150624 _ 5727350. shtml，2015 - 06 - 24/2015 - 07 - 20.

　　网上网下整合呼应。移动社交媒体带来的不仅仅是传播交流方式的移动化，更是整个社会生活方式的移动化。移动社交媒体中的思维情绪、话语方式都极易蔓延到社会空间，与现实问题形成对应。信息传输交互方式更加集成开放，微博、微信等新型网络应用与手机即时通信、网络电话等多种工具互通互联互发，信息发布能力、组织动员能力更加强大。特别是以强关系、封闭圈群为代表的微信舆论场，易产生"群体极化"倾向，形成网上网下联动，网络舆论热点可能演变为现实行动，引发连锁反应和次生舆情。在一些与社会民生密切相关的事件中，传统媒体与移动社交媒体交织互动，网民网上网下参与调查和信息发布，使事件应对复杂化。

三、舆论热点生成，传播渠道发生结构性变化

　　2011 年被称为移动互联网发展元年，此后移动社交媒体迎来了发展高峰期，特别是微信的普及，带来了移动社交媒体的又一次变革。鉴于 2013 年以来，移动社交媒体逐步走向成熟，部分主流移动社交媒体拥有上亿用户，因此，本研究选取 2013 年以来网络舆论热点事件，作为研究近年来舆论热点传播渠道结构性变化的基础样本来源，筛选标准主要参考《中国互联网舆情分析报告》，运用德尔菲法及层次分析法对包含报刊、新闻、论坛、博客、微博、微信、APP 在内的七类媒介形态中舆论热点的热度和压力指标进行测算，得出 2013—2018 年度排名前十的热点舆情①。

　　通过分析可以发现，2013 年以来由移动社交媒体首发并发挥传播主导作用的网络舆论热点为 46%。其传播渠道主要为微博、微信公众账号、微信朋友圈等移动社交媒体，经过某一传播节点后在全网扩散成为舆论热点，47% 的人认为社交平台在个人获取新闻的渠道中扮演重要角色，55.6% 的用户将社交媒体内容放在了和传统报道同等重要甚至更喜欢的位置上②。2016 年以来，知乎类知识平台、网络直播和短视频等也成为网络舆论热点传播的重要渠道之一。由于移动设备的便捷性、场景化，微博、微信等网络社交平台成为信息发布传播的

---

① 人民网舆情监测室 . 2016 年中国互联网舆情分析报告［EB/OL］. 人民网 http：//yuqing. people. com. cn/n1/2016/1222/c408999 – 28969136. html，2016 – 12 – 22/2017 – 2 – 21.

② 清华大学新闻与传播学院新媒体研究中心 . 众媒时代：新媒体发展趋势报告（2015）［EB/OL］. http：//tech. qq. com/a/20151112/009900. htm#p = 1，2015 – 11 – 12/2015 – 12 – 21.

表 1-1　2013—2018 年排名前十的网络舆论热点

时间 / 事件	2013 年	2014 年	2015 年	2016 年	2017 年	2018 年
1	薛蛮子涉嫖娼被拘留事件	马航航班失联	纪念中国人民抗日战争暨世界反法西斯战争胜利70周年大阅兵	杭州 G20 峰会	中共十九大召开	中美经贸摩擦
2	李 xx 案	香港占领中环事件	6 月股市暴跌	南海仲裁事件	《战狼Ⅱ》大热	2018 年全国两会
3	薄熙来案	云南鲁甸 6.5 级地震	天津港 "8·12" 特大爆炸事故	雷洋事件	《人民的名义》热播	问题疫苗事件
4	斯诺登 "棱镜门" 事件	阿里赴美上市	网络红包传递新春祝福	2016 年美国大选	中印洞朗对峙	《我不是药神》引热议
5	芦山地震	台湾学生占领立法院事件	"东方之星" 长江沉船事故	王宝强离婚事件	河北雄安新区成立	范冰冰偷逃税事件
6	厦门公交大火事件	中央对周永康立案审查	上海踩踏事件	魏则西事件	山东于欢案	2018 年个税改革
7	上海法官集体嫖娼事件	昆明火车站暴恐案	北京张家口成功申办冬奥会	女排奥运夺冠	罗一笑事件	中非合作论坛北京峰会

续表

时间 事件	2013 年	2014 年	2015 年	2016 年	2017 年	2018 年
8	农夫山泉"质量门"事件	**昆山爆炸事故**	李克强敦促各部委简政放权	**网络直播带动"网红"**	学区房话题及各地出台租购同权政策	美国制裁中兴事件
9	曾成杰被执行死刑	麦当劳肯德基供应商黑幕曝光	欧洲难民危机引发国际关注	A 股熔断机制实施四天后暂停	"一带一路"国际高峰论坛	**滴滴顺风车乘客遇害系列事件**
10	新快报记者陈永洲被批捕事件	**演员柯震东、房祖名在京吸毒被抓**	关注南京宝马撞人案	2016 年全国多省份暴雨洪灾	"共享单车"话题	幼儿园虐童事件连续曝光
移动社交媒体首发百分比	40%	40%	50%	50%	50%	50%

（加粗部分为由移动社交媒体首发并发挥传播主导作用的网络舆论热点。）

主要渠道，不论是传统媒体、门户网站、自媒体还是政府组织，都纷纷在移动端开通账号，进行移动化、碎片化、即时化传播，开启了移动社交媒体引领舆论新局面。移动社交媒体还具有主动设置议题、构建话语权利的功能，移动直播平台、网络电台、秒拍视频等应用为网民获取信息提供了丰富渠道，传统媒体、PC 端用户大量向移动端迁移，网民通过移动端视频、音频等应用形式获取资讯、传播声音，网络舆论热点也由 PC 端流向移动端，移动社交媒体迅猛发展使之成为传统媒体、网络媒体之外的舆论新信源、舆论产生发展扩散的新生力量和集散地，也带来舆论发酵传播模式的变局，传播渠道的结构性变化在舆论事件中均有所体现。

一是移动客户端凭借其丰富的资讯资源、实时的信息推送和便利的社交互动被越来越多的用户认可。截至 2018 年，我国移动新闻客户端用户达到 7 亿，占手机网民的 82%。腾讯移动新闻客户端与微信捆绑推广，市场占有率超27%。主流新闻资讯类移动客户端产品影响力较大、公信力较高，借助内容优势和采编资质，有效占据信息传播高地，是网民获取新闻资讯的首选渠道。新闻信息产品的跟帖评论内容补充构建了新闻资讯类应用的社交空间，用户随时随地在浏览新闻资讯后进行即时观点、态度、情绪表达和交流，有些信息被分享至其他社交平台，形成二次传播，部分热点事件的跟帖评论甚至影响整体舆论节奏和走向，对舆论治理提出更高要求。

二是微博、微信都已经超出单一社交应用范畴，成为平台级入口。平台化的微博、微信大量分流了传统贴吧论坛流量，已经成为信息分发、舆论传播的主渠道，舆论热点发酵炒作的主要场域。例如新浪微博，在用户规模稳定增长的同时，持续强化社交关系构建，以热搜功能和网络意见领袖影响舆论热点风向，加之传播空间公开、内容自主性强，易形成网上观点群圈化，造成各群体间网上观点对峙，对主流话语权的影响力显著提升，在形成全国性热点话题中起着主要作用。微博中的意见领袖具有明显的议题设置力、舆论引导力和社会动员力，影响了政府和主流媒体的绝对话语权。微信发展成为移动互联网最大流量入口，庞大的用户基础和高活跃度让微信处于移动舆论场中心地带。综合近年来全网舆论热点事件，由微信平台发挥主要作用的热点事件比例大幅增加，微信公众号的过滤审核机制降低了把关门槛，点对点的精准传播极大提高了传播效果，信息在朋友圈、微信群等熟人网络之间传播，形式隐蔽且效率较高，内容涵盖 H5、音视频、图片等多种形式，便于分享，易促使舆论事件传播发酵形成热点。基于强关系的微信舆论场域形成的舆论热点也容易引发群体共鸣和强烈反响。

三是新型移动社交媒体舆论渗透力有所增强。主流"两微一端"虽占据主导地位，但知识分享型应用、网络短视频、弹幕网站、网络直播、网络字幕组、笔记类分享应用等已然兴起，成为舆论热点事件传播的新渠道和新源头。一方面此类应用创新传播引导方式，在移动舆论场更加灵活新颖，能够覆盖延伸到更广泛的传播范围和用户群体，进行二次、多重传播，特别是在年轻人群体中取得良好传播效果。另一方面这些新型移动应用信息数量较多且向外围平台扩展，通过短视频、网络直播等形式传播的信息更具隐秘性，发现应对难度较大，在反映个人利益诉求、讨论政府政策等舆论事件中表现突出，特别是移动短视频，在突发事件中能够第一时间传递现场情况，填补了其他移动端主流应用的信息空白，也造成了治理困境。

四、话语权重新分配，议程设置、舆论引导难度增加

当前，网络舆论热点的生成发酵已不再依托单一的传播渠道和特定传播模式，而通过不同媒体平台的融合互动，实现舆论热点最快速度和最广范围传播扩散，造成全网影响。不同移动社交媒体因各自特色生成了特有的舆论环境和传播模式，由意见观点的分散到舆论声音的趋同整合，将舆论事件推向高潮，造成了议程设置、舆论引导治理的难度。移动社交媒体舆论传播环境中，网络舆论场话语权的分化转移主要体现在以下三方面。第一，新闻信息平台更为多样化，强势渠道把控了信息入口。越来越多的商业公司投入移动端信息的生产传播、渠道拓展、产品开发和话题挖掘上。这些强势移动平台成为网民获取信息的重要入口之一，流量的强势正在转变为一种控制力，比如今日头条是否突出推荐，对一条信息的覆盖面和关注度影响很大。第二，自媒体大量涌现。小微团队生产力随自媒体平台的发展极大释放，微信公众号活跃订阅号近 200 万，认证为"原创"的 4 万家，贡献 PV（页面浏览量）近 10 亿。第三，普通网民参与议程设置的能力增强。移动互联网使得传统的"人随网走"变成"网随人走"，新闻信息真正实现了随时随地生产发布。微博、微信和移动客户端成为网民主动参与议程设置的重要渠道。在一些突发事件和公共议题上，网络"意见领袖"在微博微信中的影响力甚至超越主流媒体和政府。某些情况下，主流舆论常常受到社交媒体平台上舆论的"倒逼"，一部分主流媒体已被边缘化，政府和媒体主导议程设置的难度增加。有学者将之概括为"去中心—再中心化",两者都对国家的组织和治理能力形成巨大的挑战①。

第二节 移动社交媒体发展概况

移动社交媒体的发展历程与互联网技术变革演进紧密相连,从最初的简单网络交流工具到现在移动化、个性化、精准化的社交平台,4G 技术的成熟应用极大激发了移动社交媒体的发展活力和机遇。传统的社交媒体积极探索移动端转型,新型移动社交媒体发展迅速吸引大量年轻用户,当前主流移动社交媒体发展呈现出强者越强、弱者越弱的"马太效应"。移动社交媒体发展至今,与现实社会和网络空间深度交互影响,形成了信息资讯、生活服务、娱乐文化交织作用,用户规模稳定增长、舆论传播能力不断强化、内容垂直细分的发展格局。

一、移动社交媒体发展历程

社交媒体从最初的年轻群体交流工具到今天成为网络化生存、网络化生活的最基本工具和平台,经历了技术到功能的逐步拓展和完善。

一是初始阶段(1971—1996 年)。1971 年,美国 ARPA 项目研究人员发出第一封电子邮件,标志着互联网时代的开端;1978 年,出现了最初形态的 BBS 论坛;1979 年,Tom Truscott 和 Steve Bellovin 使用 UUCP 协议建立了最初的新闻组(Usenet),用户可以传播分析新闻组的各类内容;1993 年,出现博客的雏形 NCSA 的"What's New Page"网页;1994 年,Justin Hall 开办了"Justin's Home Page"个人网页,开启了博客时代。在这个阶段,社交媒体初具雏形,但最基本的特征还没有充分实现。与此同时,中国在 1994 年接入互联网,即将迎来社交媒体的萌芽阶段。

二是发展阶段(1997—2010 年)。1997 年,基于六度分割理论的 Sixdegree 出现,被认为是真正意义上的社交媒体的开端。其后,陆续出现了 Myspace、Linkedin、Flickr 等具有基本社交功能和较大数量用户群体的网站,但因其功能较少、用户体验不佳等原因,没有形成全网的影响力。此时,国内开心网、腾

---

① 李良荣,郑雯. 论新传播革命——新传播革命研究之二. 现代传播,2012(4).

讯 QQ 等走在探索社交媒体市场的前沿。2004 年，Facebook 的诞生标志着社交媒体进入了平稳发展阶段，此后，在全世界具有较大影响力的 YouTube、Twitter 等不同类型的社交网站纷纷上线，社交媒体迎来了大发展机遇。同时期，国内的新浪微博、人人网、QQ 空间等迅速发展壮大，占领较大的互联网流量和用户人群。

三是成熟阶段（2011 年至今）。2011 年，借助移动互联网技术的东风，微信乘势而上，迅速发展成为拥有十亿用户的移动社交媒体，这标志着社交媒体进入移动化时代。各类社交媒体纷纷创新推出移动端产品，其他新型社交媒体也在移动端上线，如国外的 Instagram 大有赶超 Facebook 的趋势，国内的新闻资讯类、知识问答类、视频直播类、社交娱乐类等移动社交媒体迅速吸引大规模用户，加之借助微信平台级入口发展迅猛的微信公众号，移动社交媒体成为当今影响网络舆论场的重要力量。

由此发展历程可见，社交媒体的发展是与互联网技术变革演进紧密相连的，从最初网络交流工具到移动化、个性化、精准化发展的社交平台，社交媒体构建了终端用户、网络信息和社交网络的社会关系。

2008 年 12 月，国务院启动第三代移动通信技术（3G）牌照发放工作。2009 年，国家开始大规模部署 3G 网络，2014 年迎来了 4G 通信技术的更新换代，有力地促进了移动互联网的快速发展。基于移动互联网技术成熟应用的移动社交媒体，开启了社交媒体与舆论传播的新篇章。

一是 2008—2010 年：萌芽发端期。随着 3G 移动网络的出现和智能手机的普及，移动互联网极大提升了社交质量和效果，手机应用软件的便捷性让移动上网成为现实。各大互联网公司探索抢占移动互联网入口，2009 年新浪微博测试版上线，极大地冲击了传统论坛贴吧的影响力和活跃度。手机 QQ、手机微博、手机人人网等应用构成了移动社交媒体的初级发展形势，具备了社交基本功能，但传播信息、生成舆论热点的媒体功能还没有发展成熟。

在 2000 年后，博客的出现成为自媒体的雏形。早期的博客具有精英色彩和明显的媒体属性，但因其功能及定位主要适应于 PC 端的传播特征，在移动互联网时代被微博赶超，进入衰退期。论坛、贴吧的传播力、影响力受微博博客的冲击，逐步走向社区化、垂直化、细分化趋势，在特定群体有较强影响力。

二是 2011—2013 年：快速爆发期。手机应用程序商店的出现极大地丰富了手机的功能，智能手机的规模化生产普及促进了社交媒体的移动化发展，用户量出现爆发式增长。微信的正式诞生标志着即时通信工具的升级换代，成功占据了移动互联网入口，也开启了移动社交媒体的快速爆发期。这一时期，微信不断丰富拓展应用功能和用户体验，文字、语音、图片、视频、朋友圈、附近的人、漂流瓶、摇一摇、表情包、扫一扫等功能实现了熟人社交和陌生人社交的结合，既有建立在强关系基础上的点对点传播，也有微信群的弱关系传播，采用手机号码绑定社交应用等技术，成为全球下载量和用户量最多的通信软件，影响力遍及全世界。公众号的上线极大强化了微信的媒体功能，吸引了传统主流媒体、商业媒体及各类自媒体入驻，成为舆论热点传播的重要场域。

微博在这一时期也迎来了高速发展期，2013 年年底用户规模超过 5 亿。碎片化、多样化、广场式舆论传播特性与移动互联网终端设备需求高度契合，微博成为社交化和媒体化深度融合的典范，舆论传播的第一大场域和信息源。其他小众即时通信工具如陌陌、易信、米聊等也吸引了特定群体使用。这类型的即时通信工具与微信的设计功能形成互相补充，但因其用户数量有限和功能定位的垂直化，未发展成舆论热点传播的有效平台。

2012 年上线的今日头条，创新了个性化、定制化新闻服务模式，根据用户社交行为、阅读习惯、职业年龄等进行大数据计算分析，个性化推荐新闻、电影、音乐等资讯，打造了信息传播的高效推送模式，也一定程度上造成了"信息茧房"效应。以今日头条为平台的"头条号"为例，是针对媒体、国家机构、企业及自媒体推出的专业信息发布平台，为内容生产者提供更加高效直接的流量和关注度。比起移动客户端，今日头条号先进的分发技术更有利于内容生产者将信息传播到有效的目标受众群体，为用户提供较为精准高效的信息服务。

各大互联网公司和媒体也加快推进移动互联网转型，手机淘宝、微信支付、百度地图、360 搜索、支付宝、滴滴顺风车等纷纷在移动社交功能领域布局，人民网、新华网、澎湃新闻、新浪新闻、腾讯新闻等也均推出移动客户端，新闻媒体客户端因其强大的媒体属性，推动了舆论传播发酵从量变到质变的过程。

三是 2014 年至今：全面发展期。2014 年，4G 网络开始规模化普及应用，移动上网网速得到极大提升，智能手机价格大幅下降，移动互联网应用场景更加深化多元。移动社交媒体已经成为各个行业领域发挥作用的重要平台，各类即时通信工具的差异化发展路径更加凸显，移动应用开始向全面深入场景化发展。

二、移动社交媒体发展格局

《中国互联网络发展状况统计报告》将社交媒体分为 3 个类别，包括即时通信工具，如 QQ、微信、飞信、易信等；综合社交平台，如微博、QQ 空间等；垂直社交应用，包括贴吧、豆瓣、天涯、知乎等社区社交，美图秀秀、美拍、YY 等娱乐社交，世纪佳缘、比邻、58 交友等婚恋社交，领英、脉脉等职场社交。凯度（英国数据咨询公司）在《2017 年中国社交媒体报告》中，将中国社交媒体分为九个类别，包括微信、微博、交友类（如陌陌、世纪佳缘、珍爱网等）、通信类（如 QQ、LINE、米聊等）、论坛类（如百度贴吧、天涯、QQ 空间、豆瓣等）、生活类（如美团、去哪儿、携程、大众点评等）、新闻类（如今日头条、腾讯新闻、网易新闻等带有评论功能的新闻 APP）、电商类（如淘宝、京东、小红书等带有社交评论功能的电商 APP）、视频直播类（如优酷、哔哩哔哩、斗鱼 TV 等带有社交评论功能的视频直播 APP）。

按照狭义社交媒体的定义，以及应用平台主要功能和模式，本研究将当前我国社交媒体分为以下六类，包括综合平台类，即聚合文字、图片、视频等多种形式的服务产品，实现集沟通交流、发表言论、信息分享以及生活服务、商务运行等平台服务于一身的综合性平台，如微博、微信、QQ 等；论坛社区类，即基于共同爱好和需求，搭建设置话题、自由讨论、互动交流的网络空间，如天涯、百度贴吧、豆瓣、猫扑等；知识问答类，即以知识传播、交流、共享为目的，通过传受主体的互动交流，实现公众普遍参与的社交媒体应用形态，如知乎、得到、悟空问答、搜狗问问、爱问知识人等；视听分享类，即以网络原创图片、短视频分享等为主要形式，实现展示自我、互动交流、人际扩展等功能，如抖音、快手、秒拍、火山小视频等；视频直播类，即通过网络连接，在同一时间以游戏、个人秀等为内容进行语音、视频、数据的全面交流与互动，如斗鱼、虎哥、映客、花椒等；垂直应用类，即针对特定领域或特定需求，结合不同关系构建和不同关系场景，提供信息应用服务，如网易云音乐、考拉商圈、携程、美团、世纪佳缘等。以上六类应用，并不是固化的单一形态，而是动态演进、交叉融合，并存于错综复杂的社交媒体网络生态。当前移动社交媒体发展呈现如下格局。

（一）主流移动社交媒体发展势头迅猛

微博、微信、新闻资讯类移动客户端等发展呈现出强者越强、弱者越弱的

"马太效应"，头部移动社交媒体占据移动端应用的最大规模用户和主要流量入口，并保持发展势头，在突发事件和舆论热点传播演化中发挥着日益重要的作用，为移动舆论场提供主要的信息来源和社交议题。

1. 微信：信息与服务融合的舆论场域

微信成为智能手机配置的基本应用程序，是国内最大的移动社交应用，微信朋友圈、群组及订阅号构建了强连接和弱连接结合的社交关系和舆论场域，不断拓展功能应用，有效满足不同用户需求，成为不可忽视的重要舆论力量。2017 年，微信上线"小程序"功能，以此为基础拓展线上线下生活服务，广泛覆盖多个行业和领域的服务项目，进一步巩固了用户黏性和忠诚度。基于封闭式、半封闭式的传播场域和传播机制，微信构建了平台式的服务模式和客厅式的社交空间。

2. 微博：传播赋权的开放广场

微博在经历了急速发展和逐步下滑趋势后，进入平稳发展期，一方面微博空间更加清朗有序，意见领袖、网络名人发声得到有效规范；另一方面网民更加理性客观，心态趋于平和，微博成为设置议题、引领舆论走向的重要平台。2016 年 11 月，新浪微博取消了 140 字的发布限制，普通用户均可以发布长微博，消除了内容表达方面的限制，进一步畅通了信息传播渠道。新浪微博热搜榜和热门话题排行榜功能的上线，是舆论话题关注人数的实时反映，作为衡量舆论话题"火还是不火"的重要标准，热搜榜成为设置议题、引领舆论导向的重要阵地，也因此产生了购买热搜、恶意刷榜等负面现象，造成了舆论热度的失真。2018 年 1 月，按照国家网信办要求，新浪对热搜榜、热门话题榜等下线一周进行整改，重新上线的热搜进一步规范了舆论导向，有效净化了网络舆论生态环境。在"2017 微博 V 影响力峰会"上，微博将自身定位为"坚持做大微博的平台规模、坚持基于内容的社交赋能、坚持基于粉丝的变现赋能"①，通过对产品应用的不断改进，延伸了与用户的稳定关系和赋权功能。

3. 新闻资讯类移动客户端：信息传播效果的最优组合

2017 年，新闻资讯类客户端在移动端的渗透率为 68%，主要包括聚合类新闻资讯 APP 以及传统主流媒体和商业新闻网站开设的资讯 APP。聚合类新闻客

---

① 微博 2017 赋能自媒体收入 207 亿 CEO 王高飞谈"坚持". ZAKER［EB/OL］. https：// www. Myzaker. com / article / 5a2675fc1bc8e0fd77000002 / 2017，2017 - 09 - 24/2017 - 10 - 20.

户端本身不产出内容，利用自身平台特性整合行业各类信息源，通过再创作，将传统媒体、新媒体与新技术结合，实现了不同媒介形态的自由组合①。聚合类新闻客户端赋予了自媒体和传统主流媒体同等的传播权利，有利于实现传播效果的最大化。传统主流媒体和商业新闻网站客户端是传统新闻网站在移动端的延伸，为了避免新闻内容的同质化，不同的新闻客户端均有各自的内容定位和目标人群。通过大数据对用户精准分析，从最初的流量争夺已逐步转变为内容精细化竞争。新闻客户端着重培养用户使用习惯，在内容生成方面向多元化、专业化发展，并向视频、电商等方面拓展功能，既能提高用户人群的精准度，又能进一步提升内容价值和传播效果。随着对内容为王的重视和大数据、云计算等技术的应用普及，新闻资讯类移动客户端将继续保持舆论场的活跃度。

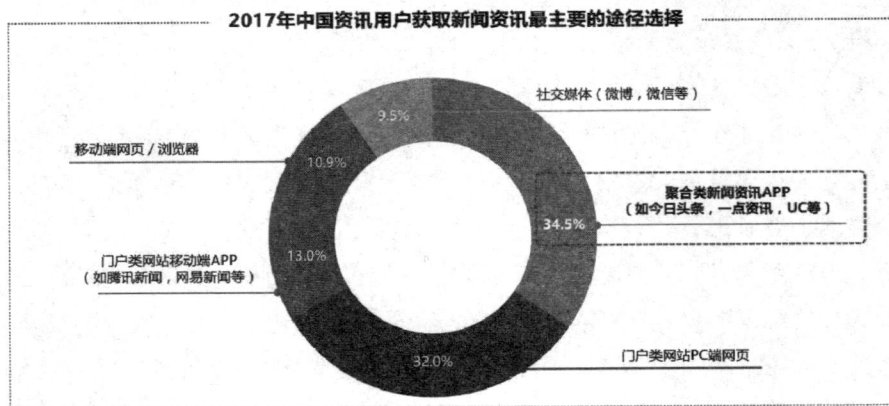

图1-1 2017年中国资讯用户获取新闻资讯最主要渠道②

---

① 艾瑞咨询. 2017 年众媒渠道下移动资讯 APP 媒体价值研究报告 [EB/OL]. http://www. iresearch. com. cn/report/3040. html，2017–08–20/2017–10–20.

② 艾瑞咨询. 2017 年众媒渠道下移动资讯 APP 媒体价值研究报告 [EB/OL]. http://www. iresearch. com. cn/report/3040. html，2017–08–20/2017–10–20.

（二）PC 端社交媒体探索转型发展

在 PC 端时代，以知识分享、交流互动为主的豆瓣、知乎、百度贴吧等协同编辑型网站，主要以兴趣爱好为基础形成较为稳定的圈群，通过组织线上线下活动、深入交谈讨论舆论议题、意见领袖的引领等，形成了用户黏度高、舆论话题较为深入集中的舆论场域，以及内容设置规模化生产机制。在移动互联网时代，这些传统互动型的社交媒体积极转型发展，试图适应移动端嵌入式场景式传播态势和用户需求，但在转型发展过程中，因产品功能自身定位缺陷和用户群体代际变化等因素，逐步失去了在 PC 端的传播优势，流失了一部分用户和原有的功能特性，在探索移动端转型道路上还需不断探索适应场景化、个性化应用需求。

1. 知乎：精英知识型社区向大众化转型

知乎在出现之初，定位为知识型的精英类问答社区，准入门槛较高，受众多为医生、律师、科研人员等较为理性客观的人群，主要关注讨论较为专业领域的话题，舆论热点传播功能较弱。2013 年，知乎向公众开放注册功能，注册用户迅速增长，得到了外界广泛关注和资金支持，影响力也进一步提升。为增加用户黏性和忠诚度，知乎上线移动客户端，探索知识付费模式的创新路径，并推出视频等新功能，注册用户已超过 1 亿。

在产品推广的过程中，知乎逐步从精英走向大众，知识分享的功能有所弱化，舆论热点生成传播的作用开始增强。尽管并非传统舆论传播发酵生成场域，但因偏向精英文化的意见领袖拥有较强的议程设置能力、较为专业理性的受众、舆论事件讨论得更加全面深入、质量较高等因素，知乎等知识型社区在舆论热点事件的发生演化过程中表现出独特优势，一旦形成舆论热点事件更容易汇集意见领袖的共鸣和力量推动，影响舆论场走向。引爆 2016 年舆论场的魏则西事件、雷洋案件，就是首先从知乎生成传播的。

2. 豆瓣：移动端转型发展阻力较大

豆瓣网站创立于 2005 年，主要定位为电影、音乐、图书分享评论等，并通过创建讨论小组、同城线下活动等吸引了一大批较有文化层次的年轻人。在移动客户端普及之前，一度在网上形成了较有特色的"小清新"文化和新型文化社区。尽管豆瓣在年轻人群体中有较大影响力，但在移动端转型过程中一直未找到合适的发展模式，导致流失了一部分用户群体。2017 年，豆瓣移动客户端上线了豆瓣时间、市集、书店和视频功能，试图在知识付费、移动视频、移动社区等领域更好满足多元化用户需求，目前尚未形成较大影响力。

3. 百度贴吧：非主流文化带来的发展活力

百度贴吧创立之初，曾经是网络舆论热点事件发酵爆发的重要场域，但逐步进入没落衰退期，加之百度贴吧的广告模式和买卖贴吧吧主等负面行为，使之一度成为负面舆论对象，失去了贴吧社区赖以生存的活跃度和发帖量。而在传统老用户退出之际，百度贴吧为非主流文化传播提供了自由空间，发展出了独特的"爆吧"文化、恶搞文化、二次元文化，成为二次元年轻人制造舆论热点的重要平台和非主流文化集散地。如轰动全网的帝吧出征事件、表情包大战等，为走向没落的百度贴吧再一次带来发展机遇。

（三）新型移动社交媒体发展迅速吸引大量年轻用户

新型移动社交媒体是兼具视频、音频、购物、弹幕等基本功能和社交媒体功能的移动应用，迎合手机碎片化、场景化特点，带来比电视屏幕、PC端更直接深度的用户体验，吸引了越来越多的用户拥向移动端，也促进了内容质量的显著提升。腾讯视频、优酷视频、Acfun、Bilibili等视频类社交媒体，喜马拉雅、蜻蜓等音频类社交媒体，小红书、蘑菇街等购物类社交媒体，乃至2018年迅速席卷全网的答题互动类APP，都是基于"内容服务 + 互动交流"模式发展形成的移动应用。这些新型应用集中了大量年轻用户，融合了较强的社交功能和紧密的用户关系链，但媒体属性较弱，舆论热点事件的生成传播力不足。

移动短视频和网络直播崛起，成为当下风口。2016年被业界称为中国网络直播元年，2017年被称为短视频爆发元年。近年来，移动短视频和直播用户不断增长、资本陆续涌入、各大平台相继入场，用户规模快速扩大，用户视频消费习惯逐步养成，移动短视频的出现在一定程度上补足了社交媒体舆论传播功能的不足。这类社交媒体主要以90后、00后为用户群体，加强了网络视频的社交功能设计，与网络文学、动漫、游戏、真人秀等内容互相联动，构建了垂直分化的社区网络，贡献了层出不穷的舆论热点话题。

三、移动社交媒体发展现状

当前，移动社交媒体新平台新产品新应用的快速发展，已跨出单纯业态的范畴，形态趋于模糊，边界逐渐消失，"无应用不社交、无社交不传播"的泛社交媒体化已成趋势，移动社交媒体迅速成为信息传播新的重要形态，已然把

"构建关系"的产品形态推向"连接一切"的产业生态。

（一）用户规模大、依赖程度高，是当前最为流行的互联网应用

一是用户规模继续扩大。调查数据显示，在移动社交媒体 TOP3 应用中，微信在网民中的整体覆盖率达 94.5%，QQ 覆盖率达 83.6%，微博覆盖率达 35.7%。二是使用率持续提升。截至 2018 年 6 月，微信使用率达 87.3%、QQ 空间 64.4%、微博 40.9%，知乎、豆瓣、天涯社区使用率分别为 14.6%、12.8%、8.8%。三是用户黏性显著增强。艾瑞《2017 移动社交用户洞察报告》显示，近一半的用户每日使用移动社交应用 3 次以上，80% 以上的用户每天使用时长在 1 小时以上。据极光大数据 2017 年 12 月统计，网民日均 APP 使用时长 TOP10 中，社交媒体 APP 日均使用时长高达 127 分钟，占据榜首，远远高于第二名网络视频 29.5 分钟、第三名新闻资讯 13.3 分钟的日均使用时长。可以看出，移动社交媒体应用已成为互联网的底层应用。

（二）市场快速整合，产业结构日臻完善

一是产品供给丰富。据统计，国内具有社交媒体属性的应用超过 500 款，涉及即时通信、社交网络、微博客、博客、社区论坛、文档分享、在线百科、社会化回答、消费团购、消费评论、婚恋交友、电子商务、社交游戏、社交视频、社交旅游等众多垂直细分市场。以今日头条为例，2015 年起，相继推出"千人万元""百群万元"计划。同时，于 2015 年上线"头条号创业空间"，面向早期内容创业者提供前期投资、融资对接、创业培训等内容创业孵化服务。

二是产品功能不断拓展，以微信为例，其支持跨通信运营商、跨操作系统发送语音短信、视频、图片和文字等信息，拥有基于共享流媒体内容和位置的"摇一摇""漂流瓶""朋友圈""公众平台""语音记事本"等插件，提供信用卡还款、手机充值、理财通、生活缴费、城市服务、网上公益、保险服务等综合服务，以及出行、外卖、酒店、网上商城等越来越多的第三方业务。

三是生态化业务布局。平台通过合纵连横的方式打破传统产业边界，以构建生态系统的方式创新商业组织模式，重构价值链生态圈。比如，腾讯通过 QQ、微信、门户网站和客户端、游戏、财付通等一系列业务平台，构建了网络社区生态系统，全面满足用户沟通、资讯、娱乐、电子商务等各方面需求。2015 年开始，百度、淘宝等高流量平台和爱奇艺、优酷土豆、蜻蜓 FM 等音视

频网站，从增加用户黏性、巩固内容生态等角度出发，开始入局移动社交媒体，淘宝推出内容开放计划，优质内容创作者与机构在 3 年内可共享 20 亿市场佣金，百度推出"百家号"，出台向内容生产者分成、打通内容流量入口、提供大数据分析工具等激励政策，爱奇艺推出"爱奇艺号"、优酷土豆推出"新人计划"和"巅峰计划"、蜻蜓 FM 实施"声价百万"项目，通过原创补贴、广告分成、技术支持等办法，培育新的移动社交媒体平台。

（三）内容规模急剧扩张，媒体属性进一步增强

一方面，移动社交媒体成为内容生产的重要源头。2017 年以来，国内知名互联网企业纷纷布局内容生态。以微博为例，近年相继推出"微博问答""V + 会员""淘宝客"等商业赋能工具和合作扶持计划，内容生产能力显著提升。目前，微博图片日均发布量达 1 亿，长文日均发布量超过 30 万，视频内容日均发布量超过 100 万，直播日均开播场次超过 30 万。

另一方面，移动社交媒体成为舆论传播的重要途径，据调查数据显示，截至 2018 年，通过移动社交媒体获取新闻资讯的用户比例高达 90.7%，在微信、微博等移动社交媒体参与新闻评论的比例分别为 62.8% 和 50.2%，通过朋友圈、微信公众号转发新闻的比例分别为 43.2%、29.2%。艾瑞调研数据显示，60.8% 的新媒体用户将微信、微博等社交媒体作为获取新闻资讯的主要方式。

（四）规则不健全，进入门槛低，内容生态备受诟病

移动社交媒体内容生产缺乏真正意义上的把关人，缺少普遍认可的行业标准，导致内容生态较为混乱。一是存在种种传播乱象，比如虚假信息、标题党、夸大信息、商业软文新闻化、观点与新闻信息混杂、可信度低等问题，这是影响移动社交媒体内容生成获得认可的一个重要因素。二是内容生产成为公关和广告的变相手段。一些自媒体经营收入主要靠软文和广告，内容直接为商业利益服务。在这种盈利模式下，移动社交媒体必然成为公关或者广告发布的变相手段。三是侵权问题突出，有些移动社交媒体账号运营原创内容较少，单纯照搬，包括复制其他自媒体原创内容，或是未经许可擅自改编他人作品，侵权行为屡见不鲜。

（五）资本向头部靠拢，"马太效应"凸显

一是用户向头部聚集。据 QuestMobile 数据统计，微信、QQ 和微博 3 个产品，用户数量行业占比超过 90%，使用时长行业占比高达 96.2%。目前，腾讯

依靠微信和QQ、新浪依靠微博，牢牢占据社交媒体市场头部。以微信公众平台为例，2017年微信公众号500强，其活跃账号占比约1%，但这些账号提供了每天微信公众平台12.9%的流量；最头部的50个账号仅占活跃数的万分之一，提供了2.9%的流量。2017年微信公众平台10万+的42万篇文章中，有52%来源于500强账号。

二是资本向头部投入。在近5年时间，中国社交应用整体投融资市场较为活跃，共计超过500个企业获得融资，其中天使轮的企业占比接近70%，而走向C轮以及最终有能力进行IPO的社交应用仅占5%。

三是市场向头部靠拢。社交形态成为互联网企业普遍配置，许多互联网企业特别是巨头企业在社交媒体领域的布局更为积极。近5年来，互联网巨头大量布局社交板块，其中阿里巴巴投入最大，达91.2亿元，腾讯、微博紧随其后，分别达36.9亿元、30.1亿元。这些都推动了移动社交媒体市场向头部靠拢。

第三节　移动社交媒体发展给网络
治理带来的挑战和发展

移动社交媒体的成熟发展构成了对网络空间和现实社会的重要影响，传播力和话语权的极大释放塑造了去中心化的传播格局，对移动社交媒体本身的发展带来了内容生成、信息传播的失范现象，也给网络空间治理和社会治理带来了现实挑战和困难。在场景力竞争时代，移动社交媒体需要在内容生成、传播关系、服务能力和生态环境方面系统化、有序化发展，才能作为舆论传播的重要因素和场域，共同构建协同健康的舆论生态环境。

一、关系赋权带来的挑战和问题

随着移动社交媒体产生的去中心化网络格局，信息资源和传播技术的资源分配进一步分散在个人用户手中，话语权和传播权的再分配，构建了新的舆论传播模式和传播格局，一方面极大地满足和激活了个体获取信息、传播声音的需求，为社会治理提供了新的渠道和方式；另一方面也产生了移动社交媒体的治理困境，催生了权力带来的新的不平衡和滥用，对网络空间治理提出了新的挑战和需求。当前移动社交媒体发展主要存在的问题和挑战如下。

一是发展治理理念需转型升级。网络综合治理是一项综合性、系统性工程，需要顶层设计、多部门联动、社会和网民广泛参与，网络综合治理能力的提升非一日之功，在管理手段、工作合力等方面仍需进一步加强。要改变单一主体的管理模式，转变为建立综合治网格局，重在社会协同参与治理的理念和方法，充分释放移动社交媒体的活力和优势。2018 年 4 月，在全国网络安全和信息化工作会议上，习近平总书记指出，要提高网络综合治理能力，形成党委领导、政府管理、企业履责、社会监督、网民自律等多主体参与，经济、法律、技术等多种手段相结合的综合治网格局。从目前的网络舆论生态来看，网络综合治理能力和工作格局的建设任重道远。

二是互联网法律法规尚不完善，特别是自媒体领域乱象丛生，法律对网络空间的管束作用亟待增强。相对于较为公开的 PC 端网络舆论场，点对点、朋友圈等移动社交媒体的舆论场较为封闭隐私，所出现的网络谣言等不良信息和网络诈骗等违法行为更难以进行及时有效的监督管理。当前，移动社交媒体的相关法律法规较为滞后，行业及平台还未充分履行起自我监督、自我管理的责任，加之海量的移动端数据与互联网管理技术滞后之间的矛盾，影响了网络空间秩序，造成了管理困难。

三是信息内容质量不高，情绪化带节奏、主动炒作助推舆论热点爆发。在碎片化传播过程中，热点、重点话题通常更易聚集人气，因此适时搭借热点有助于实现信息内容即时、高效传播。不少自媒体为了提高点击率、吸引眼球，一味追求流量、粉丝、速度，以标题党、蹭热度、擦边球、恶意炒作、虚假信息等不良形式扰乱舆论场生态环境、参与时政事件，一些理性、正面、积极的信息往往被选择性忽视。如微博、微信中关于"红黄蓝"幼儿园的谣言，导致事件迅速爆发，一些类似的谣言信息虽然很快得到纠正，媒体、有关部门也进行了辟谣，但对政府公信力、社会认同感的负面影响已经形成。

四是发声成本过低且高效、快速，个人、企业、团体等网上维权成本过高、渠道不畅，客观上纵容了网上违法失当行为。在移动社交媒体中，组织和个体，几乎可以不受限制地在移动端开设账户，开展网络传播行为，一方面极大促进了信息的高效传播，但也因信息传播的真实性、规范性无法得到保障，造成了移动端传播秩序的不确定性。特别是移动短视频的爆发式发展，普通受众的随手拍催生了大量的网络造谣事件和虚假歪曲信息，如"卫生纸紫菜""打针西瓜"等短视频，短时间内对相关行业造成了不良影响，官方辟谣难度和成本却不断增加。用户对移动社交媒体的过分依赖也产生了个人隐私的泄露和信息安全等问题，都需要进一步提升用户网络素养，加强组织和个人网络自律。

二、发展趋势：场景力的竞争时代

当前，移动社交媒体作为互联网最重要的组成部分，向多场景、个性化、人与媒体深度交融的方向发展。罗伯特·斯考伯和谢尔·伊斯雷尔在《即将到来的场景时代》中提出，移动时代的场景五力主要包括大数据、移动设备、社交媒体、传感器和定位系统。受众不再满足于传统媒体提供给他们的内容和社交，还希望内容和社交符合他们此情此景、此时此刻的实时需求①。彭兰认为，场景的基本构成要素包括空间与环境、用户实时状态、用户生活习惯以及社交氛围②。如果说传统 PC 端时代是内容时代，当前移动互联网正在进入场景时代，受众不再仅仅满足于内容产品和社交需求，更对社交媒体的场景塑造能力提出了更高的要求。未来的社交媒体，承担着满足用户内容价值需求、社会交流需求以及深度浸入场景需求的功能。

一是精品化、个性化内容。移动时代，社交产品内容需进一步适应碎片化、移动化趋势，突破时间和空间限制，转变传统内容生产方式，有效整合各个平台上的内容产品，借助大数据算法推送技术，根据用户需求实现个性化定制。随着平台管理力度进一步加大，用户对内容要求越来越高，度过了以数量换流量的红利期，未来需进一步完善内容生产 UGC 模式（用户原创内容），创新内容生产聚合，满足不同用户的个性化内容需求，内容生成更加注重从量到质的提升。

二是交融化、深度化关系。移动社交媒体是否能够生存下去取决于用户的忠诚度和持续使用意愿。当用户注意力被无限分散切割后，有效提升用户黏性成为社交媒体影响力的重要标准。建立社交媒体与受众深度连接、互相交融的媒介关系，才能深入分析用户兴趣点和关注点，匹配与之适应的内容产品。一方面，构建基于受众共同点和认同度的移动社群，通过社群细分用

① 刘茜，欧阳宏生. 场景力：移动时代传媒核心竞争力. 新闻战线，2018（1）：67－69.
② 彭兰. 场景：移动时代媒体的新要素. 新闻记者，2015（3）：20－27.

户需求，提升用户黏性，建立稳定良好的互动关系。另一方面，开创如 UGC、VR 等多元化的交流互动形式，提升用户的场景式、互动式体验和认同，实现共同创造价值。

三是情景化、定制化服务。提供情景化、定制化的信息及社交服务，是移动社交媒体聚合受众的关键因素。大数据、云计算等技术的发展，使用户群体数据分析及画像成为现实。通过对用户个人喜好、服务偏好的分析，及时为受众提供满足多元需求的功能和产品，如微信目前涵盖支付、购物、娱乐、出行等多个服务功能，微博纳入了短视频、直播、话题组等，通过服务功能的拓展延伸，构建一键点击、涵盖所有的大平台生态圈。高质量的情景化、定制化服务关键在于树立用户思维，将用户对社交媒体的需求和社交媒体提供的服务充分对接，内容优势平台更加注重社交功能的丰富，社交应用也逐步增加内容吸引力，综合考量移动社交媒体使用的此情此景，进一步提升服务的精准度和即时性，为之匹配不同场景之下的个性化、定制化服务内容。

四是规范化、健康化生态。在互联网立法越来越严格完善的形势下，各移动社交媒体平台认真落实主体责任，加大审核整改力度，畅通网络举报渠道，微博对热搜、娱乐化等内容进行重点整治，微信平台关停了一批知名自媒体账号，抖音、快手等网络短视频进行了内容清理整顿，逐步转变单一依赖"流量为王"智能推送的发展思路，移动端整体舆论环境持续向好。在各平台加大力度清理整治不良信息的同时，主流媒体加大媒体融合力度，创新推出符合移动社交媒体特点的内容产品，协同构建积极向上的良性舆论生态。

纵观近年来舆论热点事件，因移动社交媒体的主导参与作用，网络热点炒作速度快、规模大、密度高，许多移动舆论场的热点事件短时间内就能引起大量网站、网民围观，掀起全网全国性网络炒作。一些局部"小事件"被移动社交媒体聚集放大，急速成为众多网民宣泄的导火索，迅速演变成影响巨大的网络公共事件。移动社交媒体舆论热点酝酿期大大缩短，发展演变快、参与人数多、舆论影响和规模大、社会关注度很高。特别是微博、微信的快速崛起，大大缩短了舆论发酵、生成的周期，一些网上热点往往在几分钟内就可形成。同时，各舆情事件相互交织、界限模糊。不同的传播渠道和主体之间融合互动，传统媒体、新闻网站、微博微信、论坛之间相互传播、相互作用；媒体、记者、网民、官方等各舆论主体都在发声，网络社会与现实社会界限模糊，网上网下交融互动，在现实层面和舆论层面形成大范围影响，给政府决策、司法执法等现实工作带来极大压力和挑战。未来，需提升移动社交媒体治理能力和手段，把握传播规律、创新内容生产，才能充分发挥移动社交媒体的舆论传播力、引导力、影响力和公信力，推动舆论生态环境持续健康清朗。

第二章

赋权理论视野下的微博舆论热点传播
机制研究

　　微博作为舆论热点事件的信息源、议程设置空间和舆论发酵传播的重要场域，充分赋权的"广场式狂欢"，让微博成为网络舆论空间的中心场域，其议程设置优势、话题传播功能和组织动员作用极大影响着传统主流媒体及现实社会的态度倾向，甚至能够影响现实社会重要议事日程走向，微博中的舆论热点一定程度上也是公众舆论聚焦和社会群体表达。研究微博舆论热点传播机制对舆论学理论研究和网络空间治理工作有着重要意义。

　　赋权理论最早来源于弗莱雷于20世纪60年代在第三世界推广的"批判教育学"，常常与参与、权力、控制、自我实现和影响联系在一起[1]。国内学者认为，赋权是通过弱势群体自身的参与，激发其潜能，令其在更大程度上掌握社会资源和自身命运，从而实现社会变革[2]。在传播学视野中，新媒体与赋权关系的研究价值逐渐凸显，网络的解放力量在不断弱化原有传播秩序构建的传播结构，公民在掌握信息生产和传播渠道的同时，通过公民新闻和公民监督进行自我赋权[3]。在移动社交媒体环境下，赋权从理论到实践都有了更加丰沛的对象和空间，特别是在微博这个广场式的公开舆论空间中，从传播赋权理论切入能够为研究舆论热点传播机制开辟一个全新的思路和角度。研究赋权理论视野中微博舆论热点传播机制本质特性，有助于了解微博社交媒体平台特有的舆论传播模式和传播规律，明晰普通用户、网络社群表达和实现权力诉求的参考和途径，为移动互联网时代网络空间和社会治理现代化提供参考借鉴。

---

①　陈楚洁. 公民媒体的构建与使用：传播赋权与公民行动. 公共管理学报，2010（4）：52－61.

②　丁未. 新媒体与赋权一种实践性的社会研究. 国际新闻界，2009（10）：78.

③　丁未. 新媒体与赋权一种实践性的社会研究. 国际新闻界，2009（10）：78.

第一节 关系赋权创造的广场式舆论空间

在移动互联网和智能手机普及应用之前，微博在网络舆论场占据着最为重要的地位，而在 2012 年以后，随着微信的迅猛发展和国家对微博舆论传播秩序的严格规范，一大批微博意见领袖逐渐走向沉寂，用户活跃度纷纷向微信迁移，微博经历了一段发展瓶颈期。为了适应移动互联网时代舆论传播碎片化、即时化、移动化的发展形势，微博应用积极开发移动客户端功能，利用智能终端重新吸引了用户的回溯潮流，加之微博热搜等功能的推出，微博再次成为移动舆论场的中心地带。截至 2018 年 12 月，新浪微博月活跃用户数增至 4.4 亿，成为少数经历过衰退期又重新崛起的移动社交媒体之一。本研究根据微博的舆论传播过程和在舆论热点事件中受众主要互动交流的场域空间，将微博舆论热点传播机制的主要效果归集于移动客户端。在微博舆论场中，微博用户拥有较大的主导权和话语权，传播权力是呈扁平化分布的。微博社交网络中舆论热点的主要传播方式是通过制造舆论话题并在一定用户范围内议程设置，关系赋权的活力传播扩散助推形成舆论热点事件。

一、广场式舆论空间为微博赋权提供平台

相比于客厅式的微信舆论空间，微博舆论空间天然带有开放的广场式特点，庞大的用户数量和平台式传播空间让微博成为当前网络舆论场最大的公共交流平台，即时精练的信息内容，多元自由的参与主体，强大的舆论扩散能力，成为网络舆论热点事件的高发地，政府、媒体、意见领袖、文娱明星、专家学者、普通用户、流量网红纷纷在微博开设账户，围绕不同舆论议题交流互动，共同推动了微博舆论热点的形成和传播。

微博承担着社会舆论动员的重要功能，一些对现实社会造成重要影响的事件如免费午餐计划、冰桶行动等都是由微博发起并形成线上线下的联动效应。微博能够有效地将本来分散的、碎片化的线下信息还原和整合，一方面对碎片化信息还原补充和完善，进行舆论事件的再构造；另一方面通过关系赋权、贴标签等方式，对信息内容再加工再创造，通过微博意见领袖和专家学者对话题的参与和判断，观点意见的表态和价值的赋予，实现了信息价值的增值。

近年来国家对政务信息公开的要求越来越高，在《关于在政务公开工作中进一步做好政务舆情回应的通知》《2018 年政务公开工作要点》等规定文件中进行了明确要求，越来越多的政府机构入驻微博平台信息公开、政务回应、舆论引导、解疑释惑等。根据第 42 次《中国互联网络发展状况统计报告》，截至2018 年 6 月，共有 31 个省、自治区、直辖市开通政务机构微博，经过新浪平台认证的政务机构微博达到 137677 个。微博的广场式公共空间保证了政务信息传播的范围和效果，让政务机构能够收到及时的反馈和舆论声音，在评论区可以清楚显示每条微博的观点意见和传收双方互动交流的全过程，有助于切实提高政务公开和回应水平。

广场式的公共空间也带来了传播秩序的混乱和内容质量的同质化。由于微博注册用户的低门槛性和身份匿名性，任何个人和组织都可以与其他用户交流互动，并不需要互相关注或者成为好友关系，微博舆论场中更容易出现"恶意炒作""购买热搜""人肉搜索""网络暴力""舆论戏谑""网络水军"等种种传播秩序失范现象。如"紫光阁地沟油事件""网红炫富炒作""微博约战"等事件引发了全社会关注。特别是购买微博热搜榜现象，对整个舆论场的正确导向和价值观引领造成了较大负面影响，新浪微博也于 2019 年发布公告，将信息传播数据量上限设为 100 万＋，目的在于遏制虚假流量扰乱正常传播环境。政府和平台主体采取了关停账号、规定时间禁言、下线整改、制定法律法规等一系列措施有针对性地规范整顿，微博的舆论生态环境亟待治理。

在各类移动社交媒体激烈竞争、行业大洗牌阶段，微博从最初意见领袖引领、专家学者踊跃发声、广大普通受众围观讨论进而影响主流社会议程设置的地位作用逐渐向娱乐化、年轻化趋势转型。为了在移动社交媒体竞争中占据一席之地，微博进行了商业化战略下沉，将用户受众延伸至三、四线城市和更加年轻的群体，逐渐成为全民追星、娱乐八卦、围观网红生活的阵地，根据《2017 微博用户发展报告》，当前微博用户兴趣主要集中于追星、影视动漫等领域。微博上粉丝超过千万的用户多为娱乐明星，如最早的"微博女王"姚晨，再到王宝强发布离婚消息、鹿晗和关晓彤宣布恋情等引发微博服务器瘫痪等，都表明微博的主要舆论影响力正在从传统意见领袖过渡到娱乐明星手中。为此，微博推出自媒体赋能计划如"摘星计划"等，通过多平台流量分发、广告分成、精品推荐等手段，助力自媒体孵化成长，平台角色逐渐从内容原创过渡到内容分发，自媒体成为内容创作的主要源头。

目标定位的转型让微博度过了行业洗牌的风险时期，但舆论功能的减弱和社交功能的增强，改变了原有生态氛围和使用人群结构，专家学者型意见领袖逐步流失到微信舆论场，过度娱乐化内容冲淡了对公共事务的关注和影响，商业广告和购买热搜等行为影响了普通用户的使用体验，微博作为公众舆论的放大器和集散地，广场式的舆论空间生态正在面临着信息内容价值和用户基础的双重考验。

二、微博赋权来源及原因

以微博为代表的移动社交媒体的出现，是对传统媒体传播权力垄断的挑战，移动社交媒体的开放、共享、自主、去中心化的特点在微博中得以充分体现。作为传播赋权平台，权力既来自微博本身的传播特性，也源于技术的发展和用户自身媒介素养的养成。

（一）传播媒介赋权

微博用户可以以平等的关系参与到舆论生成、加工、传播、分享、互动、反馈过程中，在传播赋权的持续演化过程中，用户的移动社交媒体使用能力和话题传播能力得以培养和提升，普通用户能够通过传播赋权成长为网络名人和意见领袖，也可以通过主动筛选和把关接收信息，增强掌控舆论话题传播过程和范围的能力。微博的网状传播结构较为平衡地将信息内容和传播权力分散和下沉到每个受众，微博中舆论热点生成传播的过程就是用户逐步得到传播权力的过程，越来越形式多样、种类丰富的舆论热点传播现象开创了普通受众的自主传播时代。

（二）信息技术赋权

信息技术的成熟发展应用是实现信息分享、互动交流的前提基础，信息技术的革新带来了内容生成发布、传播共享、即时互动的传播权力变革，受众的信息接收习惯和媒介使用习惯得以完全改变，被动接收、被动参与的传播模式已经成为过去式，受众借助移动信息技术得到了充分的话语权，移动终端的发展让用户与用户之间的互动更具有质量和效率，个体与个体、个体与群体之间可以即时交互反馈，为了获得议题传播优势，同质化信息也逐步得以改进，用户获得了更好的使用体验。同时，信息技术的发展激发了舆论热点议程设置的公开化、合理化进程，重要事项议程设置不再"关起门"讨论，而是通过信息公开、政务舆情回应等方式加以改进。

（三）用户自我赋权

在用户获得了传播赋权和技术赋权的基础上，开始寻求个人需求和利益诉求的结合满足，通过自我的内容个性化生成、态度性表达和线上互动动员，产生自我赋权。在加强网络内容和平台规范管理的大环境下，媒介因其自身社会地位及与市场需要休憩相关的属性，导致在议程设置上失衡，新闻价值、商业价值和失权群体利益诉求的表达需要无法达到统筹兼顾。受众被束缚在"传者生产"的框架内，做着有限的"自选运动"①。因此，用户迫切需要突破"传者生产"框架，主动地创造参与舆论生成及传播扩散活动，借助微博等移动社交媒体表达利益诉求，通过与其他用户交流互动引发关注，利用舆论力量实现诉求。广场式的舆论空间有着天然的实现自我赋权的优势，通过自我赋权酝酿舆论热点事件，制造能够引起眼球的关注点，通过对推动舆论传播可控制权的调整，依靠网络意见领袖的关注度和普通用户的舆论力量推动问题解决。

目前，较为成熟的赋权形式逐步向组织化、集成化方向发展。一是个人账号。注册账号主体为个人，多数不以营利为目的，出发点在于抒发个人情感与宣泄意见和观点表达，其典型代表如"谷大白话""英国那些事儿""占豪""六神磊磊读金庸"等。二是企业运营。即注册账号主体为企业，主要以营利或推广为目的，在排名靠前的头部账号中占比过半，如"十点读书""水木文摘"等。三是联盟形式。这是基于市场需求而形成的一种新的结构关系，即共用一个 IP，代理运维个人账号，内部做组织化分工，专注生产内容，专门负责商业化运行，正在形成一种趋势或潮流。比较早的联盟如 SA 联盟、WeMedia 联盟等。四是 MCN（Multi-Channel Network）机构模式。MCN 是一种多频道网络的产品形态，其将不同类型和内容的优质 PGC 或 UGC 联合起来，以平台化的运作模式为内容创作者提供运营、商务、营销等服务，在资本的有力支持下，保障内容的持续输出，从而最终实现稳定的商业收益。比如依靠"Papi 酱"个人流量带动的"Papitube"，基于"新片场社区"发展起来的"魔力 TV"，从 PGC 转型内容矩阵的"何仙姑父"等。目前自我赋权已经突破个体层面，越来越多个体发展成为组织和联盟形式获取传播权力，实现利益诉求。

---

① 吴世文. 融合文化本质与受众自我赋权. 重庆社会科学，2011（3）：87.

第二节 微博舆论热点传播的赋权与解构

基于微博赋权的几种主要来源分析，本节围绕微博舆论传播赋权特点和结构模式进行研究，用户在获得来自媒介、技术、自身的传播权力后，鉴于微博社交网络传播权力去中心化到再中心化的赋权过程，尽管客观层面上每个用户都拥有了较为平等的传播话语权，但信息资源分配的天然不平衡、公开舆论场的开放性可见性，以及人为对传播秩序的干扰等因素，传播赋权又呈现出权力聚集化、分层化的整体倾向，除极大激发了普通用户的话语权和传播权外，还产生了目的性操控舆论等负面效应。从传播结构网络的客观存在来说，对每个用户的传播赋权是平均对等的，但受社会条件、受众技术等主观因素的影响，传播赋权又导致了权力的集中和不平等。与其说微博赋予了受众较为平等的话语权，不如说是赋予了较为平均的传播权。

一、弱关系带来的舆论热点强传播

微博是基于弱关系建立的传播互动社群，主要以陌生社交关系为基础，组成社群集结传播舆论热点。微博的功能设计理念在于信息大规模的传播和分享，过于严格的用户身份证明和强关系社交网络会对信息舆论传播和分享造成阻碍，用户与用户之间弱关系的连接降低了关注传播互动成本，更容易实现互相关注量的大规模增长以及较多数量社群的形成，这便于出现拥有超过千万粉丝的"网络大 V"，以及现象级的舆论热点事件。

微博舆论场的公开透明和用户高度的自主选择充分激发了话题的活跃度和传播力，决定了微博舆论热点传播具有较强的渗透性和广泛性，用户被培育了积极交流互动的动机和能力，鼓励分享互动的功能设置和由分享互动带来的粉丝量的变现，为舆论生成爆发酝酿了良好条件，通过链条式的传播网络在整个微博舆论场引爆舆论。微博是开放的公共议事厅，并与其他平台链接相通，通过围观、参与和互动三个步骤，影响网络空间和社会现实，具有强大的舆论传播能力。

二、赋权背景下话语权的解构和分层

微博搭建了以平台使用者为节点、社交传播关系为网络结构的小世界模型，

一方面，尽管每个用户都有相对平等的发声权力和机会，但由于用户身份地位和粉丝数量的公开性，受现实社会权力分配机制的影响，充沛的传播能力反之又导致了用户话语权和影响力的不对等，特别是微博的赋权模式让意见领袖和网络名人更容易获得新的话语集权。另一方面，微博的虚拟空间仍然会受到现实社会资源的深刻影响，掌握的信息资源越多越可靠，就越能够得到更多关注和转发评论，所形成的舆论传播力、影响力也更大。在注意力经济时代，这样的传播力、影响力甚至可能影响现实社会的利益分配，网红经济即是主要依靠在微博舆论场中的话语权和影响力形成。微博带来的关系赋权能够让普通大众积极参与到舆论热点事件制造和传播过程中，但普通大众和意见领袖之间仍然存在着较大的话语权分配不对等，可见的认证身份、关注数量、转发内容等又一次形成了话语权的再中心化。

三、网络水军模式化操控舆论

网络水军模式化操控舆论是微博赋权产生的负面效应，一些专业的机构和公司组织培养网络水军，伪装成普通用户对特定事件评论引导，甚至出现了网络机器人、马甲号等形式的水军，有意操控舆论，对正常的传播活动进行干扰和误导。一些娱乐明星的粉丝借助微博构建群体极化现象突出的网络社群，发动有组织的网络动员和行动，滋生人为再造权力的集中。如 2018 年 1 月 7 日，微博热搜出现"紫光阁地沟油"一词，"紫光阁"作为中共中央国家机关工作委员会《紫光阁》杂志社官方微博，与"饭店、餐厅、地沟油"联系成为热搜均是由于紫光阁官微连续发文谴责 PGOne（说唱歌手）。PGOne 的粉丝们误以为"紫光阁"是一家饭店的名字，于是策划了一场人为的"地沟油"事件，通过购买热搜的方式"搞臭""紫光阁"这家"饭店"。

再比如，2017 年，在新浪微博、豆瓣论坛等多个社交网络集中出现"《孤芳不自赏》买水军刷好评赖账不给钱"的评论，让水军这一"业内潜规则"就此成为"明规则"。《孤芳不自赏》"讨薪"风波中出现的"僵尸号"，基本是由网络账号注册机批量注册，并通过刷号软件程序规定发布内容和时间后，对话题集中发布评论。水军服务不仅覆盖了如今相对热门的新浪微博、豆瓣网，而且包含了几乎所有带有论坛社区的网站，如知乎、百度贴吧、虎扑等，同时还针对视频网站、汽车网站、购物网站有具体分类。目前，水军已经形成完整的产业链条，明码标价，各司其职，各享利润。网络水军在操作网络舆论时势必影响现实的民意表达和舆论导向。

第三节　"流量明星"的微博赋权模式及影响

随着移动社交媒体的成熟应用，近年来的追星行为出现圈群化和社交化的特点，而移动社交平台的流量也成为衡量一个明星是否当红的重要指标。所谓"流量明星"，本身即是注意力经济的产物，一个明星在互联网平台上能够吸引的流量越多，即代表着其个人粉丝量、影响力越大，"流量明星"可以仅仅凭借互联网流量对网络空间和现实社会产生重要影响。新浪微博作为"流量明星"和活跃粉丝聚集最多、交互能力最强的移动社交媒体平台，赋予了"流量明星"远超普通艺人的话语权和影响力。本节以"流量明星"被评为五四青年代表所引发的网络舆论热点为例，研究新浪微博对个体的赋权模式和赋权影响。

一、"明星艺人"被评为五四青年代表引发舆论热点关注

2019 年，"新京报"新浪微博账号开设"五四 100 年·当代青年访谈录"专题，在五四运动 100 周年之际，选取 30 名青年代表，"拼贴出新时代中国'新青年'的赤子图景"。其中，将"流量明星"（新浪微博粉丝量超千万）同"北斗女神"徐颖、"援藏者"田昕、"第三代治沙人"郭玺等各行业各领域杰出青年一同选入五四青年代表。将"流量明星"定义为 2018 年流行文化符号，但在互联网话语权下却多次被"流量"裹挟。一经发布，立即引起网上舆论争议，共青团中央官方微博对此进行回应，推高舆论热度。

以新浪微博用户和明星主题贴吧用户为代表的网民多为"流量明星"的粉丝群体、协会及个人，呈现出年龄小、基数大、组织性强等特点。新浪微博应援博主、后援会、超话等大 V 账号力挺"流量明星"入选。同时，知乎话题讨论出现反转并关联"流量明星"。以知乎用户和关注历史、政治等话题的主题贴吧用户为代表的网民主要对"流量明星"入选表示质疑。4 月 27 日，新浪微博@共青团中央（共青团中央官微，粉丝 856 万）发布"【他们身上闪耀的，才是'五四青年'的光芒！】"宣传片，对荣获第 23 届"中国青年五四奖章"的青年代表事迹进行宣传。随后，团中央官方微博迅速引发舆论关注，各平台网民观点相对理性，认为"流量明星"代表的是商业价值，是包装文化的产物。该事

件在移动社交媒体特别是新浪微博中舆论热度较高，一方面在于青年网民对新时代五四精神代表的理解与渴望与当前媒体借流量明星"博眼球"的供给侧出现矛盾，从而推高话题热度。另一方面在于普通受众和网民对当前文化领域的"小鲜肉""流量明星"等产生了审美疲劳，从而导致类似事件出现后的心理反弹。

二、"流量明星"的赋权特点

由于微博传播的公开性和舆论表达的低门槛，明星纷纷入驻新浪微博，吸引大量粉丝关注，同时通过微博进一步提升知名度和影响力。随着明星微博用户粉丝的不断积累，明星成为移动舆论场中不可忽视的重要舆论力量。2018年年底，新浪微博明星@谢娜、@何炅、@杨幂粉丝量过亿，新浪微博的舆论热点传播优势为明星群体实现传播赋权提供了最佳平台，可以说，粉丝量已经成为一种衡量明星现实知名度和影响力的最直接标准。

（一）微博流量创造意见领袖

尽管在微博平台中流量明星和普通用户一样，拥有着平等的信息发布、传播和接收的权限，但不论明星参与到什么样的传播过程中，都能够在公开平台中得到亿万人的关注，"注意力"经济时代产生的流量意见领袖，在议程设置、制造舆论热点、影响舆论发展方向等方面发挥着重要作用，明星的观点和意见能够对千万级的粉丝和普通用户产生影响。微博打破时空限制搭建了明星与粉丝之间交流互动的便捷桥梁，只要明星在微博上发布动态，粉丝都会第一时间接收，并进行活跃的互动和反馈。明星努力维护新浪微博账号的活跃度和粉丝量，以期成为网络意见领袖，将网络空间中的流量和粉丝量转换为现实的话语权和影响力。新浪微博"流量明星"粉丝量均超过千万，几乎每条新浪微博都得到了100万+的转发和回复量，成为当下舆论场中的"流量王"。流量甚至与现实社会中的影响力对等，明星的流量越多，能够得到的资源及经济收益也越多。当明星在微博上关注他人或主动转发他人信息时，被关注对象也会随之获得流量的分流，明星搭建起普通用户和被关注对象之间的桥梁，能够有效集聚用户的注意力，为信息传播发展成为热点事件提供信息源，从而不断扩大传播范围。

（二）微博流量打破"沉默的螺旋"

明星在微博上拥有相对更高的话语自由空间，为了吸引关注和流量，一方面，明星意见领袖能够勇于主动发声，积极表达对于舆论事件的观点和看法，主动发起话题或参与热点事件的评论，而较少会保持沉默或受普通受众的影响。由于明星本身拥有的知名度和号召力，他们发布的每一条微博都会引发关注和热议，激发普通受众的交流讨论；另一方面，明星与粉丝之间的互动交流能够引导粉丝群体的观点和行动，吸引更多粉丝参与到话题的传播中，"沉默的大多数"发展成为粉丝的过程即是勇于表达自我的过程，不同明星粉丝群体之间的讨论甚至争论，产生了移动舆论场丰富多元的舆论声音，"沉默的螺旋"通过明星意见领袖的引导得以打破。以明星为中心的粉丝群体以及"流量明星"这一现象，是资本、技术、社会心理等多种因素共同作用的产物，粉丝通过明星这一符号堆叠自身的价值与想象，为明星设置各种人设、故事来表达对自我的向往，通过明星代表粉丝的主体性和自身价值归属。布尔迪厄认为，在高度分化的社会里，社会由具有相对自主的小世界构成，这些小世界就是具有自身逻辑和必然性的客观关系的空间。小世界正是独立的子场域，如在 B 站这个二次元的青年亚文化场域中，有着舆论场自身运行的逻辑和规则，参与者为了自身的存在感在子场域中不断互动和冲突，对明星形象的解构和粉丝群体之间的冲突屡见不鲜。名人唐国强、雷军、成龙等成为粉丝的恶搞对象，甚至开辟了一条明星由黑转红的"黑红"道路，由此衍生的流行段子、表情包、Gif 图片、鬼畜视频等也引发普通用户的舆论狂欢。"沉默的螺旋"被打破，个人的表达欲前所未有得到提升和满足。

（三）微博流量激活粉丝能量

美国学者约翰·费斯克在《理解大众文化》一书中将"粉丝"定义为过度的读者，他认为粉丝的行为通常是主动的、参与式的、狂热的。在移动社交媒体时代，粉丝已经发展成为一种独特的流行文化和文化工业。微博明星处于舆论场的中心地带，拥有的众多粉丝形成了庞大的粉丝群体，又称"饭圈"，"饭圈"是普通粉丝群体的进一步升级，有着明确的组织者、相对固定的群体成员和较为严格的规则纪律。"饭圈"中的核心成员将追星作为一种职业，维护和偶像的密切关系，主要目的是投入大量的时间和资源让偶像更具吸引力。在圈群化、社交化的传播特性下，诞生于微博的"饭圈"文化赋予粉丝更大的权利，能够快速组织线上线下行动，甚至反向影响明星的声音和行为。

"流量明星"可以说是凭借粉丝的力量获得了走红的机会，创造了由电视造星、观众追星转为粉丝造星、节目推出的机制，在移动社交媒体中满足粉丝的多种体验和心理需求，通过大众媒体推广和引导，再推出成熟的媒介产品，形成了受众与传播主体之间的权力倒置。受众即粉丝成为传播参与者甚至舆论热点的创造者，粉丝对明星的影响力大大增强，通过固定的组织如后援会、粉丝团等，与明星的经纪公司沟通对接，决定明星的发展方向，如在一些选秀节目中粉丝可以通过投票和点赞数决定哪些艺人可以成团出道，艺人将粉丝群体称为"创始人"，由"创始人"决定偶像的成长过程、资源分配、发展方向等，这种粉丝的赋权形式让用户的参与感大大提升，受众参与内容制造，甚至拥有了相关程度的掌控力和影响力。

通过明星的正向引领作用，"饭圈"能够在公益行动、网络文明等方面发挥积极作用。但在由紧密关系结成的粉丝社群中，粉丝为了维护明星形象，也容易在群体极化的极端影响下，造成网络暴力、人肉搜索等不良现象。中央电视台以"某艺人新歌视频微博获得超过一亿次转发"作为当下某些流量明星造假流量的实例，用准确的数据说明部分粉丝非理性追星，助推了假数据泛滥的现象，这也是新浪微博设置单条微博数据上限 100 万＋的直接原因。

三、"流量明星"的赋权影响

（一）流量变现

"流量明星"最大的价值在于流量，流量为明星带来知名度的同时，更重要的是可以带来巨大的商业价值和现实影响力。依托忠实的粉丝群体，一方面，在新浪微博上贡献的流量吸引广告商对明星进行赞助和代言，实现流量的变现。明星通过广告效应引导粉丝购买相关产品，"流量明星"代言的一系列产品引发粉丝追捧；另一方面，粉丝的流量本身也可以用价值衡量，如在微博虚拟送花、送礼物提升爱慕值，积累到一定数量的虚拟礼物可以与现实商品等价兑换。"流量明星"甚至凭借粉丝的资源，直接吸引大量粉丝关注并参与活动宣传，促进了实际购买行为。

（二）舆论引导

明星在微博发布信息、参与舆论事件时，本身包含着其对事件的价值判断和态度。明星的观点和态度会对粉丝群体产生绝对性的主导作用，犹如羊群中的头羊，引导着舆论的发展方向。作为微博中的意见领袖，流量明星的言行会对数以千万计的粉丝产生影响，客观上起到有效的舆论引导作用。由"流量明星"参与的公益活动让特定舆论话题进入大众视野，引发粉丝群体共鸣，示范带动粉丝积极行动。负面的言行也容易误导粉丝特别是青少年群体，有些明星在微博上随意发布具有争议的内容，引发粉丝群体和普通用户之间的争论甚至骂战。因此明星也会主动通过微博呼吁粉丝，在舆论事件中保持文明理性言行，净化舆论空间。

（三）社会示范

明星具有"地位赋予"的作用，明星在微博中的任意行为，都容易成为粉丝学习模仿的对象，通常拥有上千万粉丝的明星的一言一行都会得到众多粉丝的讨论和传播，在传播过程中被学习和效仿。这种潜移默化的示范效果通过微博的文字、图片和视频等形式得以实现。一方面，明星在微博中发布的软广告和推荐信息会让粉丝追捧和尝试，包括明星在微博中推荐自己喜欢的美食、电影、商品、运动等，类似于生活记录的广告宣传会对受众行为产生影响。"流量明星"通过微博发布生活方式、态度理念，来表达和传递自己的思想和兴趣，既能帮助提升明星粉丝互动，又能加强微博平台对明星的核心价值、增强粉丝的归属感和认同感，特别是明星参与公益活动，能够有效发挥示范带动作用。因此，多数明星会通过参与社会公益等方式传递正能量，再通过粉丝的力量吸引社会大众参与活动，在社会事件中，明星的示范带动作用明显。

第四节　微博舆论热点传播机制研究

微博的出现带来了舆论传播模式的巨大变革，甚至在整体层面改变了社会舆论与网络舆论的结构性地位和作用。研究微博舆论热点的传播机制，主要聚焦微博舆论热点传播各个要素的建立和要素彼此之间的运作联系，以及微博内部运行规则和外部制度性安排，包括传播流程的各个环节以及传播要素构成的协同统一系统，从而挖掘微博舆论热点传播机制的独特性和对整个舆论场的作用。

一、微博舆论传播特性

传播要素是一个完整传播流程所必须包含的构成因素，要素之间的互相作用和互动关系促进了传播过程的发展演化。根据拉斯韦尔经典 5W 传播模式，传播要素主要包括传播内容、传播媒介、传播受众、传播效果和传播控制。随着大众传播的发展，传播要素不断地完善和更新，目前比较普遍的看法是传播过程通常由六个基本要素组成，主要包括信息源、传播者、受传者、讯息、媒介和反馈①。为了便于研究归纳，本研究主要参照传播内容、传播媒介、传播受众、传播效果和传播控制的归类对移动社交媒体的主要传播要素进行分析对照。

（一）传播主体：认证用户制造话题，非认证用户传播话题

在微博中，每个普通用户经过注册申请账号后都可以成为舆论传播的主体。不同于博客、微信公众账号等专业化内容产品，微博的内容发布门槛较低，大量的普通用户也参与到信息发布中来，成为舆论事件的信息源。微博为用户提供了身份认证功能，对经过实名认证且具有一定影响力和相关资质的个人和组织账户进行加"V"标识，即所谓的认证用户。一般来说，加"V"是对普通用户和较为权威用户的身份区别，有助于保证信息的真伪和内容价值。认证用户大多作为微博舆论场中的精英群体，占有较多传播权力和信息技术资源，有着较大的话语权和影响力。微博拉近了意见领袖与普通用户的距离，从而得到更多受众的认可。

认证用户是舆论热点事件主要设置群体和话题制造者，微博的认证用户在提供信息源、表达态度和观点时更为积极主动，对整体舆论传播过程的动员、参与、组织发挥着更为重要的作用。而相比于主动制造传播舆论话题，认证用户在微博转发中较为消极，大规模的分享和转发行为主要依靠微博非认证用户完成。非认证用户承担着二级传播的角色，在舆论从微博话语结构顶端向社会大众传播扩散过程中，非认证用户可能会对舆论事件再加工、再创造，赋予各自的角色意义和标签态度。这类人群对舆论的影响机制仍然符合"沉默的螺旋"效应，强者的声音越强，弱者的声音越弱。认证用户与非认证用户之间的互动，网络意见领袖和普通用户的交流推动了传播权力的重新流动、转换和分配，传播资源也开始向普通人倾斜。在弱关系的虚拟网络中，用户与用户的随意聚合和互动交流，为普通用户带来了现实世界未曾获得的归属感和亲密感，通过网络动员组织，将同一网络社群中的舆论力量转化为现实行动。

（二）传播受众：舆论话题传播的二传手

在传统传播模式中，传播受众是传播活动的对象，是信息的接收者和反馈

---

① 董璐.传播学核心理论与概念.北京：北京大学出版社，2016.

者，传播效果主要体现在受众接收环节。微博赋予了普通受众比传统传播活动更强的主动性和自主性，传播主体和受众的身份是即时互动、互相转换的。特别是在微博这类公开的传播空间和以转发形式激发话题活跃度的平台上，受众都不是简单意义上的信息接收反馈者，而是话题的二传手，通过中间传播环节将信息从上一层级传递到下一层级，在不断转发和被转发过程中，用户随时进行传播主体和传播受众的身份转换，有效满足了不同领域信息传播和交流互动需求，创造了主流媒体、商业网站、政务媒体、意见领袖、普通用户之间和谐共生的生态平衡环境。作为传播主体兼受众，意见领袖对舆论话题的形成和传播起着重要作用，意见领袖能够主动设置议程，影响舆论场关注话题，也能够参与到一个舆论事件中，影响舆论事件发展方向。

（三）传播内容：原创内容吸引力大，图片更易引起关注转发

微博的信息内容短小精悍，用户需要在简短的文字中尽量传达关键价值，才能吸引足够的关注度。简短的信息内容和随时随地可以发布编辑的状态大大降低了对传播主体的要求，普通用户只需简单地撰写编辑即可完成内容创造，原创内容也更易形成舆论热点事件。微博的字数限制造成了碎片化传播，多媒体形式更符合移动社交媒体时代受众的使用习惯和体验，一般而言含有图片的微博内容更容易得到关注和转发。

从内容分类来看，新闻资讯和社会热点事件类话题影响程度激烈，一旦形成一定范围的传播就会激发受众参与的积极性，多环节参与互动，对信息不断完善补充，添加事件的碎片性内容和各个讨论角度，以期最大限度还原舆论事件信息价值本身。微博天然带着社交娱乐的因素，能够使用户突破刻板身份标签约束，在互动娱乐氛围中实现社交互动赋能，激发"吃瓜群众坐等爆料和围观"的心态。

（四）传播渠道：PC端与移动端的融合应用

在以PC端为主的传播阶段，微博传播渠道相对受限于时间、空间等因素，交互性、快捷性等特点无法充分体现。在以移动智能手机为主要载体的阶段，微博借助移动智能终端优势，多元化发展搭建了微博与用户传播互动的高效渠道。微博信息可以通过网页和手机客户端即时发送，特别是手机应用和移动互联网技术的深度融合有效地培养了用户的使用习惯，带来了人与媒介交互性的重大变革。

（五）传播效果：内容价值的深度和宽度

在微博舆论场中，内容价值的深度主要指舆论热点事件信息的真实性和可信度，内容价值的宽度主要是指舆论热点事件受众的范围和吸引力。在传播效果评估方面，信息来源较为官方权威的内容价值深度越大，专业度越高，一旦形成舆论热点事件，影响则是爆炸性的；涉及社会公众的舆论话题内容价值宽度越宽，意见也比较多元分散，传播量较大，即便形成舆论热点事件，影响力也较为发散平均。同时，传播主体占有社会资源情况会影响信息的传播速度和传播效果。如传播主体有较高的公信力和较多的信息来源渠道，则发布的信息过滤了层层转发验证环节，能够很快得到微博用户的优先关注和认可。

不论是价值的深度还是宽度，微博传播效果区别于其他移动社交媒体的最大优势就是极其强大、即时的互动反馈功能和裂变式效果。在传播运行过程中，微博的反馈是多层面多层级、几乎每时每刻发生的，是一条泛化的交互参与路径。在可以一键操作的关注、评论、转发、@某位用户的快捷式平台上，传播效果近乎是可见、可测量评估的，传播主体实时接收到效果反馈，并根据话题的转发量、评论量等数据大概了解话题的参与人数、舆论热点和受众的主要观点反应。即使随着传播范围的扩大，传播主体也可以有效掌握传播范围和质量，根据公开透明的文本信息多层次多级别地实现效果的接收和评估。

通过从微观角度分析微博的传播主体、传播受众、传播内容、传播渠道和传播效果，可以发现微博传播要素所具备的优势和特点是构成其传播机制的内在关键，微博生态的无机环境和各类群落的互动关系共同构成了微博传播的整体系统。从宏观角度将微博的传播过程视为一个整体系统，认识各个传播要素之间的相互联系和运行规则，以传播模式的方法归纳微博舆论的传播规律，能够清晰完整地掌握微博内部的运行规则和外部的影响因素。

二、微博舆论热点传播模式构建

传播模式的研究是探索归纳传播机制最有效的方式，移动社交媒体的成熟应用为出现更为完善、更为丰富的舆论热点传播模式提供了良好条件。微博的诞生流行不仅代表着新的传播媒介，也代表着新的传播模式的出现。微博是由强关系和弱关系结合构成的舆论传播社交网络，舆论热点传播模式效率高、范围广、用户参与度高，其传播单元主要由独立节点、传播链条和长尾环节组成，传播机制由链式传播单元、放射式传播渠道和森林式传播网络构成。

（一）微博社交网络传播结构要素

在微博社交网络中，用户是一个一个独立的节点，链条则是节点之间动态的关系，节点和关系链条构成了微博基本的社交网络结构，是微博舆论场中最基础的传播单元和内在元素。每个传播节点拥有的影响力和关系资源是不平均的，每个节点根据各自的传播力和影响力能够辐射一定范围的受众，由中心节点为核心，由辐射受众为传播范围，形成了多个大小不同的圈子，在圈子辐射范围内，各个节点发布信息能够第一时间被圈中其他用户获知，并具有较大可能性会发生评论和转发等行为，这就是这个圈子中的节点所能产生的传播影响。核心节点是圈子中的中心位置，能够成为核心节点的用户一般是在微博中具有较高知名度、拥有大量粉丝的用户，主要包括网络名人、意见领袖、专家学者等人群，核心节点用户发布的信息能够得到大量关注，具有线上线下共同感染力，影响普通受众的态度观点甚至行为，拥有较大的传播力和影响力。核心节点一般通过圈子内的粉丝发挥影响，再由粉丝将信息层层传递出去，扩散到圈子外更广阔的空间。核心节点的粉丝受众一般较为稳定，愿意主动接受影响并保持长期忠诚度，同时愿意主动把接收到的信息传播开来，扮演传播桥梁的角色，信息由核心节点向外扩散是典型的中心辐射状传播结构。

微博社交网络由无数个圈子构成，每个圈子又包含了各自的节点。而舆论热点从一个节点传播到另一个节点或不同节点之间的交互以及不同圈子之间的交流互动，则需要由连接圈子的传播链发挥作用，这些传播链扮演着桥梁的作用，通过对节点转发评论或再次编辑发布，帮助用户节点将舆论话题扩散在圈子之外更广阔的范围，让圈外的节点用户知晓圈内核心动态，把分散在各个空间的节点统筹串联起来，由节点和关系链连成巨大的关系网络。微博中舆论事件能否得到大范围传播的关键在于传播链的作用，传播链条对信息把关、筛选和过滤，一定程度上承担着把关人的功能。同时，关系链的强弱因素影响着节点的交互时间、交互质量和交互效果。关系链越强则说明节点之间的互动频率越高、关系越亲密，所传播的舆论话题更有心理认同和信任感。强关系链的形成不是天然的，需要持续的维持和巩固，否则强关系链会转变为弱关系链直至关系的消散。

拥有强关系链的节点尽管占有较高的传播价值，但传播范围较为有限，往往对一个或几个圈子有较强的影响力，无法辐射到更为广泛的空间。而弱关系在传播范围方面则显示出了泛化的优越性，为中心节点的扩散提供了无限可能性。微博中强关系链条围绕着中心节点之间少数存在，而大部分用户之间的关系是弱连接的，弱关系能够满足用户对信息差异性和新鲜感的需求，扩展社交范围，得到新的信息和机会。"弱连接优势理论"认为，当信息传递是透过弱连带而非强连带时，这意味着不管什么样的传播都能触及更多的人，以及穿过更大的社会距离①。因此，弱关系的建立塑造了一个新型社交网络结构，为普通用户融入圈子提供了更多的便利渠道和信任基础。弱连接除了中心节点和传播链外，微博社交网络还包括最后的长尾环节。长尾即是长尾效应，最初应用在经济学领域，用来描述亚马逊、Netflix 等网站的商业和经济模式，意指经济活动中过于关注表示重要内容的曲线部分，而忽略线性模式的尾部环节。长尾效应在传播学和舆论学领域中用来描述舆论发展的衰退环节有着重要的作用，特别是对于热点事件来说，忽略了事件的收尾环节可能导致网络舆情的再次反弹和负面炒作。分散分布在各个圈子末尾的普通用户是微博中的长尾环节，这些长尾环节一般通过传播链条对中心节点用户进行关注，几乎只对微博信息关注或转发，很少主动发布信息或参与评论反馈，属于"沉默的螺旋"中的大多数。这些沉默的大多数根据兴趣爱好对中心节点和其他普通用户进行关注，主动选择接收什么信息和接收信息后采取的行动，根据传播内容和关系链条对舆论话题筛选、过滤和吸纳，并成为新一轮的传播者。由传播链和长尾环节构成了微博中普通用户的舆论热点传播接收模式，层层传播和转发过程表明，微博中的节点可以是直接节点或间接节点，直接节点将信息传递给受众，间接节点可以接收到信息后进行再传播，而受众的质量决定着信息能够被传播到多远的距离和多宽的范围。在日常舆论热点传播演化过程中，长尾环节看似参与度不高，几乎没有什么影响力，但一旦形成共识的聚合力量，往往能在短时间内生成一个舆论热点事件，影响事件的走向。如微博中的高转发内容，都是通过长尾环节无限地转发而生成的微博热搜能量。

微博的独特传播结构决定了微博与其他社交媒体传播模式和传播机制的不同，微博的社交网络传播结构主要由中心节点、传播链条和长尾环节构成。在社交网络中，三者的关系可以根据信息价值和受众关注点不同等因素发生变化。微博是基于传播主体和传播受众互动反馈、互相关注的用户关系，每个用户可以随时关注或取消关注某个用户，中心节点、传播链条和长尾环节的地位是处

①　Mark S. Granovetter. The Strength of Weak Ties. American Journal of Sociology, 1973 (6): 1360 - 1380.

于动态转化过程中的,而非一成不变。微博网络结构组成的基本因素和相互关系决定了微博舆论热点传播能力和用户角色定位,表明了微博舆论热点传播模式中话语权的分配关系和用户在传播过程中各司其职的参与作用,除舆论话题本身价值之外,这些要素的能量激活也决定了信息能否得到有效传播及舆论热点事件是否能够产生。

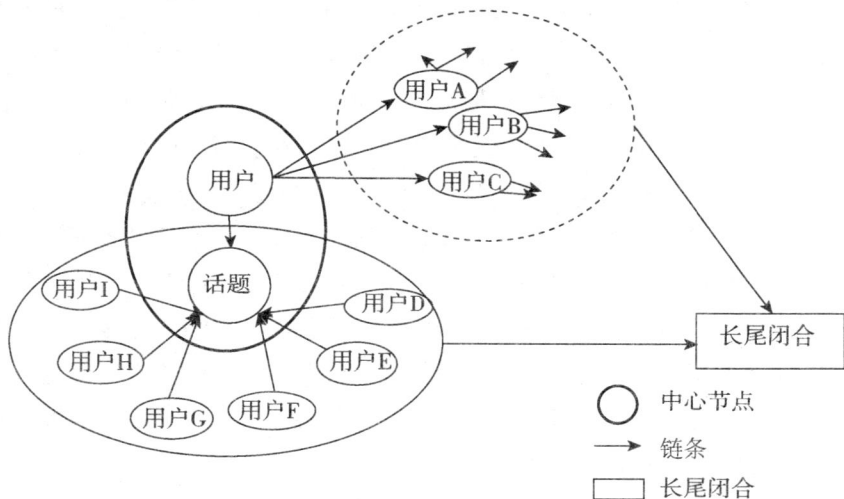

图 2 – 1 微博社交传播网络结构要素图

(二) 微博舆论热点传播模式形态

1. 链式传播单元

微博平台上最为有效快捷的传播方式就是信息的不断转发,转发的形式几乎不耗费用户精力,表达了用户对信息的认同支持态度。信息转发的过程是链条式的传播扩散过程,从传播主体经过传播路径上的每个用户,实现从节点到节点的线性传播,构成了微博传播的基本单元。在每个链式传播单元的内在结构中,用户之间的角色和地位也是动态变化和互相转换的。如果某个传播主体发布信息被受众获知,传播受众对传播主体的信息内容持相同态度,则可能对信息进行转发或补充更多内容后进行发布,形成了传播效果的强化;而如果传播受众对传播主体的内容持不同观点,则有可能质疑评论,激发更多讨论和互动,无形之中也推动了舆论热点的传播。

2. 放射式传播渠道

微博的链式传播单元是微博的微观传播结构,而从中观角度来看,在从节点到节点的链式传播之上，是由用户与用户独立交错的关系链条构成的排列组合式传播关系，复杂的链条关系共同形成了放射式传播渠道。微博每个用户都拥有平等的用户关系关注权/被关注权和取消权/被取消权，因此普通的用户关系是相对不稳定和不断变化的，在关注用户之间享有传播的优先获知权，即时接收到信息可以优先转发或评论。一般情况下，一个用户可以同时关注多个对象，也同时被多个用户所关注，从节点到节点的链式传播共同构成了放射型的关系网络，针对各自关注话题分别进行放射式传播。话题在经过多层级的传播和发酵过程中，节点和放射式的传播形成了树状交叉关系网络，最初的传播主体和不同层次的关系用户共同构成了完整的传播网络，树状网络内部的单元彼此发生着或强或弱的相互作用和联系，推动放大了信息传播的效果和反馈。

与普通微博信息传播模式有所区别，微博中舆论热点事件是多信源、多中心、多传手的环状相互嵌套随机传播模式①，微博舆论热点事件信息来源更复杂、参与受众更广泛、意见领袖介入程度深、信息内容更加碎片化，因此舆论传播模式并不是局限于一种模式。舆论热点事件单元传播模式是嵌套随机、复杂多元的，而普通微博信息来源较为简单，参与传播受众较少，话题影响度较低，因此一般呈放射性模式传播。

3. 森林式传播网络

以微博中的普通用户为起点，舆论话题经过用户之间传播链条连接扩散，传播到放射式的关系网络中，形成了一层一层由顶层到末端的树状结构，而这些树状结构在庞大的微博舆论场中时刻汇聚着信息流。从宏观层面来看，信息流的动态传递和能量互动凝聚构建了森林式舆论热点传播网络，看起来较为复杂无序，但具有内在的、规律性的运行规则，经过每个环节的层层传播裂变，形成舆论热点的聚合放大效应。正是因为微博社交网络的森林式传播特点，舆论热点的生成和裂变具备了强大的内生力量，通过转发的主要形式实现链式单元传播，不同层级的用户接收到信息后放射性的二次传导乃至多次传导，分裂构成了传播网络的树状形态，在树状形态发生多环节和多层级裂变与交互后，微博舆论热点传播机制在宏观层面形成了森林式的网状结构。

微博舆论热点传播机制中舆论热点的生成尽管具有一定的随机性，但总体按照链式传播结构进行网状放射扩散，又从宏观上呈现出森林式的传播网络特

---

① 李彪. 网络事件传播空间结构及其特征研究——以近年来40个网络热点事件为例. 新闻与传播研究，2018（6）：90－99.

征。事件本身的性质即传播内容决定了舆论事件的传播模式是按照舆论热点的传播路径还是普通事件的传播路径来演进。**热点及突发性事件的信息价值深度较深，是爆炸性的、嵌套式的传播模式；涉及公共范围较大的舆论事件由微博广大受众积极参与，信息价值宽度较大，由普通受众共同推动事件的发展进程，主要呈现出中心节点到放射链条的传播路径。**

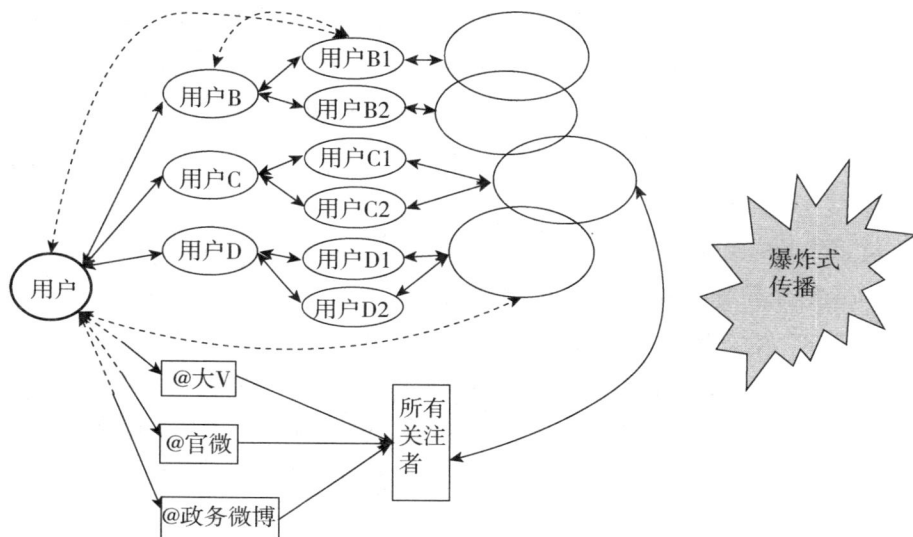

图 2 - 2　微博舆论热点传播模式图

第五节　微博舆论热点传播赋权途径及影响

微博舆论热点传播机制在传播赋权途径中得以充分体现，具体来说，微博的赋权过程是小众传播到群体传播再到多级传播的过程。树状传播形态和森林式传播结构有效地凝聚汇合了舆论事件的传播能量，让传播权力充分分散在传播的具体过程中，每个传播关系链条都能够互相联通、彼此作用，在微博这个极度强化交互性和裂变式传播力的社交网络中，舆论热点的作用发挥主要通过三个阶段的赋权过程来实现。

一、微博舆论热点传播赋权过程

(一) 小众传播的聚合赋权

小众传播主要是对特定群体有针对性、目标性的传播过程。在微博传播主体最初始的传播对象方面，传播者拥有的关注受众是首先接收到信息的小众群体，这个群体是主动形成但动态变化的，又被称作微博用户的粉丝，一般是自然关注形成的结果。这些粉丝因关注同一个对象或同一领域内容形成具有较为紧密关系的群体，传播主体对小众群体具有较大的舆论传播力和影响力。虚拟聚合的小众群体有利于个体与其他和自己有共同点的个体建立互动关系，通过小群体的力量实现赋权。

除了因共同关注对象而形成的小众群体之外，微博还可以设置互动话题，吸引对特定话题感兴趣的受众主动关注和搜索。因对特定话题关注而形成的小众群体集中在该话题分类下频繁互动交流，彼此交互并建立新的关注关系，共同推动该话题形成舆论影响。通过设置话题而形成的小众群体是人为干预形成的群体，实现了信源精准投放和信息分类采集，便于用户集中地接收获取信息、交流互动和多级传播，使生成的舆论具有更强大的凝聚力和行动力。

图 2 - 3　新浪微博热门话题

微博还可以通过设置"微博找人"功能主动检索某一类型的用户，实现共同关注点的分类聚合。比如用户根据兴趣和需要在名人、专家、兴趣、机构等分类栏目中检索想要关注的用户，相比于随机大规模关注和转发，在这个过程中关注的对象是相对小众的，具有精准化的传播优势。

由此可见，在微博初始阶段的小众传播过程中，受众为具有相对明确指向的个人和群体，传播内容也是根据特定话题而设置有针对性的内容。由于较强的指向性和目标性，小众传播的聚合赋权是快捷高效的，由共同关注者构成的小圈子能够第一时间接收到目标话题并在圈子内充分传播互动，碎片化的内容文本也提高了小众传播的效率。因此，微博往往借助精准化小众传播成为特定弱势群体的发声平台，通过小众的传播赋权找到归属感和认同感。

（二）群体传播的扩散赋权

群体传播是群体成员之间发生的传播行为，表现为一定数量的人按照一定的聚合方式进行舆论传播交流，在传播活动中群体成员都要受群体形成规范的调节和制约，保持大致统一的行为目标和认知结构①。经历了初始阶段的小众传播，群体

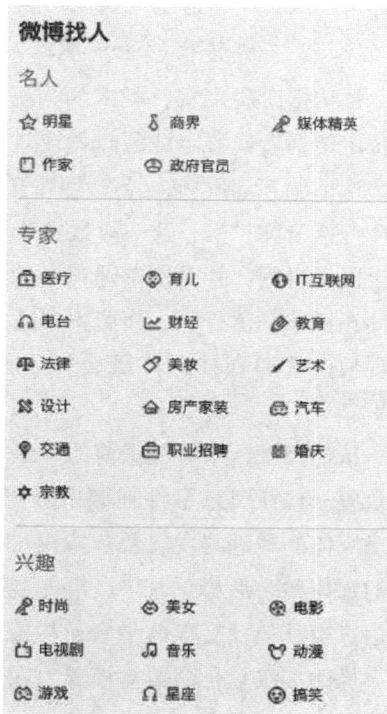

图2-4 微博找人分类功能

之间的大规模传播活动发生，向不特定的群体和圈子进行着扩大范围的多层级传播，实现了从特定群体到普通受众的传播扩散，带来了初次传播受众转化为传播主体的身份转变、传播范围的扩大和传播效果的强化。在群体传播过程中，传播参与人数实现了由链条式到放射式的裂变升级，这个阶段的参与受众往往只是简单地随手浏览转发，较少会评论反馈和进行内容补充。舆论是双向或多向传播的，扩散裂变的传播过程加速了群体意识的形成和作用，群体互动交流中一致性的观点会形成群体态度，并对意见不一致的个体用户造成舆论压力，较有影响力的意见领袖都是在群体传播过程中出现的，通过不固定群体的交流

---

① 刘建明，王泰玄等. 宣传舆论学大辞典. 北京：经济日报出版社，1993：3.

互动实现对广泛受众的影响。微博的舆论话题通过群体社交传播网络向外扩散，将群体中的每一个用户交织在一起，每个单独用户所占有的社会资源在群体内积累和交互，传播范围和影响力越来越广，个体借助群体的力量能够获得的力量越来越大，个人诉求被满足的程度也就越高。

（三）多级传播的裂变赋权

从传播阶段来看，微博的多级传播主要表现为首先发生初始的小众传播，由特定传播者或特定话题向关注对象进行初级传播，共同关注者构成的小圈子对舆论话题互动反馈；经过小圈子中的用户评论转发后，小众传播阶段开始向群体传播阶段扩散，这一阶段鉴于意见领袖对群体的广泛影响力，舆论热点得以生成和巩固，并对持不同观点的个体用户造成舆论压力，有利于形成一致的群体意识和群体行为；而后主要通过转发关系建立的群体传播行为进一步发生大规模树状和森林式传播裂变，形成影响整体微博舆论场的热点事件和赋权效果。

从传播平台来看，微博的多级传播还表现为舆论热点向其他平台的溢出扩散效应。往往舆论事件在微博形成热点关注后，会得到传统媒体的跟进报道、网络媒体的整理编发以及微博用户外溢向其他平台的深度关注讨论。在不断深化的媒体融合形势下，热点事件更快速、便捷地从微博流向报纸、电视、网站、微信以及其他社交媒体平台，构成了传播主体、传播受众、传播平台更为丰富和多样的多级复合型传播模式。在多级的传播过程中，也会出现由其他平台向微博流入信息的交互情况，传播的方向不是单向、线性的，产生的传播效果也是几何级裂变的。如微博中经常发起的各类公益活动，或网红通过微博进行产品营销，借助多层级的社交网络，实现扩大影响、用户赋权变现。

借助简单关注和转发功能，微博在初级传播阶段通过个体用户将信息传播向小众群体，由特定关注的小众群体视话题内容在群体传播阶段决定是否转发评论、叙事补充等，经过加工或携带态度观点的舆论话题又通过多个群体和意见领袖扩散至广泛受众，并通过媒体融合趋势发生舆论溢出，在多级传播的最后环节，舆论事件的内容、传播范围和传播效果都得以扩张，实现微博舆论热点传播模式由链条式向树状、森林式传播形态的发展升级。

二、微博舆论热点传播机制的赋权途径

（一）触发热点话题

舆论热点的形成首先需要话题的触发，即舆论事件内容在心理上、情感上和态度上引发用户的触动和共鸣，一条微博信息想要形成舆论热点事件，得到大规模转发和讨论，在话题内容方面要包含情绪性、争议性的信息点，触发用户的群体心态和情绪共鸣，从而推动层层转发、发布和扩散。通过在微博中不断地贡献传播资源和影响力，推动事件向激化方向发展演进。

（二）促进互动交流

微博舆论热点传播机制的显著特点就是高强度的互动交流性，相互关注、转发、评论、私信、"@其他用户"等传播行为有效促进了传播主体和受众的高质量互动交流。基于转发的互动交流模式有助于形成大规模的连锁反应，传播数据的公开性和信息内容显示的直接性，经过层层转发后形成的新微博数据量可以累积在原始微博上，标记出最后的转发数量，有利于通过微博热搜和较大的转发数得到更多的舆论关注。几乎一键操作的互动交流功能设置，普通用户"@其他用户"还可以实现和意见领袖、网络名人等特定用户的交流意愿，如果通过"@"的方式得到了网络名人的互动反馈，则可能出现更强烈的连锁效应，信息得以生成热点事件。微博中的互动交流实质上是传播效果中的反馈环节，优于传统传播模式反馈的有所缺失，微博中的反馈是多方向且实时发生的。多方向的反馈和实时互动交流是话题触发特性发挥作用的基础渠道，作为舆论热点事件的生成动力，二者共同发生作用才能实现网络舆论热点事件的发酵，传播形成放大扩散、协同作用的舆论能量。

（三）扩大传播覆盖面

微博内容的碎片化往往使信息的完整性有所损失，而任意转发、评论和"@"的特点弥补了源发微博信息内容充分表达的不足，在源发微博传播过程中，信息得到持续补充完善，且补充完善的内容会显示在醒目位置，易第一时间被其他阅读的用户获知，这种协同叙述的传播行为让信息在传播过程中不断发展完善，有利于产生能够刺激受众的信息点和态度观点的共鸣。同时，传播主体还可以主动设置议程，提出问题、征求意见、调查情况等，如果是用户感兴趣的话题则能够引发更多人群的关注，通过信息的协同编辑形成较为成熟、质量较高的舆论议题，产生更好的传播效果。如2014年在微博上风靡的冰桶挑战，自己完成冰桶挑战再"@"其他用户表达观点、行动响应，接受挑战的用户按照要求上传视频并"@"其他用户，一时间在微博形成议题风潮。

在微博舆论场中，舆论热点事件的生成离不开话题触发、互动交流和内容补充特性，用户所感兴趣的议题、高质量的互动交流和内容价值参与度的协同共生推进了舆论热点的生成、传播和扩散。话题触发过程是潜舆论的形成过程，是微博舆论热点生成的初始和必备条件，交流互动特性是舆论热点生成的动力机制，内容补充则在传播过程中激发了舆论热点生成的活力。微博舆论热点传播机制的三种特性主要在不同传播阶段发生作用，有时也有一定的重合，互相推动。尽管微博舆论热点的生成传播过程会受到法律法规的规范和调整，但起决定性作用的还是内生性的传播机制和传播特性发挥效能的结果。

(四) 聚集特定群体

以微博社群、圈群传播为单元的传播结构更容易生成发挥舆论作用，舆论话题和事件为内容聚合形成的互动社交网络，加入共同圈群的用户组建形成话题讨论群组，一般有着共同的兴趣点和利益诉求，在群里互动交流、创造参与新的信息内容，发挥个体用户对圈群的贡献作用。这些关系较为松散的群组维持着不够稳定的自组织运行，但弱关系群组中舆论事件传播互动效果较好，群成员关系自由度高，有利于舆论热点的深入渗透、分享和交互，以及群成员之间的社会动员组织，通过群体的力量帮助用户实现舆论赋权。

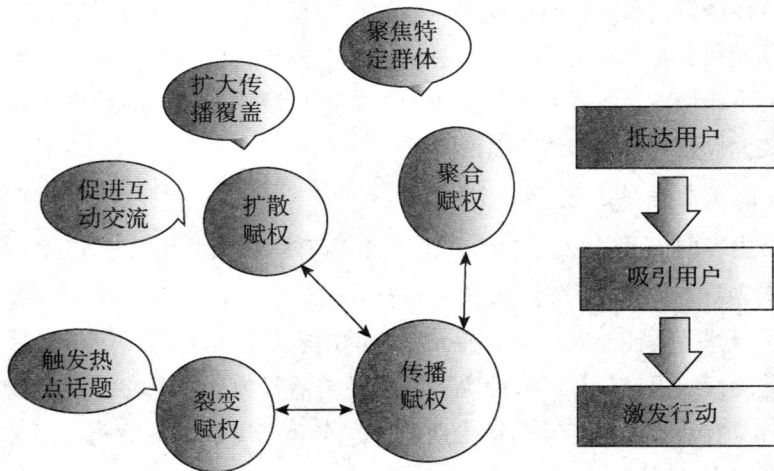

图 2-5 微博舆论传播赋权具体形式

三、微博舆论热点赋权促进传播效果扩大化

在微博舆论热点传播机制的作用下，舆论事件从用户到用户的小众传播直到形成共同的圈子，发生群体大范围的互动传播，进而扩散裂变到整个舆论场

的过程，是借助文字、图片、视频等多媒体形式进行的多层级传播，在传播过程中，信息得到源源不断的补充、完善、交流和反馈，舆论事件从点到面的发酵扩散，体现出舆论热点传播赋权效果的整合和放大作用。

首先，微博的链式传播单元使用户在传播机制中能够迅速与其他用户建立点对点的直线联系，形成了开放互动的公开平台和即时便捷的互动机制。高质量的交互作用，一方面可以自主表达创造信息，并根据需要有针对性地传播关注；另一方面可以自主关注或检索需要的信息，并进行转发加工再创造等，平等的传播权和即时公开的反馈效果极大提升了传收双方的参与积极性，在相对聚合的传播空间内，推动信息迅速汇集成信息池，发生海量信息的交汇、融合、对冲和再生成。信息在信息池中的相互作用实现了类似于细胞裂变式的生长模式，能够源源不断得到内容生成能量和交互生成动力。比如，微博中的普通用户为了实现个人利益往往选择@一些网络名人，以期得到网络名人的转发或回复，进而造成舆论影响。一旦网络名人对相关话题进行反馈，就会在对网络名人进行关注群体中形成影响，实现效果扩散。

其次，放射式传播渠道打破了一对一传播路径，构建了一对多、多对多的交叉传播网络。微博的"关注"功能可以浏览对方与其他用户之间的互动关系和公开的互动内容，而不需要对方同意和确认身份，还可以跨层级地、交叉式地知晓所关注用户又关注了什么内容和哪些用户，所关注的用户还被其他哪些用户关注，再根据关注与被关注关系建立新的用户圈群，创造新的传播关系。这种放射型的开放关系改进了以往交互需要传受双方认可的模式，极大地延伸了传播的关系、拓展了传播的空间，确保了信息传播的低门槛性、即时性和延伸性。

最后，森林式传播网络强化了传播效果的复合叠加。从小众传播到群体传播再到多级传播，既是传播范围的不断扩大也是传播效果的不断叠加过程，微博是一个以公开透明为基本环境的舆论场域，除用户私信外，舆论传播的全过程路径、舆论生成的关键环节和重要用户传播行为是可见的。在微博这个网络森林中，不再会出现"一叶障目，不见森林"的现象，通过简单的检索功能可以了解事件发展的时间历程，通过显示数量了解事件不同阶段的传播情况，还可以利用大数据等技术开展更加深入的舆情分析研判工作。从树状到森林式的结构升级是传播效果的充分叠加，使得舆论事件的影响不断扩散放大，特别是多级传播阶段的溢出效应，让微博舆论热点的影响力从微博平台蔓延到整个舆论场，乃至网上网下的相互作用，产生对现实社会的深刻影响。

四、微博舆论热点传播机制的影响作用

移动社交媒体的发展成熟极大消解了传统把关人的作用，赋予了普通受众前所未有的传播权力，在传者与受者的不断转化作用中，微博舆论热点传播出现了如下特点。

一是形成大量新型"社会权力集群"。由于微博舆论传播的赋权作用，以及移动技术设备较低的使用门槛，信息发布的自主性激发了无数信源的出现。移动互联网与社交网络技术打破了人际交往的空间限制，使得交流互动效率显著提高、成本极大降低，内容和方式也更为丰富，网络群体关系聚合性更为突出。以错综复杂的人际关系、网络联系链为基点，一个个规模不一、交叉重叠的网络"集群"在微博中被连接起来，形成类似森林式的网络结构。同时，以社交互动为主要功能的微博社交媒体平台让舆论热点传播渠道更加通畅，网民按照不同的兴趣爱好结成相对独立、亲密的群体交流空间，舆论热点在特定社群内、圈群化传播，变得更加多元复杂。过于细分垂直的圈群在促进舆论多元化的同时也一定程度上影响舆论共识的凝聚，不同的社群在各自网络空间中构建了一套独立的价值体系和场景应用，微博从最初的广场式空间演变出一个个独立分散的、具有多元舆论声音的微社群。

二是舆论效果裂变式、循环嵌套传播。门户网站阶段的传播是"一对多"的单向度、广播式、裂变式传播，而传统的人际传播是"一对一"的交互式传播。在移动化与社交化的推动下，借助新的社会集群和关系网，私人空间与公共空间实现了进一步交互，微博舆论热点传递呈现出典型的非线性特征：每个用户节点包含他所关注的其他节点的全部信息，传播链条具有明显的嵌套性，用户转发信息时信息会在以该用户为中心的人际关系网络扩散，且渗透到另一个用户的圈子里，随着转发次数的增加，信息会以几何级数的增长在用户的社会网络中扩展①。

三是出现社交工具、网络平台泛媒介化现象。从功能上看，移动化与社交化融合影响下出现的微博功能和意义大大超越了一般媒体。媒体平台的功能多样化，用户的传播、互动体验更为丰富。微博的一些应用功能远超过媒体范畴，

---

① 王秋菊，师静．网络舆论生成机制与引导规律研究．保定：河北大学出版社，2012：155.

成为"内容+服务+关系"的综合体。基于移动互联网与社交网络技术，微博中的个人需求、社会资源、身份属性、地理位置都可以被准确感知，个性化服务和精准化运营成为可能。在媒介激烈竞争的环境中，微博着力加大赋权力度，通过购买内容、扶持原创作者、培养草根网红、MCN 合作战略等形式扩大平台影响力和吸引力，强化社交赋权和内容赋权。媒体形态的变化，对于人际关系的维系、扩展具有直接的影响。移动化与社交化使得"社交"有了新的内涵和外延，新型社交网络不仅仅是传统人际关系的模仿，而且是一种再造与超越。

微博特有的舆论热点传播机制打破了传统媒体垄断式传播格局，让传播者和受众拥有了平等的传播权力和传播地位，是个体和群体实现赋权的有效平台和渠道。微博开放、平等、包容、互动的舆论生态环境，以及赋权背景下话语权的解构和分层、弱关系带来的舆论热点事件强传播、网络水军模式化操控舆论等赋权特点，使微博舆论热点传播机制中的各个要素能够通过特有的链式传播单元、放射型传播渠道和森林式传播网络进行传播节点、传播链条和长尾环节的渗透传播赋权，并充分在小众传播、群体传播和多层级传播阶段实现赋权融合的具体路径。微博的舆论热点传播赋权途径主要包括触发热点话题、促进互动交流、扩大传播覆盖面和聚合特定群体四方面，这也是微博一般舆论热点事件的传播扩散途径。也可以说，赋权的过程即是舆论热点事件传播爆发的过程，想要达到赋权目的，就要推动舆论事件得到最广范围的关注度和影响力。微博舆论热点传播机制能够迅速与用户间建立点对点的直线联系，放射式传播渠道使得微博舆论事件传播裂变为一对多、多对多的交叉传播网络，森林式传播网络强化了传播效果的复合叠加，有效强化了赋权的效率和效果。当前，相关研究还不够丰富，在赋权理论视野下对微博舆论热点传播机制的研究开拓了传播机制研究和赋权理论应用的新思路，以期为今后的研究和实践指导提供一些参考借鉴。

第三章

自组织的微信舆论热点传播机制研究

　　微信是主要通过移动智能终端提供即时通信服务，兼具社交属性和媒体属性的移动社交媒体。有学者认为微信作为新媒体的一种新形态，将人际关系、群体传播和大众传播融合在了一起①，对微信的媒体属性予以强调。也有学者认为微信与微博不同，尚不具备大众媒体的形态特征，本质上是一种私人化的社交工具②，是一条具有更强黏性的沟通纽带③，偏向于微信的社交属性。在微信朋友圈强大社交功能基础之上，微信公众账号的上线，大大增强了微信的媒体属性，社交属性与媒体属性的深度融合，产生了一系列新的舆论现象和传播关系，为传统的舆论传播机制理论研究带来了新的课题和挑战。本章选取微信朋友圈和微信公众账号两个微信的典型功能应用为研究对象，以自组织理论和议程设置理论为支撑，研究构建移动社交媒体时代的微信舆论热点传播机制，探索微信传播特性与舆论热点传播机制发生的交互影响和对舆论传播格局的重塑。

第一节　微信朋友圈舆论热点构建的自组织传播机制

　　据数据统计，截至 2018 年 12 月，微信日登录用户超 9 亿，用户使用朋友圈

---

①　匡文波．微信：新媒体的新形态．群言，2014（2）：14 – 16.
②　王欢，祝阳．人际沟通视阈下的微信传播解读．现代情报，2013（7）：24 – 27.
③　方兴东，石现升，张笑容，张静．微信传播机制与治理问题研究．现代传播，2013（6）：122 – 127.

的比例为 77% 、群聊天的比例为 61.7% ，社交因素在微信应用中表现较强①。庞大的用户数量和高质量的使用时间让微信朋友圈成为生成传播舆论热点事件的温床。本节通过对微信朋友圈自组织内涵、传播特征的分析，结合天津市"8·12"爆炸事故在微信朋友圈中的自组织舆论热点传播扩散案例分析，探索研究以微信朋友圈为代表的圈群式移动社交媒体舆论热点传播机制。

一、微信朋友圈和即时聊天的自组织社群

自组织理论是从系统论中演化发展出来的一种理论，一般以系统理论基础为基本观点，依据自组织运行的条件，深入分析维持系统运行的规则和要素，研究是什么让系统从无序到有序、从有序到高级状态的发展过程。在没有外界条件的干涉下，系统按照某种协调统一的秩序或规则，分工明确、各尽其责地自主获取时间空间或功能的有序结构，该系统就是自组织系统②。从自组织的理论内涵来看，微信朋友圈及圈群的传播行为是自主性的，主要依靠微信用户自主地发表观点、评论互动、与他人建立朋友关系或决定加入某个圈群，在传播互动过程中极少受到外界干扰，微信朋友圈的运行可以看作一个自组织系统。同时，这个自组织系统满足从无序到有序、从有序到高级的运行规则，朋友圈中的舆论演化发展通过特有的传播机制进行自我调节控制，实现从舆论苗头到舆论热点爆发的路径。微信朋友圈舆论热点传播机制研究对自组织理论的引入，有利于从更加系统化、过程化的视角深入认识微信朋友圈舆论热点传播规律。

（一）微信朋友圈自组织群体的结构特性

点对点的即时聊天和基于社交关系网络形成微信朋友圈、群组使微信具有极强的用户黏度和私人社交属性，由无数朋友圈和群组组成了多个互相交叉并相对独立的舆论空间。根据自组织理论，微信朋友圈和群组符合自组织生成运行的基本条件。

一是开放性。开放的系统，组织和个人可以通过注册申请账号、组建群组、开通朋友圈等功能与其他应用和用户进行信息交流互动，产生持续稳定的运行体系。如朋友圈可以和摇一摇、看一看等功能相连，接受新信息的交流互动，

---

① 中国网信网. CNNIC 发布第 43 次中国互联网络发展状况统计报告［EB/OL］. http：// www.cnnic.net.cn/hlwfzyj/hlwxzbg/hlwtjbg/201808/t20180820_ 70488.ht，2018 - 08 - 20/ 2018 - 09 - 21.

② 赫尔曼·哈肯. 信息与自组织. 巧治安等译. 成都：四川教育出版，1988：29.

还可以链接到外卖、电影、购物等应用，实现了多渠道的功能融合。在朋友圈中，成为好友关系的用户可以无所限制地进行传播和交流，一键设置的转发分享功能，能够实现用户与其他子系统的资源开放共享。

二是规则性。根据微信的设定规则，朋友圈和群组有一套相对严格有序的操作流程和模式，能够协调各个运行配件实现从无序到有序、从混乱到稳定的发展过程。从外部制度规范上，出台了主要针对微信的《即时通信管理办法》等规章制度，对微信即时聊天、建群规则等具体内容予以管理；从内部运行规则上，微信自身推出了网络谣言举报受理和辟谣小程序等，促进了信息传播秩序规范有序。

三是流动性。微信内部存在着相互联系且相对独立的子系统，子系统之间能够产生协同效应，互相影响。微信的传播特性塑造了以单个用户和终端、以朋友圈和微信群组为辐射路径的封闭舆论生态环境，融合了人际传播、大众传播、群体传播和混合传播的多元传播要素和多样化传播过程，形成了优势互补、深度融合、流动协同的自组织舆论场。用户个体之间也因为信息状态的不平衡而时时处于交流状态，对传播和接收的信息即时调整，用户关系也随之发生改变。

四是非线性。非线性主要是指系统内部的因素叠加并不是"1＋1＝2"的效果，而是通过有机整合后出现效果的强化和涌现性特征，借此推动系统的整体运行发展。在微信朋友圈和群组中，有着不受限制的信息源和互动关系，对于一个特定舆论事件来说，不同的信息源和互动关系既存在互相协同的关系，也存在互相竞争的情况。普通用户可以接收到不同角度、不同立场的信息，进而形成对特定舆论事件较为全面深层次的认识。非线性的传播结构推动舆论事件的自组织演化进程，产生了由竞争和协同带来的传播力的提升。

（二）自组织系统的演化动力

1. 协同互动的舆论场

微信舆论场的影响力和关注度主要是基于协同灵活的传播机制实现的，各个传播要素得以优化的组合协调，形成了运转高效协调的自组织系统。首先，基于点对点即时聊天的人际传播。人际传播关系是微信最为基础的传播形式，主要是微信好友之间平等的双向交流互动，传播形式与手机短信相似，是点对点的直线传播模式。通过添加好友的方式建立一对一的传播关系，保障了大众传播缺失的隐私化和个人化体验，用户通过文字、图片、表情、视频、语音等形式交流，得到即时互动和反馈，是双向的、较为稳定的强关系传播模式。

其次，基于朋友圈的准大众传播模式。传统意义上的大众传播是专业化的媒介机构通过特定传播技术面向社会大众进行的大规模传播活动，微信朋友圈是建立在"好友关系"之上的传播关系，相比大众传播模式，传播范围较小，私密性较强，由于传播范围和传播关系的限制，无法形成大规模的传播效应，一定程度上限制了舆论热点的交流互动。但朋友圈传播是微信最能吸引并保持受众忠诚度的功能，通过熟人关系和好友与好友之间层层嵌套的传播结构，强化了大众传播的社交属性，扩大了信息舆论的传播范围，延伸了不同层级的传播空间，在半封闭的传播环境中同时保障了信息内容的可信度和认可度，具有其他传播形式不可比拟的可靠度和心理亲近度，一定程度上实现了大众传播的效果。

最后，基于不同群组转发互动的群体传播。群体传播是不同群体之间的传播关系，群体中的成员拥有较为平等的话语权，可以自由地发表言论和意见，进行信息交流和共享互动。在微信中，任意用户可以通过发起群聊的功能建立微信群组，群成员接受群聊申请后共同实时交流。相比传统群体传播的时间空间限制，微信的群体传播门槛较低，个体用户可以根据需求建立或加入多个微信群体，群组的其他用户也可申请"拉入"其他用户，群组内的成员不一定都是好友关系，也可以根据个人意愿随时退出群组，这种低门槛的聚合关系促进了微信中群体传播效果的实现。普通用户可以在群组内分享交流信息，并被其他用户二次传播给个人、群组和朋友圈，群体和个人之间大规模交叉传播优化了传统群体传播的模式。

微信在以人际传播为基础的传播模式之上，吸纳优化了大众传播和群体传播的功能和特征，一对一的人际传播关系保证了信息内容的精准性和私密性，用户黏度强、关系稳定；朋友圈的大众传播体验延伸了多层次的传播空间，实现了大众传播缺失的互动反馈环节，得到了用户较深层次的信任和认可；群体传播的低门槛关系让互动和交融发挥了最大效用，逐步建立起融合互补、协同配合的信息舆论热点传播结构。

2. 链式关系的病毒传播

在传播学领域中，病毒传播是基于相似的信息和分享需求的人借助彼此关系网络实现信息快速复制、流动、扩散的信息传播方式①。在微信中的舆论热点传播如病毒一般潜移默化地浸入用户，巨大的用户数量、不受限制的信息流量和复杂的关系网络形成了如病毒网络一样无限扩散感染的传播格局。

微信的功能设计可以方便信息被简易地复制粘贴、分享转发，几乎不具备任何技术门槛，简单的发布功能提升了信息发布频次，建立在朋友关系上的口碑传播，提升了特定舆论热点的可信度和接受度，为病毒式传播提供了基础条件。微信的用户可以随时实现传者和受者身份的转换，移动设备既是信息接收端也是发送端，形成了无数个信息传播的端口相互辐射，无限裂变式的传播加快了病毒传播的速度。

微信的病毒式传播是基于用户关系建立的传播链，既是直线的又是交互的。通过扫描二维码、搜索等功能，用户可以主动添加好友，加入不同人群的朋友圈，朋友圈在不同用户中交叉重合，强关系的病毒传播不断感染弱关系的用户，渗透到多个圈群，一个舆论热点在朋友圈和群组里被不断关注和转发，转发用户又成为新的信息源，这些信息源作为一个一个独立的节点，逐步向不同的传播空间延伸关系、扩散内容，强关系与弱关系结合而形成的微信病毒式传播，是由点与线组合构成的关系链条。依托点线结合结构的病毒式扩散，逐渐形成观点趋同的意见社群，并在社群中生成意见领袖，社群中的受众也更容易相互影响并产生较为稳定的舆论。根据典型社交应用使用目的对比，微信朋友圈"和朋友互动，增进和朋友之间的感情""分享生活内容"的目的是最强的，这些因素都对病毒式传播起着助推作用。

3. 自组织结构的精准传播

移动社交媒体赋予了受众更大的自主选择权，信息的选择基本是主动关注接收的结果。微信不断改进优化功能应用，用户的存在感得到前所未有的重视和加强，个体具有了独立的话语权和传播权，这要求传播主体迎合精准传播的需求，将个体用户看作传播的直接对象和目标。由传播主体直接到个体的精准传播，减少了大众传播的中间损耗环节，是利用移动互联网传播技术和移动终端普及而实现的精准化传播，其精准性在于对传播主体、传播受众、传播内容和传播渠道更明确的定位和偏好。精准传播的模式不断强化了个体的作用，微信中因个体联结而成的自组织群体成为传播的重要单元。在未来，人格将代替

① 董向阳. 微博的病毒式传播研究. 深圳：深圳大学，2012.

信息成为传媒的核心，这将是新媒体时代最重要的传播节点。基于兴趣和对不同自媒体人的喜爱，受众会发生重组和分化，最终形成一个高黏度和聚合度的社群组织①。精准化的传播促进生成了自组织社群，自组织社群的灵活协同运转反之促进了传播效果的提升，这也是微信相比其他媒介不可替代的优势和发展动力。

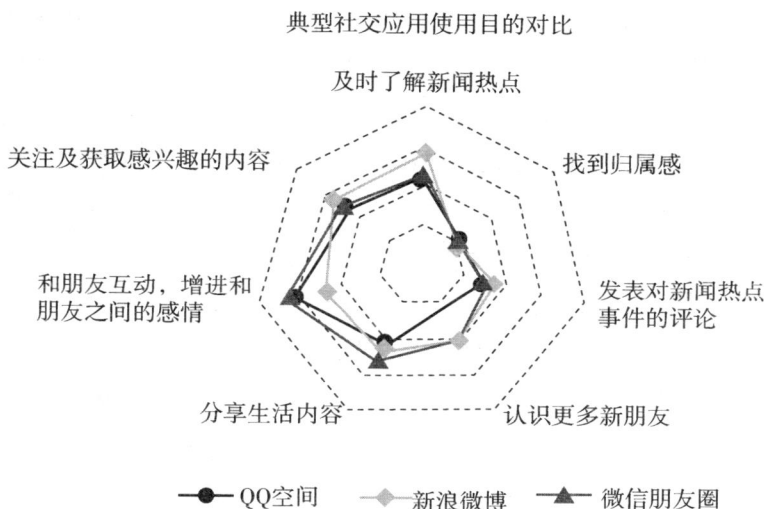

图3-1　典型社交应用使用目的对比②

二、微信朋友圈和群组自组织舆论热点传播演化特性

微信朋友圈和群组生态系统通过不断的自我演化、自我调整，让舆论热点传播更加系统完整，表现出了从单一到复杂整体的层次结构。围绕微信朋友圈和群组的自组织舆论热点传播特点，分为个体演化、组织演化和系统演化三个层次研究发现自组织演化过程中微信朋友圈传播形式、传播群体和传播空间的变化。

---

① 任冉．新媒体的狂欢与盲动——从《KNOY2012》的病毒式传播说开去［EB＼＼OL］．http：//dwz．cn/FShMZ，2017－9－05/2017－11－06．

② 中国互联网络信息中心．2016年中国社交类应用用户行为研究报告［EB/OL］．http：//www．cnnic．net．cn/hlwfzyj/hlwxzbg/sqbg/201712/P020180103485975797840．pdf，2017－1－05/2017－6－05．

（一）个体演化：社交语境中的点对点聊天

微信在诞生之初，主要定位为即时通信社交工具，在逐步发展过程中才增加完善了媒介和舆论热点传播功能。因此，比起微博等其他移动社交应用，微信更加注重用户社交关系的维护，以点对点社交网络组成的私密舆论场，是社交网络节点个体用户系统相互连接而成的由无数个子系统组成的互相协同影响的整体系统，是人与人、人与媒介关系的最直接体现。微信舆论场的最大特点是没有中间环节和其他干扰源的点对点直线性交流，交流双方能够根据内容及时反馈和互动，特别是表情包、微信语音等功能，能够将传受双方有效代入交流情境，模拟线下场景互动传播，创造协同的舆论语境。微信群内消息、微信公众号群发消息也实现了点对点传播，不仅隐秘性高，而且传播接收便捷、到达率高、扩散迅速，极易形成再次传播。

（二）组织演化：朋友圈的点对面空间

微信朋友圈，顾名思义，即是由朋友关系构成的圈群传播空间。微博的传播是基于裂变结构的无限扩散传播，一条微博信息发布后，可以引起关注用户和非关注用户无限次数转发，在不断关注转发过程中发展成为微博热门话题，得到全部微博用户的关注，特别是由微博意见领袖设置的话题，话题关注讨论量往往可以超过意见领袖自身的影响力，得到微博多个意见领袖关键节点的传播扩散，实现传播内容裂变式增长，意见领袖的作用往往对微博舆论场形成热点话题发挥着重要作用。而微信朋友圈对大范围传播扩散有着天然限制，任何信息传播都只能是圈内好友可见，但强关系传播互动频次高、效果好，且传播关系与现实社会高度吻合，传播情境迎合了移动互联网时代快速行进的生活节奏与无法近距离社交的矛盾需求，并覆盖了手机通讯录中的人群和现实生活中的社交关系，提高了圈群成员主动交流的意愿和效率，强化了用户之间的连接度，这种以社交互动为主要目的而非公开传播为目的的舆论传播活动更能够加速舆论热点传播效果。

由微信朋友圈和聊天群组组成的小世界网络对信息内容有增强和过滤的功用。一般情况下，熟人社交的舆论热点传播效果与传播主体的身份、地位等社会因素密切相关，不同于微博因天然的舆论影响力而形成的意见领袖，微信中普通用户的影响力主要取决于现实社会的人际关系和信任度。朋友圈内的用户往往关注点和兴趣点较为一致，容易造成羊群效应，即由朋友圈内的某个用户传递的消息得到了较多用户的分享转发，而后在整个圈群内形成共鸣，即使对该信息不赞同的用户也因为朋友圈内的熟人关系而不愿被孤立，因此特定观点得以不断强化。朋友圈的舆论热点传播环境更加接近现实社会的舆论热点传播环境，"沉默的螺旋"效应在微信朋友圈中得以发挥作用。比如，现实生活中基于共同利益、共同兴趣爱好、价值观而形成的群体为了交流互动便捷而建立了微信群组，群组中话题相对集中，态度和观点同质化程度高，甚至可能随着议题的发展而形成线下行动。微信群组和朋友圈的信息传播尽管范围较小，但形成的舆论程度较为强烈，且不易被外界发现和干扰，是舆论助推线上线下行动的天然温床。

（三）系统演化：传播内容的溢出风险

微信朋友圈的系统，可以视作用户传播互动的整体场景，不同的传播主体、传播受众、传播渠道等在场景中演化发展，成为系统发生变化的关键因素，系统充分聚集后产生放大效应，系统内的信息向系统外溢出，实现信息内容的扩充和放大。在微信的设计原则上，信息传播内容极具私密性和安全性，朋友圈的命名给微信用户一种暗示，即朋友圈和群聊的内容不对外部空间开放，使用者可以信任圈群内的其他用户，进行类似于现实社会社交关系的亲密传播。然而，电子文本天然具有可复制、可转发、可截图的特点，尽管微信的交流过程在功能设置上排除了圈群外用户的参与，但仍然存在被外界知晓的潜在风险。在一些舆论热点事件中，因用户没有正确区分公共空间和私人空间的界限，本来在微信中的私人表达以手机截图等形式被传播到网络公共空间，演变为舆论公共事件。如网络舆论热点"严书记"的夫人在微信群聊中的不当言论被截屏传播，甚至引发了舆论对政府工作的质疑。可见，微信的封闭式传播空间也无法建构完全不受外界干扰的传播关系，传播内容的溢出风险让信息一旦溢出到网络公共空间，传播速度将大大加快并拓展影响其他范围空间。由于手机通讯录和QQ好友是微信用户好友的主要来源，这些微信好友由生活中的亲人、朋友、同学或同事这类强关系构成，彼此之间比较信任，易对一些信息、事件进行转发，达成共识，在微信群催化敏感信息发酵，往往助推敏感信息偏离真相，持续发酵，甚至形成谣言。微信的封闭环境缺少信息自净和意见对冲能力，不能及时干预负面信息的传播，管理及辟谣都比较滞后。

微信传播内容的溢出效应符合戈夫曼的场景理论设定。场景理论将传播场景比作戏剧表演，可以分为前台表演区和后台排练区。在移动社交媒体的深度影响下，用户倾向于将媒介形象等同于个人形象，受到微信强大渗透能力和社交功能溢出效应影响，原本具有独立空间的后台排练区越来越小，空间被前台表演区挤压，个体用户呈现出来的形象是经过设计塑造的表演型形象。对于个体用户而言，公共空间和私人空间的界限越来越模糊，点对点之间的朋友关系可能通过群聊被拉入一个几乎都是陌生人的微信群组，在传播关系被延伸的过程中，人际传播关系成为移动社交媒体的传播对象，移动社交媒体的传播也可以演变成为私人领域的交流，因此，只有在社交空间中维持表演区的稳定形象，才能控制信息的溢出效应，避免私人话语空间演变为开放空间的舆论事件。

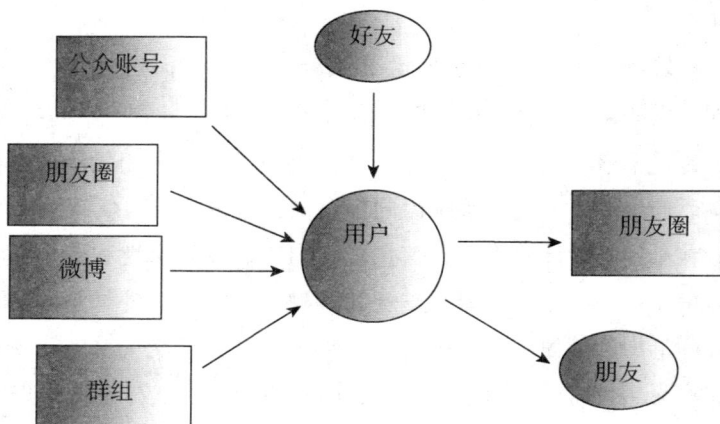

图 3 – 2　微信传播自组织演化路径

三、天津"8·12"爆炸事故舆论热点微信朋友圈传播

2015 年 8 月 12 日 23 时 30 分左右，天津东疆保税港区瑞海国际物流有限公司所属危险品仓库发生爆炸。境内外媒体全程关注，移动社交媒体成为现场各类消息、图片、视频的集散地，网民利用微博、微信等实时直播、频频发声，获得最新动态，拼接事故原因，网上各类谣言四起，舆论场引发强烈震动。其中，微信朋友圈的现场视频、图文传播对舆论热点事件的发酵扩散发挥了关键作用。

（一）传播情况与特征

1. 传播主体：随时随地发布信息

相对于微信公众账号对传播频率和传播内容较为严格的限制，微信朋友圈传播空间较为自由，传播主体可以不受限制实现话语传播和态度表达，因此事件发生后，首先由爆炸现场的用户通过朋友圈发布文字图片信息、录制现场音频和视频的形式传播开来，微信其他用户可以突破现实时间和空间限制了解现场实时情况。较早出现的图文和视频信息有着强烈的现场感和感染力，一时间在朋友圈内形成了情绪的恐慌甚至网络谣言。通过微信圈群的层层传播和信息外溢，本来较为私密的朋友圈空间出现了裂变式传播效果，事件迅速在一夜之间达到了全网刷屏效果。

2. 传播内容：非理性的舆论表达

微信公众账号的组织主体多是媒体单位，在舆论热点事件中更加注重信息传递和舆论引导，积极发挥着信息公开、政策解读、宣传引导的功用。而微信朋友圈的传播基本是个体用户的传播行为，在突发事件中，更倾向于选择基于强关系的微信朋友圈，而非微博这类私密度较差的传播媒介平台。个体用户在朋友圈中畅所欲言，更容易出现非理性的声音和观点。也因熟人关系社交网络的感染，用户纷纷在各自的朋友圈中转发和分享，现场情况通过熟人圈子向外传播扩散。

由于事故发生在夜晚，在其他媒体来不及反应的时候，现场用户已第一时间将情况以小视频和图文信息的形式传播。加之对现场情况的不了解，朋友圈中的用户还暂未有明显的态度表达。在事故信息充分传播的阶段过后，个体用户进入社交场景的前台表演区，一时间为灾难祈福、为英雄点赞的正能量信息遍布朋友圈的各个角落，用户纷纷表达个人情感和态度，发布具有感染力的图片和聊天截图等内容，对救援情况进行渲染，表达心情。随着官方信息的发布，除了恐慌情绪和祈福点赞外，开始表达出对事件责任主体的质疑和对事故原因的怀疑，与此同时相关谣言开始扩散。在熟人社交空间中，越来越多的用户开始质疑和追责，天津市"8·12"爆炸事故官方信息发布的滞后和内容的不充分更激起了舆论大规模的非理性表达。

微信朋友圈的舆论热点传播机制为谣言传播创造了有利条件。由于微信中大多是碎片化的文字、图片和短视频，对事件的全过程和完整程度是一种形式上的解构，网民很难对信息的来龙去脉进行细致的梳理与分析，仅仅选择性接收能带来较高情感能量或平等交换符号资本的信息，并将此作为事情的真相加以互动传播，而对其真伪程度则置之不理[1]。微信朋友圈用户为了获得态度的支撑和情绪的共鸣，一般会通过极具感染力和煽动性的形式表达态度，而忽略

---

① 徐英雪，兰芬. 微信：网络舆论战的新利器. 国防科技，2014（02）：17-20.

了信息内涵本身的价值高低。在封闭的舆论热点传播环境中，大量碎片化的片面信息广泛传播，非理性的声音得到群体的不断极化，给回应应对造成了负面压力。

3. 传播方式：多向协同互动

微信的社交互动功能是微信的最基础功能，微信使社交网络从原有的"弱关系链接网"向基于手机通讯录的"强关系链接网"转变，微信中的传播以点对点的人际传播为主①。在同一个微信朋友圈中，共同好友关系的用户可以在某个朋友发布的状态下评论和点赞，被评论和点赞的用户也可以及时收到消息提醒，进行再次的交流反馈。在天津市"8·12"爆炸事故发生后，随着信息的一步步公开和传播，受众在不同的传播阶段都形成了不同的观点态度和舆论声音，通过用户相互之间的充分交流互动，形成的舆论容易得到大规模的认同和支持，甚至还可能通过舆论的积累酿成线下行动。

（二）微信朋友圈舆论热点传播影响

在天津市"8·12"爆炸事故发生后，网民在微信朋友圈传播信息、发表观点和意见、交流情感，在短时间内形成聚合的舆论场。在很多舆论热点事件中，微信朋友圈中的信息与其他移动社交媒体的信息处于联动影响状态，用户将微信朋友圈中的现场短视频和图片等信息在微博等平台传播，以扩大事件公开影响力，也会将其他平台的信息通过微信朋友圈重新编辑发布，更加深层次地发挥舆论热点传播效果。

1. 微信朋友圈成为舆论热点特别是突发事件的策源地之一

微信朋友圈为用户建立了随时随地传播分享和表达情绪的较为封闭安全的传播空间，往往突发事件发生后，基于获得情感支持和关注度的需求，用户大多会选择在朋友圈第一时间发布信息，获得来自熟人关系的社交关心，以及占有信息资源的认可度。天津市"8·12"爆炸事故关于现场的短视频、图文信息等在第一时间多来自微信朋友圈的传播，在大爆炸发生后现场情况不明传统媒体无法入驻采访时，微信朋友圈中的信息极具场景感和即时性，这些现场第一手的信息成为主流媒体获取消息来源的重要渠道。在事故中，其中一张名为"最帅的逆行"的关于消防员勇敢逆行的漫画和消防员救灾前的微信聊天记录截

---

① 方兴东，石现升，张笑容，张静．微信传播机制与治理问题研究．现代传播，2013（06）：32-33.

图刷爆微信朋友圈，随后传统媒体也以此为素材对消防员的事迹深度报道，在事故灾难面前挖掘了舆论事件的不同角度。

2. 朋友圈的自组织群体助推群体极化

在朋友圈自组织结构的系统运行和强关系社交网络交织影响下，相对封闭的舆论空间环境容易导致集体意识和情绪化表达。个体用户容易模仿强化或重复其他用户的行为，得到圈群其他成员的认可和支持，塑造有利于个人形象的传播行为，减少其他用户对个体的群体压力，努力使个人观点和言论与所在的圈群倾向一致，逐步形成群体态度、意见和观点的极化现象。

一方面，正面舆论的群体极化现象有助于正能量的传播扩散，在"8·12"爆炸事故中，朋友圈的舆论情绪和态度基本上以正面倾向为主，网民大多表达对受灾地区、受灾人群和救援人员的关心、祈福祝祷。广泛传播分享的《永远铭记逆行英雄!》《天津爆炸中的感动瞬间》等文章，有效地激发了受众的情绪"泪点"，通过朋友圈用户之间的互相分享感染，表现出积极正面的一面，极化的正能量传播引导了朋友圈中整体的舆论倾向。另一方面，负面的群体舆论极化倾向可能造成较大量的负面情绪和态度，特别是微信朋友圈这种半封闭的舆论热点传播空间会对信息质量的评测产生障碍，导致舆论隐患的苗头性、倾向性信息较难发现和控制，存在负面信息发酵形成负面舆论的风险隐患。比如在未通报情况之前，一些用户为了吸引注意力或表达非理性的情绪，关于死伤人数、事故原因、救灾情况的谣言信息在朋友圈大量滋生，影响舆论场的情绪和判断。

3. 自组织网络结构有效净化舆论空间环境

在微信朋友圈这个整体系统中，自组织群体的关系表现为两种类型，一种是子系统之间的协同合作关系。具体来说，个体用户会对特定事件贡献自身的力量，根据自身掌握的信息从不同角度构建舆论事件的完整度。对舆论事件的不断完善补充和纠正，能够对不完整的信息进行补充，对不实信息进行调整，对负面信息进行态度的纠正，用户之间的协同互动以及与外部平台的信息开放交换，带来了舆论热点传播的自净和审核把关的不断自涌现，舆论空间环境得以自净化。另一种是子系统的竞争关系，微信朋友圈主要是依靠纵向的时间轴进行显示，显示界面设计界定了有限的视觉范围，用户能够接收的信息非常有限，受众常常在不经意间就错过了很多信息。因此，微信中不同的传播主体会不自觉地对内容审核把关，注重提升信息内容质量，以免低质量的信息影响个人形象构建，来竞争有限的注意力资源。具有信息价值深度的内容和理性客观的态度能够吸引受众的自然关注和讨论，引发深入的思考和情感交流，保持了舆论空间的自净化状态。

第二节　微信公众账号舆论热点传播机制的议程设置效果

本节以微信公众账号的舆论热点传播机制为研究对象，重点通过对微信公众账号本质内涵、传播特征的研究，结合微信公众账号平台"一带一路"高峰论坛舆论热点传播的案例分析，梳理议程设置理论在微信公众账号传播过程中的新变化、新效果、新实践，分析研究以微信公众账号为代表的平台式移动社交媒体舆论热点传播机制对议程设置理论的全新影响和全新应用，形成微信公众账号舆论热点传播机制与议程设置理论交互作用的规律性认知和结论。

一、"微舆论场"对议程设置理论的影响

1972 年，麦库姆斯和肖在《舆论季刊》的《大众传播的议程设置功能》中提出大众传播具有一种为公众设置"议事日程"的功能，传媒的新闻报道和信息传达活动以赋予各种"议题"不同程度的显著性方式，影响着人们对周围世界的大事及其重要性判断①。在新媒介环境特别是移动社交媒体时代，议程设置的理论内涵也相应发生变化。1999 年，麦库姆斯和肖提出了议程设置理论在新的媒介环境下的"议程融合假设"，认为议题融合论的研究出发点是社会大众，着重研究社会大众为何使用各类传播媒介，如何使用传播媒介，以及使用传播媒介所达到的社会效果②。

"议程融合假设"率先注意到了在新媒介环境中受众的主体作用，认为新环境中议程设置的主体不再仅仅是大众媒体，而转变为媒体与受众的融合。移动社交媒体中，个人设置的议题往往也能够得到大众的关注和认可，特别是借助微信公众账号，自媒体得到了前所未有的传播力和影响力，甚至能够与主流媒体共同影响舆论走向，成为主流媒体获取信息的重要源头，普通用户满足个人

---

① 郭庆光. 传播学教程. 北京：中国人民大学出版社，2011.
② 黄瑚，李俊. "议题融合论"：传播理论的一个新假设. 新闻大学，2001（02）：30.

需求的重要途径。微信公众账号赋予自媒体较大程度的自主议程设置权力，主动参与舆论事件的传播互动、融合议题，在推动议程设置完成后还能继续通过微信朋友圈、群组和个人用户实现多层级的传播转发扩散，信息的不断裂变和渗透，使微信公众账号的舆论传播和议程设置功能得以不断强化，微信成为具有大众传播和媒体传播属性的一种新媒体。受众通过主动订阅公众账号，接收所需信息并实现互动传播反馈，形成了以微信公众账号为平台的"微舆论场"。据统计，70% 的微信用户会关注媒体类微信公众账号①，微信成为用户获取新闻资讯、生成传播舆论热点的重要平台。

在微信舆论场中，媒体公众账号活跃度高、影响力强、数量多，成为舆论热点生成的新源头。政务微信公众账号发布信息、收集民意、引导舆论，兼具信息发布、综合服务和社会动员功能，正逐步架构起"以部门职能为特色，以便民服务为主导"的智慧平台与"掌上政府"，已日趋成为发布政府信息的新媒体、提供公共服务的新平台和实现政民互动的新渠道②。近年来，微博"意见领袖"即"大 V"群体的活跃度明显下降，出现向微信公号众账迁移的现象。由知名媒体人、网上意见领袖、明星和专家学者等人群开办的自媒体公众账号也拥有庞大的用户数量和影响力。聚焦垂直领域的私人化、平民化、普泛化、自主化传播的"自媒体人"正逐渐取代微博"大 V"并被赋予新的民间舆论场话语权③。自媒体公众号针对目标群体，以独特的视角、专业的态度和更加活泼生动的话语表达，对舆论事件进行个体化的传播、解读、评论，得到了特定群体较为稳定持续的关注和支持，一定程度上影响着议程设置和舆论热点传播方向，挤压了主流舆论话语空间，也对网络空间治理构成了挑战。

二、微信公众账号议程设置传播特点

与传统媒体、门户网站和论坛微博不同，微信公众账号传播过程中干扰少、信赖度高，信息到达率高；私人定制化内容，运营主体可根据用户群组精准推送，用户即时接收与反馈，运营主体再根据反馈进行传播调整，既极大地实现

① 中国网信网 . CNNIC 发布第 41 次中国互联网络发展状况统计报告 ［EB/OL］. http：// www. cac. gov. cn/2018 - 01/31/c_ 1122346138. htm . 2018 - 01 - 31/ 2018 - 03 - 21.

② 中国社会科学网 . 2016 政务微信发展报告发布 ［EB/OL］http：//www. cssn. cn/dybg/ gqdy_ gdxw/201703/t20170329_ 3470417. shtml，2017 - 03 - 29/2017 - 05 - 09.

③ 祝华新 . 2014 年中国互联网舆情分析报告 ［EB/OL］. http：//yuqing. people. com. cn/ GB/392071/392072/index. html，2014 - 12 - 25/2014 - 12 - 27.

了传播自主选择权，也保障了社交关系黏性。强关系的社交网络具有强大的议程设置和传播扩散能力，议题和舆论热点以微信公众账号为中心，通过朋友圈、微信群等渠道多层级、强渗透、辐射式传播，实现了对个人、群组、朋友圈范围的全覆盖，传播效果得以保障。

（一）多层级的精准传播

微信公众账号具有较强的媒体属性，所推送的内容不受字数、形式等限制，能够实现点对点、点对多的精准传播覆盖。议题从信源出发后，摆脱了大众传播过程中其他杂音的干扰，议题和舆论热点传播扩散更有针对性和实效性。基于主动行为的接收模式，基本保证了议题传播效果，即用户会有意识地对订阅信息及时浏览和反馈，是一种较为有效的议程设置行为，为舆论热点传播提供了更为便捷的条件。且微信公众账号提供了浏览历史消息、收藏、保存等功能，突破了信息传播的时空限制，延展了议程的传播力。

不同于以往大众媒介的公开传播，微信公众账号的舆论热点传播更加隐秘、难以测量，只有建立订阅关系，才能第一时间获得信息源。这种订阅关系的信息传播主要有三种形式，向订阅用户按时推送、订阅用户在朋友圈分享、订阅用户和被分享用户向其他人和群组转发分享。从公众账号到个人接收，再由个人用户到群组、朋友圈的传播方式，传播效率更高，运行机制也较为隐蔽，审核监管难度较大，因此在实际层面议题的设置和传播如同隐性舆论一般，在早期生成传播过程中难以发现。闭环式的圈群传播一方面让监管主体更加难以发现、监督管理，一定程度保证了传播链条的完整性；另一方面提升了用户的使用体验和对媒介的信赖程度，激发了用户成为信源、参与议程设置和传播的积极性。

（二）媒介与用户的深度融合

与微博主要由"大V"等意见领袖推动的"精英传播"不同，微信公众账号订阅操作简单易懂，舆论的传播门槛更低，受众覆盖面更广，使用人群年龄结构更宽，大大促进了媒介和用户的互动融合程度。个人既是信息传播接收主体，也通过组群、转发等功能构建了虚拟的社交网络，实现了个人与媒介的充分融合。同时，微信公众账号传播模式以"平级交流"为主，模拟多情景、多表情下的对话模式，从而提升话题的关注度，带动受众主观能动性的有效发挥，便于发展形成舆论热点。

（三）议程设置主观性强，群体极化现象明显

在议程设置的不断强化下，个人会因为服从社会压力而产生态度、行为的改变，包括群体极化、"沉默的螺旋"等现象。有学者认为，自媒体的出现打破了"沉默的螺旋"，个人有了极大的话语权和表达自由，可以充分表达自己的观点和态度。但微信公众账号中，主动订阅关系是基于共同兴趣爱好和价值观念产生的，因微信公众账号议程设置占据了信息发布的制高点，所关注的个体用户可以极其容易地找到共同群体，所推送的信息容易得到目标受众的心理认同感，从而产生一致态度和行为的不断强化。如知名微信公众账号"我从没见过你，但我懂你"的推广语，用现代"心灵鸡汤"内容或标新立异式言论吸引了超过千万名女性用户的关注，发布的文章几乎都得到了"10 万＋"的阅读量。特定群体对的认同感和共鸣感，不断强化议程设置效果和群体极化现象，公众账号对个体用户的影响力和渗透力也由此形成。微信公众账号的强黏性和私密性，也更容易让设置的议题得到更多潜在用户和较为持久的订阅关系，所聚集起来的观点共同者在相对封闭的环境中受到的干扰较少，观点不断巩固，积累到特定阶段爆发舆论热点。

三、"一带一路"高峰论坛舆论热点事件议程设置模式及效果

2017 年 5 月 14 日至 15 日，"一带一路"国际合作高峰论坛在北京举行，网民关注度始终保持高热，网上正能量形成压倒性优势，特别是微信公众账号相关话题的议程设置策划充分、推送密集、调控适度，有效迎合满足了接受需求，形成了良好的舆论氛围和传播效果。以"一带一路"高峰论坛正能量议程设置传播塑造为例，通过分析微信公众账号的议程设置方式、舆论扩散模式、传播受众和传播效果，论述微信公众账号特有的议程设置优势、舆论扩散规律及影响效果，为研究微信舆论热点传播机制提供支撑。

（一）充分利用媒体公众账号设置议程

主流媒体和商业媒体可以不受时间限制、内容控制等因素，较为自主地在微信公众账号进行议程设置和传播。一些有影响力的主流媒体微信公众账号成为内容源头，是主动设置主旋律议程、正能量发酵传播、形成全网舆论场热点的关键环节。"人民日报""澎湃网"等微信公众账号关于官方重要议事日程的新闻发布后，影响范围迅速扩大，经进一步转发分享、大规模密集推送，比网站或微博海量传播更能突出重点，发挥了类似于传统媒体的头条要闻作用，从

不同角度展现了官方重要议事日程的丰富内涵和多元形式，国家形象传播更加强势有力。如微信公众账号"人民网""央视新闻"在"一带一路"国际合作高峰论坛期间发布的《厉害了word国》《为中国点赞、为世界喝彩》等文章刷爆微信朋友圈，既体现了把关人角色弱化背景下微信推出独家产品的潜力，又通过迎合大众情绪表达的叙述让国家形象传播更加立体，更贴近普通大众的审美情趣。以《人民日报》为代表的主流媒体公众账号集中推送"国平"系列文章，有效阐释立场观点，大国崛起、大国担当成为舆论共识，起到了良好的议程设置效果。

（二）高效推送信息

微信自诞生起便大大提升了对社会热点、突发事件等的同时反应速度和广度，相对于 PC 端，微信公众账号使用成本低、门槛低、操作便捷、局限性小，丰富了公众表达观点和感情的渠道，也使大众参与主流意识形态建设的程度大大加深。微信公众账号为主流意识形态提供了活跃、高效、易于接受的传播模式，在根本上提高了主流意识形态认知的深入度，为群众自觉自发地参与社会正能量的传递和弘扬提供了最佳平台①。

围绕"一带一路"相关议题，微信舆论场集中发力，以"务实高效、硕果累累""开创中国主场外交新高峰""习近平主席发表系列重要讲话，彰显大国领袖风采"等为标题，经过一日两至三次的高密集推送，突出政策阐释、成就展示、典型推广，高度评价论坛成果和影响，多媒体传播、全方位解读、多形态展现、多领域覆盖，加上"大国外交"的吸引点，以集中式爆发传播的优势让"一带一路"相关议题成为移动舆论场热点话题。网民积极参与网上互动传播，转发评论优秀内容产品，并通过在微信朋友圈、微博等平台互动分享，形成了舆论热点传播的联动效应。

（三）及时调控内容

"一带一路"国际合作高峰论坛召开之前，微信中主流媒体和自媒体账号提前设置议题，大量推送关于"一带一路"的专家解读文章和专业评论，为迎合受众心理接受预期提前做好准备工作，主动研判、主动引导、设置议题。待"一带一路"国际合作高峰论坛召开后，由于成功的事前引导和铺垫，微信舆论场集中进入"一带一路"时间，充分利用大数据、移动通信等技术，用好视频、

---

① 王光宇. 发挥微信在主流意识形态传播中的作用. 理论与现代化，2014（4）：57－65.

动漫、H5 等新兴手段渠道，融合传统媒体和新兴媒体，融汇社交网络和新闻传播两个平台，融通生活服务等非媒体类应用与媒体类应用，提升了整体传播效果。

对可能出现的质疑"一带一路"发展前景、中国国际地位和周边关系、论坛举办对主办城市造成的压力等负面声音，以及一些与活动主题关联性较弱的边缘性、延伸性话题，"蹭热点""搭便车"的态势，可能导致冲淡会议活动主体氛围，将活动主题"带偏""变向"的议题风险等，围绕重大政策、重要事件、热点话题，有针对性设置议题，主动在微信公众账号中解疑释惑、正面发声，从地缘政治、地缘经济、历史、地理、文化、外交等多角度具体化地阐释，并选取丝绸之路等具有故事性、趣味性的主题，进行数据化、可视化展现，有效挤压负面舆论热点传播空间。

（四）充分满足传播对象需求

从受众关系强度角度分析，在弱关系社交圈子中，微信用户关系网络里网友、陌生人等的比例低于社交网站和微博；在强关系社交圈子中，微信用户关系网络里朋友、同事等的比例要高于社交网站和微博。微信公众账号是基于强关系社交圈子的新媒体应用工具，用户黏度、忠诚度、参与度更高，基于朋友之间的强关系传播链条增强了舆论的说服力和传播力，观点整合时间短，舆论渗透性强，意见容易趋同，整个场域易被特定氛围感染影响，进而形成一致的舆论。根据受众对"一带一路"议题的兴趣点，议程主体设置最迎合受众口味的话题定向传播，推送针对微信舆论场特色的内容，充分考虑具体文化内容和表现形式，线上传播和线下活动形成有效衔接，联动传播、形成合力，策划开展一大批受众感兴趣的线上文化活动，涌现出诸多优秀活动项目品牌，充分体现了"一带一路"与普通受众息息相关的一面，迎合了微信中更加关注软报道的趋向，使得"一带一路"的传播得到更加广泛的受众基础和积极反馈。如《3分钟看懂刷爆朋友圈的"一带一路"是个啥?》等文章，"一带一路"知识竞赛、有奖征文、微电影视频比赛等活动，以接地气的语言、平实的内容充分拉近和受众的距离，自媒体和意见领袖主动设置议程、发布原创性信息，双向交流、互相转发点赞评论，形成联动传播，让受众感觉到国家重大议题不再遥不可及。"共产党员"等政务微信公众账号发布的《进入"一带一路"时间，北京夜景刷爆朋友圈》《【神曲】《Let's go Belt and Road》来袭! 根本停不下来!》等热门文章信息量大、干货十足，圈粉无数，引发密集的转发和分享，充分调动了普通受众参与主流意识形态建设的积极性。

四、微信公众账号舆论热点传播机制对议程设置的影响效果

媒介议程设置的效果，麦库姆斯将其称为"议程设置的后果"，主要包括认知、态度和行为三个层面①。这三个层面是效果达成的不同阶段，效果的强度是逐级递增的。微信公众账号让人与媒介的融合进一步加深，媒介与用户之间、用户与用户之间、用户与社会之间的传播关系发生了重大变化，议程设置不再由传统媒介所主导，随着用户越来越依赖微信公众账号获取信息、传播交互，微信公众账号获得了设置议程主导权、关注度和影响力。在良性互动的局面下，媒介和用户的赋权让议程设置效果进一步深化，微信公众账号舆论热点传播机制对议程设置的过程和效果产生了全新的影响。

（一）议程融合多元互动，搭建"两个舆论场"有效联通的便捷平台

随着传统媒体、政务媒体纷纷入驻微信公众账号平台，媒介议程、自媒体议程、普通用户设置的议程互动交流、相互融合，大大扩充了信息的来源和传播范围。根据麦库姆斯和肖正式提出"议程融合"，认为出于"群体归属"的需求，新闻媒体、社会公众可以通过设置议程、融入议程，来加入组织讨论获得群体归属感，媒介议程设置具有聚集社会群体的功能。传统媒体、商业媒体、政务媒体以及自媒体借助信息交换网络互相融合并与用户互动，互相参考借鉴话题议程，让议程设置的影响力更加突出。比如，在重要事件和重要时间节点中，微信公众账号各种媒体几乎同时发布重要议程，形成议程传播的联动效应，议程融合更加深化。

越来越多的官方主流媒体和政务媒体通过微信公众账号进行主流议程设置和受众互动反馈，一些主流媒体公众账号甚至取得了远超传统媒体母报刊的订阅量和更高的用户认可度。这充分表明，微信公众账号搭建了"两个舆论场"有效联通的便捷桥梁，加深了不同主体议程设置之间的融合度。随着微信的迅速发展，主流话语开始大规模进入移动互联网舆论场，官方舆论场和民间舆论场逐渐融合，整个互联网舆论生态进入调整时期。此前，舆论场内部共识度与其对政府的认同度负相关，即舆论越是质疑和批评政府，就越是团结；但之后

---

① 麦库姆斯. 议程设置：大众媒介与舆论. 郭镇之，徐培喜译. 北京：北京大学出版社，2008：150.

图 3-3 主流媒体、商业媒体、自媒体的议程设置互动融合

变为正相关，即各舆论场越是质疑和批评政府，其内部争议就越多，而在对政府进行积极评价时则更显得团结一致①。

（二）影响主流议程设置，正能量生成的有效平台

根据议程设置的"阶段发展理论"，传统议程设置的过程是媒体议程影响公众议程，公众议程影响政策议程。然而在社交媒体时代，媒体议程设置的影响开始弱化，微信公众账号中的自媒体能够设置独一无二的议程，通过互联网的传播甚至影响主流媒体的关注方向。如果公众个人设置议程引发社会的普遍关注，那么这一议程就会进入传统媒介的议程范围，在网络传播中，某一网民个人设置议程如果能很快引起大量网民关注，也就会很快引起传统媒介的关注②。议程设置的反向运行突出了受众的互动反馈作用，并在议程设置过程中体现出普通用户的舆论监督和参与作用，在很多舆论热点事件中，表现出了公众议程影响媒介议程，媒体议程影响政策议程的过程。如"8·27 昆山持刀砍人案"发生后，相关视频信息首先在微信中流传，进而由各类微信公众账号发布传播，激起了网民极大的关注和情绪共鸣，事件进入公众议程设置范围。而后，各类媒体开始加入报道，深度关注"昆山龙哥"和自行车车主于某某的背景信息和相关情况，引发了全网关于正当防卫和防卫过当的讨论，事件进入媒体议程设置范围，最终案件通报认为于某某的行为属于正当防卫，公安机关依法撤销于

---

① 新华网. 2014：两个舆论场共识度报告 [EB/OL]. http://news. xinhuanet. com/newme-dia/2014 - 12/25/c_ 1113781054. htm, 2014 - 12 - 25/2014 - 12 - 26.

② 袁川晔. 网络时代的议程设置. 青年记者, 2010（02）：8 - 9.

案，实现了对政策议程的影响。

在影响主流议程设置方向和内容的同时，微信公众账号的舆论热点传播机制还更加有利于正能量的生成。在微博的广场式讨论空间和论坛、贴吧等观点的自由市场中，不同的意见态度情感等在相对公开的虚拟空间中对冲辩驳，且由于公开网络的匿名性，更容易产生负面言论和舆论，各类信息在公开网络中传播和渗透，挤占主流意识形态传播空间。而微信是建立在实名制基础上的社交关系，天然具备着人际关系的亲密感和分寸感，由朋友、家人、同事等关系构成的舆论场，个体用户更容易表现出"点赞""认同""分享"等正面形象，更愿意对正能量的内容关注、传播和分享，对负面信息和舆论主动挤压和过滤。这也让微信公众账号的传播内容以正面信息为主，受众端的需求促进了内容端的生产，有效推动了正能量生成。

（三）选择性设置议程，实现引导舆论目的

随着媒介形式和传播环境的变化发展，议程设置理论发展包含两个层级，"第一层级"指的是媒介强调的议题成为公众认为重要的议题，注重媒体议程的显要性。"第二层级"议程设置研究关注的是受到关注的议题、话题被关注的属性特点，即人们关注已被关注的议题的哪些方面和怎样认识这些议题①。第二层级又称为"属性议程设置"，突出了受众在接受议程设置时的态度、意见和对议程设置主体造成的影响。在属性议程设置的功能作用下，微信公众账号设置议程过程中对不同议题的属性有选择性的偏向，不断突出想要强化的议程，有意筛选和忽略特定话题，这种对议题属性设置的方式能够对受众产生潜移默化的影响，通过议题的导向、框架植入影响受众的态度观点和行为，最终实现舆论引导的目的。越来越多的媒体和政务微信公众账号开始重视微信公众账号议程设置的属性作用，转变宣传为引导的理念有效引导受众，特别是在突发事件和谣言信息处置中，微信公众账号发挥了重要的发布信息、解疑释惑、回应关切、引导舆论的作用。官方媒体和主流媒体积极抢占微信舆论场，借助微信公众账号的精准化传播渠道和裂变化的传播效果，在重大主题宣传活动、重要会议和重大时间节点中密集推送，主动适应移动社交媒体舆论场受众需求，推出内容更加丰富接地气、形式更加多元灵活的产品，部分公众账号做了很多成功

---

① 卡琳·沃尔－乔根森，托马斯·哈尼奇. 当代新闻学核心. 张小娅译. 北京：清华大学出版社，2014.

的尝试，如侠客岛、学习小组、澎湃新闻等，得到了受众更高程度的接受和认可。

微信公众账号的舆论热点传播机制推动形成了个人与媒介深度融合的关系网络，促进了舆论的快速生成发酵，为议程设置带来了新变化和新契机。本节通过研究议程设置与微信公众账号舆论热点传播机制的互动作用，重点分析了微信公众账号议程设置传播特点及影响，及其对舆论热点传播效果的重要作用。在微信公众账号传播模式中，精准推送提升议程的到达率，自组织网络促进议程传播扩散，舆论的反馈促进议程调整改善。微信公众账号也助推议程融合的多元互动，影响主流议程的设置和舆论引导，推动实现了公众议程设置影响媒介议程设置，媒介议程设置影响政策议程设置的反向效果。微信公众账号在议程设置方面的优化和对舆论热点传播整体过程的功能作用，对有效传播正能量，实现舆论引导目的有参考借鉴意义。在未来，舆论热点传播引导主体应该更加重视微信公众账号议程设置和舆论热点传播机制的特性，主动把握信息传播的话语权，实现议程设置预设效果。

第三节　微信舆论热点传播机制研究

本节围绕微信舆论热点的传播要素特征详细分析梳理，在对微信公众账号和朋友圈舆论热点传播规律对照研究基础之上，归纳微信舆论热点特有的传播机制，发现其传播机制对舆论场的深刻影响。

一、微信舆论热点传播特征分析

（一）传播主体多元化

微信传受关系较为模糊，传播主体融合了即时通信、社交属性和媒介属性，既可以是个人也可以是组织，既可以是一个事件中的传播者同时也是另一事件的受众。在微信舆论场中，传播主体主要包括公众账号和个人普通账号两类。从使用功能划分，微信公众账号可以分为订阅号、服务号和企业号。服务号和企业号主要针对商业用途，面向企业和组织申请注册，旨在为用户提供服务，目标受众一个月只能接收一条服务商推送的信息。订阅号重点为用户提供感兴趣的信息服务，一个用户可根据需求订阅不同的微信公众账号，任何组织和个人都可以申请注册微信订阅号，通过图文、音视频信息的自主采编和定向推送，极大地创新了传播模式，已经成为微信中最重要的信息来源渠道。服务号和企业号传播信息限制较大，无法成为生成舆论的有效平台。微信订阅号可以随时随地浏览跟帖评论，通过朋友圈、微信好友、微信群组分享互动，迅速发展成为生成舆论热点的新信源和影响网络舆论态势的重要力量。

根据微信公众账号不同的运营主体，可以划分为媒体单位、政府机构、企业组织和个人运营类。由媒体单位运营的微信公众账号是目前微信公众平台最重要的组成部分，通过优质及时的内容、灵活多样的传播形式和低门槛的推送模式等，打破了传统媒体的传播限制和运行模式局限，远远超过了传统媒体时代的订阅数量，吸引了千万粉丝的关注。政府机构运营的主要为政务公众账号，随着政务公开要求的提升和网上群众路线的推进，政务类账号如"北京发布""上海发布"等，凭借权威的内容质量和便捷服务形式成为微信公众平台上最为活跃的一类账号。还有不少PC端的意见领袖逐渐迁移到微信舆论场上，开通个人账号发布信息吸引了大量粉丝的关注。其他超过7亿的微信普通用户日常主要通过好友聊天、群聊和发布浏览朋友圈的方式交流互动，参与到循环交叉、互动反馈和身份转换的传播过程中。

（二）传播对象的平级化和自组织化

微信公众账号赋予了用户相对平等的传播权和话语权，并通过形式多样、内涵丰富的传播形式使得传播效果提升，真正实现了"人人都是麦克风""人人都是自媒体"。微信公众账号的传播机制设计赋予了受众极大的自主选择权，受众只对自己关注和感兴趣的内容进行订阅，如失去兴趣可以简单便捷地取消关注。灵活的传受关系让微信公众账号运营方必须以受众关注点和兴趣点为传播内容，为了提升阅读量和粉丝数量，设计了诸多与受众互动反馈的环节和机制，如评论留言、后台留言、问卷调查、线下活动、点赞打赏等。通过积极的用户互动和反馈，用户使用体验得以提升，微信公众账号运营方也可以根据互动意见及时调整传播方式和内容，保持传受关系的黏性和活跃度。如知名电影类微信公众账号"Sir电影"拥有上千万粉丝，除日常推送外，在微信公众账号对话框设置"毒舌pro"和"毒舌优选"栏目，"毒舌pro"面对影迷设置"毒家片单""影评""免费观影"等内容，为电影爱好者塑造了一个线上线下融合的电影社区，通过组织电影点评、线下观影、主创见面会、音乐会等活动，在全国众多城市成立了毒舌影迷会，实现了传播主体和传播对象的平级交流和互动反馈。

在自组织社交网络的微信朋友圈和即时聊天、群组中，为了保证信息传播的私密性和安全性，微信在功能设计上舍弃了便于信息公开传播的特性，设置了较为严格的信息安全保护功能。因此，微信的传受范围较窄，受众结构相对稳定，需要双向通过的朋友关系限制了大范围传播。微信中的朋友关系主要有几种固定来源。一种是通过绑定手机通讯录、扫描二维码、主动搜索手机号码和迁徙 QQ 好友等形式添加的朋友，这种朋友关系是典型的强关系传播，较为亲密稳定，受众关系黏度强，信息传播效果好。一种朋友关系是建立在"附近的人"功能上的受众发现机制，在以现实距离为单位的范围内，微信受众可以有机会近距离接触到附近的其他微信用户，直观地了解对方的基础信息等，通过"附近的人"添加的朋友关系，具有一定的社群基础和信息推广效果。还有一种朋友关系是通过漂流瓶、摇一摇等功能建立，这是几乎属于陌生人社交的传播模式，微信用户通过偶发因素与陌生人开展信息传播行为，拓展了熟人关系的社交圈群。由不同距离分层的受众关系具有不同的传播特点，微信主体可根据距离分层有针对性地传播。

微信充分释放了受众的话语权和主动权，形成了传播主体和受众身份互相转化、传播关系协同统一的模式，受众可以即时地与传播主体互动反馈，主动分享转发和收藏，也可以根据个人意愿选择随时随地浏览朋友圈，并进行点赞评论等态度表达行为，传受关系得以重新构建。

（三）传播媒介的融合化和平台化

移动智能手机的普及应用是微信得以发展的最基本条件，大量移动化、碎片化的时间和空间为用户刷微博、刷微信提供了便利条件，有效弥补了 PC 端应用无法实时传播信息、互动交流的缺陷，创造了人与媒介深度融合的传播平台。

一是从媒介到平台的拓展。在移动互联网高度发展的时代，碎片化、多元化、即时化的媒介更能满足使用需求，不论是传统媒体还是新媒体，都着力从单一媒介向多元平台的方向发展，以期在一个平台上集纳更多内容，同时实现信息传播互动反馈等多元功能。当前，微信将信息传播、生活服务、社交互动、文化娱乐等多个功能集纳在一个平台中，已经成为高效的流量入口。不论公众账号运营主体是纸质媒体、广播电视还是网络媒体，都突破了原有的传播界限，有机结合了文字、图像、视频、音频等不同形式，拓展了传播空间和传播效果，实现了更为精细化的传播。各媒体也主动适应微信公众平台传播模式，进行功能完善和改良，实现了微信公众平台与其他媒介"你中有我、我中有你"的深度融合发展。发展至今，微信承载了传播媒介和应用工具的庞大功能，并接入滴滴打车、摩拜单车、唯品会、美团外卖、大众点评、猫眼电影等生活服务功能，还有针对性地推出了广告推广服务，将信息服务与现实生活更加紧密地联系起来，成为真正意义上的平台性应用。

二是从媒介到用户的融合。麦克卢汉早在 20 世纪所著的《理解媒介》一书中就提出，媒介是人的延伸。在移动互联网时代，这个观点真正得以实现，以微信为代表的移动社交媒体培养了用户的深度使用习惯甚至是"手机依赖症"，用户随时随地接收和发送信息，并利用微信实现社会交往、生活服务的各种需求，微信借助移动智能终端实现了与用户的牢牢绑定，在不知不觉中成为人体的"延伸器官"，构建了线上线下深度融合的场景模式。微信的拍照、视频、图片分享、扫一扫等功能与手机摄像头紧密连接，语音、音乐与手机麦克风相连，附近的人、摇一摇、漂流瓶等功能与手机定位功能相连，这些丰富的功能应用展现了微信与智能手机用户深度融合的能力，通过人与媒介的紧密结合，微信的传播渠道进一步拓展，用户更多需求一一实现。可以说，微信的功能极大地解放了人体的感官和双手，带来更强的代入感和现实感。

（四）传播创新性和不平衡性

在微信公众账号激烈竞争、争夺注意力的时代，创新是微信公众账号保持持久活跃生命力的关键。一是原创内容的创新性。微信公众账号推送的内容主要分为原创和非原创类信息，原创信息是账号主体自己创造、自我采编的内容，是吸引用户关注的关键环节。二是呈现方式的创新性。随着功能的开发拓展，微信可以通过文本链接到微社区、微店、小程序等环节，微信公众账号的自定义菜单方便检索和直观化阅览，能够充分体现运维定位和内容特色，实现更深层次的信息传播和交互。三是评估量化的创新性。微信对公众账号每日推送设定了严格的推送次数限制，稀少的推送机会和有限的推送条数促进了质量提升，在推出"阅读数、点赞数、评论数"功能后，运营方能对关注用户的数量、增长量、取消关注人数、用户属性等进行详细的用户画像和分析统计，用户也可以通过阅读量等因素研判账号的影响力。

另一方面，微信设置了较为严格的信息保护层级，对注册用户的传播环境进行着私密化的处理。首先，微信朋友关系建立在双向通过的基础上，单方面的朋友申请无法建立社交关系。但取消朋友关系的操作较为简易，方便用户根据个人意愿进行关系的建立和维护。微信朋友圈上传信息不能转发，只能将图片、短视频等下载后再上传，致使一些敏感信息多点上传，因此无法追踪信息源头。其次，微信传播都是朋友关系可见，非朋友关系完全无法看到圈群内的信息，微信的后台也不对个人线上交流信息进行存贮，无法追溯和备案管理，数据较难量化对比。

（五）传播效果裂变化

基于微信庞大的用户基数和流量，微信的传播效果是裂变化的、层层扩散的。从纵向来看，一条信息从微信发送端推送到终端是点对点直线过程，用户接收到信息后，再进行圈群化传播，转发到其他用户、群组，分享到朋友圈，实现传播范围无限扩大化。一个舆论热点事件的出现，往往会极短时间在微信朋友圈形成刷屏传播效应。从横向来看，微信的收藏、通讯录、附近的人、搜一搜、看一看等功能互相链接，用户可以通过多种渠道和平台主动获取感兴趣的信息，再经过多种传播链条分享到不同的舆论场，形成了不断放大裂变的传播效应。

微信公众账号和朋友圈不同传播模式也带来了强弱关系结合的传播效果。强弱关系交织的传播关系影响着微信舆论热点传播的全过程，用户发送和接收的信息和反馈会根据强弱关系的结构对另一终端的关系强度有直接的影响，如在强关系模式中的信息传播交流，内容会更加丰富、频率更加频繁，相应传播效果就更好；如在弱关系模式中的信息传播交流，信息话题会比较局限，传播的形式也会比较单一。微信用户之间的关系强度是较为灵活的，可以根据传播效果随时调整和改变，传播效果也对强弱关系起着反作用。

二、微信舆论热点传播模式构建

（一）自组织结构构建微信朋友圈舆论热点传播多层级

微信朋友圈具备富媒体的多元特点，内容产品可以是文字、图片、视频、音频的不同形式，传受双方还可以在朋友圈里实现评论、点赞、转发的基础社交活动，表达个人的意见和态度，具备了形成舆论的初级条件，较为真实的社交关系通过朋友圈的讨论和交流以及微信公众账号的转发共同促进了舆论从某个小圈子扩散到大圈子的大范围传播，为舆论热点传播扩散搭建了交流的桥梁，从而形成了桥式的传播模式，在被特定朋友圈之外的其他用户浏览后再次进行类似的传播行为，一层一层的桥式传播和圈群内的圈式链接共同构成了微信朋友圈的舆论热点多层级传播结构。

1. 圈群式传播单元

微信朋友圈一条信息发布后，如未经过特殊设置，发布者的微信好友都可以看到这条信息，多个信息接收者根据内容解码信息传播者的态度和观点，根据个人意愿评论、回复、点赞等，并在各自的朋友圈、即时聊天和群组聊天中传播转发分享，形成了朋友圈内的观点和态度的层层传播，即是舆论的圈式传播结构。

在圈式传播过程中，舆论的传播是多向动态的过程，发布者的内容可能影响其他接收者，也可能在观点和态度的交流中受到评论者的影响而发生态度的改变。这表明微信的圈式传播结构中还存在着一个一个独立的传播子系统，同一个发送者传播的信息，对不同的接收者传播程度和传播效果是不尽相同的。如果一个接收者和传播者是好友关系，但与该传播者的其他朋友没有建立好友关系，则该接收者无法获知其他接收者的态度和观点，其他接收者反之亦然。这样的圈式传播模式是直线型的传播结构，所形成的舆论热点从稳定性和强烈程度上看都比较弱。而如果传播者和信息接收者的朋友圈成员有比较大的重合度，即接收者也是互动为好友的关系，则传播者发布的内容和观点能够被圈群里的大多数用户获知，并能够产生多向性的讨论交流，最终形成观点和态度的趋同一致，而经过讨论如未形成一致的观点，而是形成了观点意见的分裂，则这种分裂也是保持着相对稳定的异化状态。

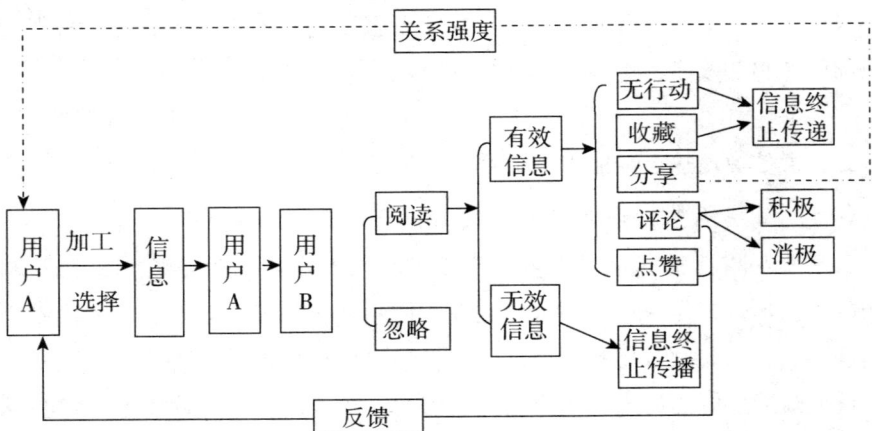

图 3 - 4　微信朋友圈舆论热点传播路径

2. 桥式传播渠道

圈群式的传播结构是相对完整的闭合空间，在闭合空间中还存在着无数条舆论热点传播的子路径，如一个舆论热点事件能够在短时间内在微信形成刷频效应，一条虚假信息能够延伸到微信中的每个传播空间，影响到大多数微信群组和即时聊天语境，这是因为在圈群式传播结构中还存在着单个互相联通的传播渠道和传播单元。在微信的舆论热点传播过程中，每个微信用户都有各自的朋友圈，而朋友圈中的好友又有各自并不重合的新的朋友圈，在属于不同圈群的不同用户信息传播过程中，身处不同圈群的用户成为各自朋友圈之间舆论热点传播的桥梁，搭建了桥式传播的互动渠道。如不是朋友关系的不同用户拥有共同的朋友关系，则这个共同的接收者作为两个不同朋友圈的交接点，可以通过在自己的朋友圈发布信息和分析转发微信公众账号或其他朋友的内容实现将另外两个朋友圈的信息链接和交互的功能，从而实现了舆论的跨圈群传播，充当了联结桥梁的作用。

同时，除了以自我为中心构成可视的圈子外，通过"摇一摇""附近的人"等功能，还有新的元素得以加入桥式传播渠道中，在旧的熟悉态度和新的多元观点讨论和对冲过程中，用户可以重新认知和思考自己的观点和态度，从而形成多元的观点和舆论。每个普通用户因圈子大小的差异、圈子构成人员结构的差异不同等因素，都会受到不同的选择和影响，通过不断辩证、思考和选择的过程，对无效的信息过滤和清除，提升有效信息的传播效果。

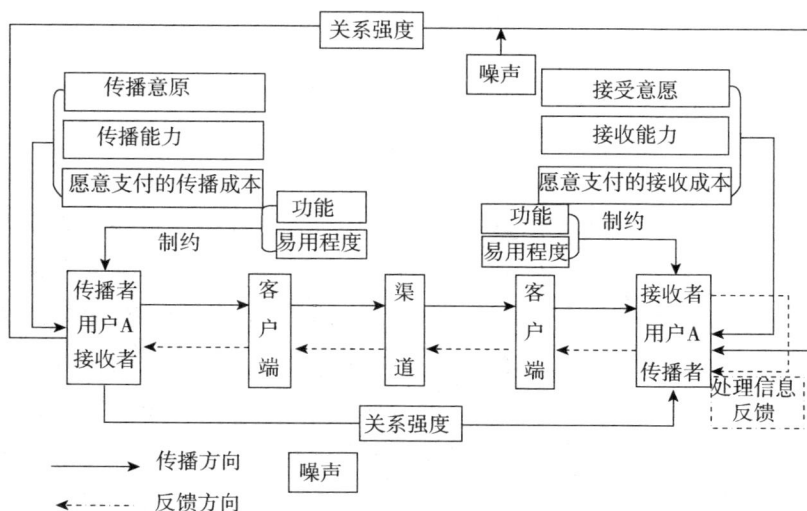

图 3-5　微信朋友圈单个舆论热点事件传播模式

3. 田字传播结构

在桥式传播过程中，每个节点都充当了不同朋友圈交汇传播的桥梁，桥梁的联结不是简单将不同朋友圈联通起来，而是多个不同圈层的交汇融合，就如同无数个大圈小圈组合在一起的田字传播结构。在田字结构中，任何一个个体用户的新增或失去都会形成新的圈层结构，每个微信独立用户都被包含在不同的圈子中，成为自组织结构中的一个环节，个体用户节点拥有独立的话语权，看似可以自由表达观点和态度，但会受到每一个圈群中议程的潜在影响，涌现出复杂的舆论声音，如同田字结构的组合。

田字结构的传播模式能够实现微信舆论环境公开性和私密性的有机结合，让每个相对独立的圈群场域不仅仅构成了圈群式的群体传播环境，还让本来相互独立的传播空间联通成为能够形成舆论影响力的大众传播平台，对网络舆论热点事件的发酵、生成、传播和扩散起着重要作用。田字传播结构的整体系统是由圈群式的传播单元、桥式的传播渠道共同组合而成，协同构成了具有特定运行规则和秩序的自组织形态微信传播机制。田字形的传播机制是以个人为重点向外延伸的社会关系网络，这样的社交结构网络没有中轴线和中心点，也没有固定的传播路径方向，是多元运转、能够自我协调生长的传播系统。普通用户以现实生活中的社交关系网络为基础，通过邀请或删除朋友的操作建立了相应的网络社交空间，由每个个体用户为中心又相应建立了个体的圈群传播系统，并通过互相交叉融合的社交网络关系延伸扩散了朋友圈的传播空间，实现了舆论的自由衍生和自组织运行。

在借鉴已有的微信朋友圈和即时聊天传播模式基础上，本文挖掘的微信朋友圈和即时聊天舆论热点传播扩散模式如图 3-6 所示：

微信朋友圈的舆论热点传播以一个个圈群为基本单元，信息舆论从一个圈群流向另一个圈群，实现跨圈群传播交流。不同圈群的信息传播交流是系统与系统之间的结构性连接，兼具系统的封闭性和不同系统信息交换的开放性。通过桥式传播渠道，微信平台以一个圈群为节点同时向多个系统网络延伸扩散，让朋友圈之间既互相独立又彼此联系，桥式连接成为系统与系统之间的结构性连接节点，这些节点既是信息的流通端口也是屏蔽端口，无限个桥式节点和圈式单元共同构成了田字传播结构。由独立子系统构成的兼具封闭性和开放性的微信传播机制。

（二）议程设置推动微信公众账号舆论热点传播"微循环"

微信公众账号较强的议程设置功能效果，促进了微信公众账号的舆论热点

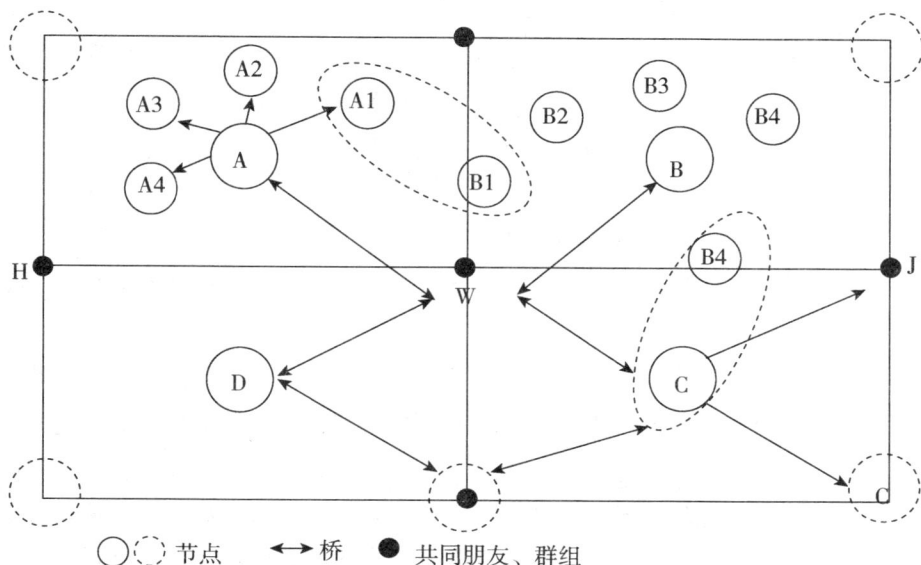

○ ·○ 节点　　←→ 桥　　● 共同朋友、群组

图3-6　微信朋友圈舆论热点传播扩散模式

传播，形成了特有的传播模式和机制。具体表现为精准推送提升议程的到达率、社交网络促进议程传播扩散、舆论的反馈促进议程调整改善，三个环节的协同运行共同构成了微信公众账号"微循环"的基本传播模式。

1. 精准推送提升议程的到达率

微信公众账号的信息推送模式开端于用户主动订阅。用户关注微信公众账号后，开始定期或不定期接收推送信息，类似于报刊的订阅方式。在最初的传播过程中，这种传播模式基本是一对一的直线传播，用户可以自行决定是否订阅或保持订阅关系。尽管直线传播不具备大众传播的传播覆盖面和传播速度，但点对点的传播路径所受到的传播干扰小、杂音少，能够精准化、深入化传播，提升了受众的忠诚度和持久度，有利于议程即时被用户接收阅读。同时，微信公众账号主体能够借助后台功能和数据分析等技术，对目标群体多元分类推送，有效满足不同用户的信息内容需求，提升信息传播的到达率。

2. 自组织网络促进议程迅速传播扩散

从传播渠道来看，个人用户在接收到微信公众账号推送的信息后，可自主选择对信息进行收藏、发送给朋友或微信群以及分享到朋友圈，由于以上几种传播路径是建立在人际传播和大众传播模式之上的强关系传播，不同路径的分头扩散构建起一张紧密联系的自组织关系网络，使得相关新闻信息扩散性更强，传播路径更短，舆论渗透性更高。同时，基于点对点传播和圈群传播结合的传播模式，有效扩展了传播的时间和空间维度。"强关系"结合"弱关系"的用户参与模式，让用户易受较为亲密的熟人关系影响，产生天然的认同感和亲近感，形成的强大"说服场"，让舆论热点的表达更加充分，可接受程度更高。

3. 舆论的反馈促进议程调整改善

尽管微信公众账号信息推送模式是类似于传统纸质媒体的一对多推送，但微信公众账号的议程设置在及时反馈、受众交流互动、吸纳受众观点等方面有了进一步改善。舆论热点事件主体可以通过受众反馈及时掌握社情民意和热点传播效果，并有针对性地调整传播策略和传播内容，以期得到舆论的认同和支持。如北京 APEC 会议期间走红的"APEC 蓝"一词，通过官方语境扭转了负面舆论对主流意识形态的解构。从具体形式上，大部分微信公众账号都可以通过语音或文字聊天和用户点对点交流，提供往期内容，有针对性地进行智能回复或人工回复，并结合反馈对平台内容、形式等进行相应调整，这种以用户体验为导向的传播模式，改善了单项传播过程中缺乏互动和网络媒体传播中互动质量不高的缺点。

综上所述，微信公众账号议程设置、话题传播和信息反馈规律共同构建了微信公众账号的传播模式。该模式由多元化的传播主体、平级化的传播对象、融合化的传播媒介、创新化的传播内容和裂变化的传播效果构成，通过点对点的精准推送，社交强关系的裂变传播，最终得到大范围的传播扩散。而不被用户关注的信息内容，则淹没在庞大的微信信息海洋中，一经推送即沉没。微信公众账号的信息传播模式，既具有大众传播的效率和效果，也兼具人际传播的参与互动和反馈优势，借助微信平台的多个互相独立又关联的环节和节点，形成了庞大的、具有高度黏性的信息网络，表现出高效的自组织性和协同性，呈现出"微循环"传播模式的特点。如图 3-7 所示。

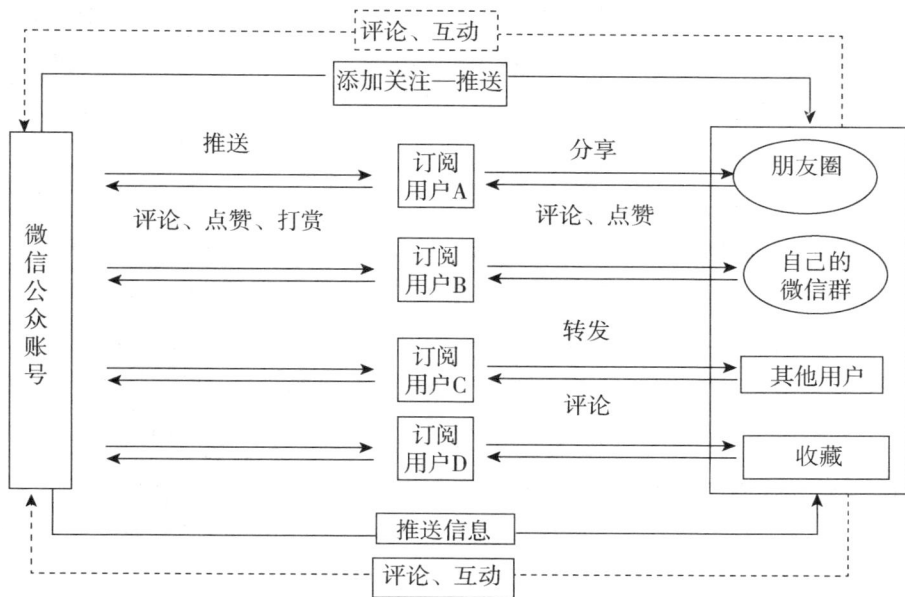

图 3 - 7 微信公众账号舆论热点传播模式图

三、微信舆论热点传播机制对舆论场的影响作用

微信有较为丰富的传播模式和多元化的传播途径，特定传播模式在传播渠道、传播对象、传播效果上有其特性，对舆论热点的传播造成了深刻影响。

（一）把关过滤

在微信复杂的传播环境中，有海量信息竞争着用户的注意力，用户需要在多元的信息和观点态度中选择，在对产品内容进行消费的同时，能够对接收到的信息审核把关，用户本身成为传播机制的传播者、接收者和把关人。在微信舆论热点传播过程中，一种形式是信息接收者直接复制粘贴其他用户的信息并以个人名义传播，这种传播方式隐秘了本来主体，在新一轮的传播中接收者成为新的传播者，而其他传播对象并不知道原本传播主体的身份，因此会更加关注内容本身；另一种传播方式是直接转发微信公众账号的内容，这种传播方式对微信公众账号的内容价值要求更高，对主体身份并不是特别关注。这种对内容价值的重点评估和对传播主体身份不断淡化的趋势，让每一次舆论热点传播都距离传播主体更远，更加突显本体价值，很大程度上解构了网络意见领袖在公共舆论空间的强大影响力。同时，对信息价值不断强化的传播过程也是各个传播主体和传播受体对舆论再选择再判断的过程，用户每对特定信息进行一次分享转发，即是对内容文本的审核认可和把关，也是对价值的认可和升级过程。因此，能够在微信形成整体环境效应的舆论热点事件，代表内容得到全体用户关注并对微信舆论参与者形成较大影响，传播范围和信息价值是成正比的。

（二）信息淹没

微信的应用终端为移动智能手机，小屏传播的特点决定了实时信息容易被多人传播交流的内容所覆盖，造成了信息的流失和淹没。比如在微信群组聊天中，个体用户在短时间内经常会被几十条或者上百条信息淹没，一个时段没有刷新朋友圈，朋友圈的更新内容就需要花费一定精力回溯。除非是特别有价值的信息，否则用户也不会对错过的信息一一读取，造成了信息的错失。还有一些无价值的广告信息等的刷屏发布淹没了原本用户想要关注的社交信息，对正常的社交网络和信息传播行为造成了用户注意力的偏离和朋友圈信息内容价值的损耗。

（三）谣言滋生

在强关系传播的社交网络中，由于微信对其他社交媒体的隔离，形成了一个私密平台。一方面，在非朋友关系的情况下，外界难以介入空间内部，天然造成了对舆论信息发现和管理的阻隔。在相对私密的空间内，信息的自由传播和观点的随意表达为谣言的出现创造了条件。特别是在热点和突发事件发生后，如果信息发布环节较为滞后，谣言就会在微信中大量滋生。另一方面，用户对微信的信任度和认可度是超过其他社交媒体的，接收者对信息的真伪和质量有着天然的信任感，而辟谣信息只能通过微信公众账号和小程序等插件传播，如用户未对相关传播主体主动关注，则无法及时接收到辟谣信息，这也为谣言的传播争取了时间条件，减弱了真实信息的传播效果。

（四）点赞盛行

社交媒体中的点赞行为，迎合现实社会中熟人社交的基本规则，几乎不需要耗费传播主体的精力成本，既表达了其他用户对传播主体的关注，也传递了认可支持的态度。微信为普通用户提供了表达自我、宣泄心情的私密平台，特别是朋友圈中的点赞评论功能大大激发了用户的活跃度，形成了一种"围观中国"的社会心态。相比于主动发布状态，更多用户倾向于默默围观圈内其他用户，比起直接表达自己的态度和观点，更为便捷的点赞功能极大地满足了用户的社交心理需求，在点赞氛围提供的安全传播环境中，围观式的传播互动行为迎合了移动社交媒体时代传播需求，点赞成为朋友圈中最为频繁的传播行为。

微信的舆论热点传播机制主要包括微信朋友圈和微信公众账号舆论生态系统

两部分，共同构成了微信舆论热点传播的特有规律和属性。在微信朋友圈舆论热点传播机制研究中引入自组织理论，发现其系统运行的开放性、规则性、流动性、非线性，以及自组织传播的演化动力，从而从更加系统化、过程化的视角深入认识微信朋友圈舆论热点传播规律。微信公众账号的舆论热点传播机制与议程设置理论互动影响，通过多层级的精准传播、媒介与用户的深度融合、群体极化现象等，让议程设置效果进一步深化，成为搭建"两个舆论场"有效联通、正能量生成的便捷平台，推动实现了公众议程设置影响媒介议程设置，媒介议程设置影响政策议程设置的反向效果。通过微信传播主体多元化、传播对象平级化和自组织化、传播媒介融合化和平台化、传播效果不平衡性和裂变化等要素特征，议程设置推动微信公众账号舆论热点传播"微循环"，自组织结构构建微信朋友圈舆论热点传播多层级结构，共同构建了高效的自组织性和协同性系统传播网络，呈现出"微循环"传播模式的特点，产生了过滤把关、信息淹没、谣言滋生、点赞盛行等特有的传播现象，舆论场生态和传播关系得以重塑。

第四章

场景力空间的移动短视频舆论热点传播机制研究

　　移动互联网技术的飞速发展、网络宽带技术的不断跨越、碎片化的媒介使用习惯、新媒体高度的互动性等优势叠加，让短视频行业在近年来成为新的风口。在平台、内容、技术和资金的共同作用下，移动短视频突破了移动互联网用户规模整体增长饱和的趋势，迅速吸引了大量注册用户，并吸纳政务主体、明星网红等"吸粉"群体入驻，抢占舆论阵地，以抖音为代表的现象级平台成为当前最具有发展活力的移动社交媒体，以及多个网络舆论热点事件的发源地。移动短视频凭借时效性、可信性、直观性成为突发性新闻事件报道的最优途径，在重大会议和重要活动中，"短视频＋新闻资讯"的实践获得了良好效果。无论是面向草根群体的快手还是引领潮流的抖音，都大大提升了普通大众成为网络红人、引领舆论导向的可能性，开创了场景化的移动传播时代。

　　移动短视频的出现，为信息传播、舆论热点生成格局和机制带来了前所未有的改变，移动短视频作为传播介质，其特殊之处在于既是平台也是窗口，是一个综合复杂的多功能集合体，是信息内容的输出展示窗口，也是其传播承载渠道。本章以研究移动短视频和其舆论热点传播机制为重点，并以抖音短视频为例分析舆论传播的场景力对城市形象构建的优化实践，探究移动短视频对舆论热点传播和整个舆论场格局的影响。

第一节　移动短视频发展概况和格局

　　短视频发展至今，已形成相对稳定的传播形态和发展模式，由于短视频是新生事物且还在持续发展创新中，学者、研究机构和业界对移动短视频有多种定义和概括，主要根据视频时长、传播渠道和传播特点等要素进行界定。根据艾媒（第三方研究机构）观点，短视频是长度不超过 20 分钟，通过移动智能终端实现播放、拍摄、编辑，在社交媒体平台上进行实时分享和互动的新型视频形式，包含纪录短片、微电影、视频剪辑等①。目前对短视频尚无权威定义，引用较为广泛的概念认为，移动短视频是基于移动智能终端，允许用户利用智能手机或平板电脑这些移动终端设备来拍摄时长极短（一般为 8 至 30 秒）的视频②。综上所述，结合本研究的主要目的，认为移动短视频是指依托于移动社交媒体平台，用户能够进行即时拍摄、传播、浏览和互动，信息内容以秒计时的视频产品，兼具媒体功能和工具功能。

移动互联网技术的发展和移动终端的普及为受众随时随地获取短视频提供了必要条件，短视频深度融合了多媒体的传播形式，能够更加丰富、直观地为用户提供信息传播和互动社交的场景式空间，"刷抖音""上快手"已经成为移动互联网用户特别是年轻人群体不可或缺的社交活动和娱乐方式。从传播内容来看，当前移动短视频主要分为获取新闻资讯的信息类短视频、满足社交娱乐的互动类短视频和工具应用类短视频。从传播主体来看，用户自制短视频是传播的主要形式，其最大的特点就是内容生产的 UGC 模式，碎片化的内容易生成、获取和传播扩散，移动终端互相点赞分享和实时评论反馈的社交场景突破了时空限制，传播效果得以极大强化。从传播受众来看，受众的移动化、场景化需求得到满足，社交黏性的增强促进注册用户向非注册用户裂变式推荐，用户数量呈几何级增长趋势。从传播渠道来看，包括独立的移动短视频手机客户端如快手、抖音等，以及由移动社交媒体平台开发的短视频功能，如微博的秒拍、微信的小视频等。

一、移动短视频发展概况

经历了不同阶段的不断探索和成长，目前，我国移动短视频发展可以大致分为三个阶段：2013—2015 年的蓄势发展期，以秒拍、小咖秀和美拍为起点，移动短视频平台逐渐进入公众视野，短视频这一传播形态开始被用户接受；2015—2017 年的探索发展期，各类移动端短视频产品纷纷出现，各大互联网巨

---

① 艾媒网 . 2017 上半年中国短视频市场研究报告［EB/OL］. http：//www. iimedia. cn/ 56105. html，2017 - 9 - 12/2017 - 10 - 05.

② 雷攀 . 社交网络进入短视频时代 . 西部广播电视，2014（16）：4 - 5.

头围绕移动短视频领域展开争夺，电视、报纸等传统媒体也加入这场大潮；2017 年至今的全面爆发期，目前移动短视频用户规模达 5.94 亿，占整体网民规模的 74.1%。

（一）蓄势发展期

移动短视频初始于网络视频平台的发展，不论是从技术、渠道还是受众培养上，都与网络视频平台有着紧密关系。网络短视频脱胎于视频自媒体，从最初的视频自媒体账号到专业化的内容生产再到个人用户也可以低门槛参与创作，移动短视频借助网络视频平台的移动化发展和社交网络的传播构建，逐步从一个个单薄的账号形式发展形成拥有独立平台的传播媒介。首先，随着优酷、土豆等专业类视频分享网站的出现，视频类自媒体成为视频网站上最为活跃的因素，类似于拍客、播客等内容自主生成模式，用户能够使用视频拍摄设备，将个人制作或本地的内容产品上传到视频网站传播分享互动，这种 User Generated Content（UGC）的模式，在 Web2.0 时代体现了传播理念的先进性和自主性，为网络传播带来新的变革，打破了传统媒体对屏幕的垄断。在蓄势发展期，视频自媒体的内容质量较低，使用关注人群较少，发展动力不足。随后，优酷、腾讯视频等视频网站的成熟发展为视频自媒体带来更多的发展机遇，社会资本进入 UGC 生产模式，既维护了自媒体视频生产的灵活度和自主性，又提升了内容的质量和价值，Professional Generated Content（PGC）模式实现了视频自媒体的转型升级，较为成熟的视频网站采用制订用户培养扶持计划、大力培育原创作者和草根用户、引入专业化内容生产组织和团队等措施，创造丰富的资源和机会，推动 UGC 与 PGC 融合发展，也为视频网站带来了流量变现和广告收入。

（二）探索发展期

UGC 和 PGC 模式的推动促进视频网站进入成熟发展期，视频自媒体逐步探索适合自身传播特性的运行模式，移动社交媒体与短视频的传播规律高度契合，为移动短视频脱离视频网站独立成型提供了最为便利的平台和入口。这一时期的移动短视频，拥有了独立于视频网络的传播自主权，通过与社交媒体及视频网站的协同化合作，具备了内容自主生产、独立传播信息、单独舆论空间的基础条件，行业资本将移动短视频视为微信之后的又一次洗牌机会，纷纷推出移动短视频应用争夺市场，以期占领首批稳定用户，探索成为像微信一样的流量入口和领域独角兽应用。

移动短视频的探索发展期也是互联网管理部门开展监督管理的探索发展期。

在互联网公司和各类媒体进入移动短视频市场争夺用户的过程中，管理主体的滞后和管理技术手段的不足，加之移动短视频应用质量参差不齐，发展速度远远超过管理速度和用户适应速度，为了吸引用户形成影响，往往疏于落实平台主体责任，价值观偏离、内容低俗、博取眼球的信息产品对用户特别是青少年群体造成了较大负面影响。如"未成年人妈妈""农妇组团约炮"等低俗信息，针对短视频的《残酷底层物语，一个视频软件的中国农村》引发强烈反响。移动短视频还通过算法推荐技术对关注者感兴趣的内容不断强化，无形中造成了现实空间和认知的扭曲。互联网管理部门逐步探索规范治理，先后约谈了快手、抖音、西瓜视频、火山小视频等15家短视频平台，出台《互联网视听节目服务管理规定》《移动互联网应用程序信息服务管理规定》《关于加强网络直播服务管理工作的通知》等法规制度，采取暂时下架、停止内容更新、永久关停等方式加强规范管理。而随着短视频技术和市场的不断创新发展，必将为管理工作带来持续的困难和挑战。

（三）全面爆发期

2017年以来，不论是在平台发展、用户规模、内容质量还是资源力量等方面，移动短视频都进入了全面爆发期。根据 Quest Mobile 调查，截至2017年年底，移动短视频应用用户规模翻倍，实现了中国移动互联网用户全年增长率逐月递减趋势的逆增长。短视频使用比率超过长视频，占据总视频播放量的60%。首先是平台数量的爆发，2017年互联网公司纷纷推出移动短视频产品，除了快手、美拍等较早进入移动短视频领域占有一定市场份额的应用外，今日头条推出抖音、火山小视频等针对不同定位和不同群体的产品，腾讯旗下的微视、字节跳动旗下的西瓜视频、360旗下的快视频、百度旗下的好看视频，自主创业推出的梨视频、逗拍、开拍等多种多样的移动短视频产品，积极抢占市场，培育用户黏性。其次是用户规模的迅速扩大。抖音在短短不到一年的时间内，用户数量突破10亿，甚至形成了全民刷抖音的局面。围绕抖音的内容产品，还出现了抖音音乐、抖音网红店铺、抖音城市、抖音美食等传播延伸现象。最后是短视频行业的爆发。除了独立的移动短视频发展势头迅猛外，其他"两微一端"（微博、微信、移动客户端）也都嵌入移动短视频程序功能，以短视频的形式增加用户黏性、提升应用流量，短视频的传播形式大大泛化，短视频传播时代真正到来。

二、当前移动短视频发展格局

（一）移动短视频发展趋势

随着移动短视频本身的发展成熟和市场竞争格局的逐步清晰平稳，移动短视频发展呈现出三个基本趋势。一是移动短视频产品呈梯次发展队列，金字塔顶端产品占据市场绝大份额。抖音、快手等活跃用户超过 1 亿的移动短视频位于行业金字塔顶端，形成几家独大的发展局面。火山小视频、西瓜短视频等月活跃用户超过千万的用户规模发展形势持续看好，美拍、秒拍、土豆保持相对稳定的市场规模，从用户规模和市场占有率来看，移动短视频形成梯次发展格局，队列排序逐渐清晰。

二是移动短视频定位越来越精细化，垂直类领域发展后劲更大。为了在激烈的市场竞争中脱颖而出，短视频平台逐渐细分，针对不同功能属性拓展市场，主要包括 UGC + 传播型，重点针对日常生活的传播和分享，如抖音短视频、西瓜小视频；PGC + 传播型，通过专业化、深度化的内容吸引受众，如梨视频、腾讯微视；UGC + 社交型，重点强化应用的社交互动功能，如快手、秒拍等。移动短视频的不同功能定位也导致了不同的运行模式，新闻资讯类短视频通过向主流社交媒体提供播放资源的形式，导入自身信息内容，实现对主流社交媒体用户的被动关注和流量引入，如腾讯微视、梨视频与腾讯微信链接；主打社交互动功能的移动短视频，则重点培养用户使用习惯和黏度，抖音甚至创造了抖音上瘾的社会心态；电商类短视频如美拍创新开发"边看边买"模式，用户可以便捷地在美拍平台上浏览商品动态化信息并支付。

三是内容供给分化明显，多数内容沉入底部。在移动短视频成为新的流量风口时，大量视频自媒体用户拥入移动短视频领域，出现了一大批短视频行业的网络红人，以及想以 UGC 模式吸引关注成为网络红人的普通用户。在海量的视频内容信息中，基于算法推荐和播放量统计的显示方法，优先推荐最受关注的短视频内容和粉丝量最大的短视频自媒体传播主体，而海量的普通信息沉入信息池底，无法通过普通检索和随意浏览的方式被用户获取。据数据统计，最受关注的短视频内容占据了总播放量的 60%，而海量沉底的短视频播放量低于50%。可见，处于流量顶端的短视频内容占据了受众的主要注意力，少数短视频自媒体发展成为行业的内容潮流引领者，如风靡一时的"Papi 酱""办公室小野"等，头部效应明显，随着短视频内容的垂直细分，这些短视频网红鼻祖发展后劲疲软。在当前移动短视频更加垂直化、细分化的阶段，不同领域的短视频网络红人往往一家独大，影响力远远超过其他传播参与者，在各自领域和细分群体中发挥舆论影响作用。特别是新闻资讯类平台与移动短视频的借势融合，实现了新闻现场的实时播报，迎合了受众越来越高的时效要求，契合碎片化获取资讯的生活方式，大大拓展了媒体演进和舆论传播空间。

四是移动短视频与网络直播融合发展，满足用户多元化需求。在移动短视频全面爆发前，网络直播一度是互联网媒介产品的最新方向，甚至创造了网络直播主播这一行业，成功推出了观看、打赏的互动模式。而内容监管的趋严和流量损耗等因素，网络直播的市场优势逐渐被移动短视频占据，网络直播平台纷纷添加短视频功能，短视频平台也添加直播功能拓展用户，直播和短视频界限趋于模糊，构建两者融合的传播互动平台。斗鱼、花椒、陌陌等网络直播平台都开通了短视频功能，对短视频自媒体予以资金支持，开通打赏功能，激励UGC 和 PGC 内容创新，短视频功能的推出极大地拉动了网络直播平台的观看量、用户量和互动量，为网络直播平台持续发展注入了新动力。一些传统直播平台向移动短视频转型升级，如由火山直播转型的火山小视频，直播业务反而成为短视频的附加功能，美拍、快手等移动短视频平台也开发了直播功能。移动短视频和网络直播的矩阵传播模式，丰富了移动短视频的舆论热点传播路径，进一步扩大了平台的传播力和影响力，一些知名网络主播和自媒体账号利用平台资金变现，将线上影响力向线下延伸，如知名主播"大凉山公益造假"事件，对公益项目造成了不良影响。

（二）移动短视频发展存在的问题

经历了全面爆发期，移动短视频当前仍然存在着发展瓶颈。第一，信息内容同质化现象严重，且多以猎奇、审丑、恶搞为主题，缺乏优质内容，导致发展后劲不足。I Media Research（艾媒咨询）针对短视频内容喜好的调查显示，搞笑幽默类短视频是受访者最喜欢看的类型，占比为 61.4%；居第二位和第三位的是生活技能类和新闻现场类，占比分别为 44.7% 和 32.5%；娱乐明星类和时尚美妆类分别以 31.5% 和 30.2% 列第四、第五位，54.8% 的受访者表示最为关注移动短视频的内容质量①。短视频内容同质化造成理性表达的缺失，一大部

---

① 艾媒网 . 2017 上半年中国短视频市场研究报告 ［EB/OL］. http：//www. iimedia. cn/
56105. html，2017 - 9 - 12/2017 - 10 - 05.

分平台将段子、恶搞、无厘头等作为内容生产主要方向，缺乏有价值、有深度的主题，个性化的推荐算法也容易造成用户沉迷和信息茧房，青少年盲目跟风效仿短视频内容造成的"抖音伤"，成年用户沉迷短视频低俗内容的报道也频频发生。部分短视频平台以算法中立和机器推荐作为推脱审核和把关责任的理由，忽视了对算法推荐和分发机制的管理。

第二，移动短视频侵权违规问题突出。在流量和变现诱惑下，个别短视频平台的主播为了博眼球，制作发布部分违法违规信息，而短视频平台一度对劣质内容采取默许和纵容的态度，导致部分低俗、虚假的视频内容层出不穷，影响网络生态。同时，短视频领域存在普遍侵权现象，如多掐头去尾对影视经典进行二次创作，形成一个"新"的短视频，未经许可随意下载或转发。同一个平台影响力小的原创者精品短视频，可能被较大影响力的大号"搬运"来提高人气。针对当前短视频领域存在的问题，国家网信办、文化部、国家新闻出版广电总局等相继发布互联网直播、短视频等服务管理规定，不断收紧对视频内容平台的监管，网络视频直播和"网红"的野蛮生长才有所改善。比如，"剑网2018"专项行动将短视频版权专项整治作为专项行动的重点任务，着力强化对短视频企业的版权监管。针对重点短视频平台企业在专项整治中的问题，约谈了抖音短视频、快手、火山小视频、美拍等15家重点短视频平台企业。

第三，移动短视频尚未形成一套成熟的社交互动模式，无法与微博、微信的影响力相比，在用户黏性和活跃度方面增长乏力，由于产品定位的局限性，用户结构较为下沉，缺乏对意见领袖和社会普通大众的广泛影响力。未来，优质内容的生成应该是短视频发展的重点方向，内容的专业化、垂直化、细分化是维持用户黏性的有效手段。结合大数据技术，精准化的推送和定制化的服务将对越来越细分的群体产生积极影响。

第二节　移动短视频舆论热点传播特性

在当前移动社交媒体格局中，移动短视频发展势头最猛，内容形式最为多元，有效满足了场景化、碎片化、社交化的传播互动需求，呈现出独特的舆论传播优势。

一、场景体验的代入感

根据美国社会学家戈夫曼提出的拟剧理论，生活中的互动社交就像一场话剧，社会场景是剧目的表演舞台，互动社交是参与者的角色表演创造，目的在于通过表演对他人施加影响，并得到他人对自身角色的关注和认可。在舆论传播活动中，可以理解为为了塑造和维护个人形象，用户通过各种媒介来传递关于自身的角色信息，构建理想化的个人形象，并持续不断地传播和更新信息来防止"人设崩塌"风险。拟剧理论在移动短视频的发展中得以深入地应用和阐释。移动短视频所构建的虚拟场景空间，为角色表演提供了自由发挥的最佳舞台，灵活随意的传播形式具有比以文字和图片传播的社交媒介更加生动形象的发挥空间，以移动短视频平台为界限，将用户生活清晰地划分为前台表演区和后台准备区，前台表演区如移动短视频平台的播放区、推荐区、关注区和消息区等，用户可以在不同的区域进行场景角色的不同表演，满足个体对于角色表演的多元化需求。经过后台准备期，借助智能终端和移动互联网技术的连接实现了前台与后台的高效联通。一定意义上，移动短视频舆论热点传播特性让表演前台逐步渗透到生活后台，很多用户为了拍摄具有吸引力的短视频，对后台生活场景进行了适应性调整和改变，前台与后台的场景界限越来越模糊，随时随意的表演场景占据了越来越多的生活空间，如对吃饭、娱乐等日常活动拍摄制作短视频传播，甚至出现为了拍摄短视频而到网红店铺打卡体验、购买网红食品等现象，短视频不再仅仅是日常场景的反映，而与日常生活深度融合，演化为对日常场景发生作用的重要因素。

由于传播时间的限制，以及随手刷屏切换内容的观看形式，短视频往往需要在最短时间内呈现最佳观看效果，才能吸引受众持续关注。决定受众是否会继续浏览的时间往往只有几秒钟，在微型化的呈现空间里，需要塑造特定场景带来的真实代入感和体验感，让受众产生共情心理。除传播内容以外，场景化的空间本身也是信息的一种，具有象征性意义，能够代表传播者与受众之间的交互体验，用户在不知不觉刷屏短视频时，与其说选择的是短视频的内容价值，实际第一时间获取的是短视频的场景信息，以及场景变化带来的深度浸入式体验和心理认同。美国社会学家威廉·伊萨克·托马斯提出的"情境定义"认为，象征互动的关键因素是若将某些情境定义为真实的，就会产生真实的效果。在移动短视频中，场景的创造不仅仅是信息内容的背景环境，场景往往就是信息本身，通过与内容的互相融合增加丰富感和充实感，强化场景代入感。比如，形成刷屏之势的"习近平参观雪龙号时扶彭丽媛进舱门"的短视频，在短短几秒钟内展示了国家领导人亲和温馨的生活场景，极具代入感和共鸣感，取得了传统宣传手段无法达到的效果。再如，最受欢迎的美食类型和旅游类型内容，以独特场景体验为噱头，赋予普通受众不曾体会过的仿真生活经验，而在传统媒介中其内容本身并无多大的吸引力。借助抖音宣传的城市如西安、成都、重庆等，其旅游价值在过去一直存在，而通过抖音短视频的场景化、代入化宣传，成为网红城市后引发了假日旅游的火爆现象。

梅罗维茨在《消失的地域——电子媒介对社会行为的影响》中提出，电子媒介促成了知识层面、生活风尚层面、公私情境层面三个层面的情境合并。从场景体验来看，移动短视频体现了用户对生活的个体认知、模糊了公私场景的明显界限，紧密联系了时间体验与空间场景。移动短视频的代入感既是即时的也是延时的，一方面，大大简化了视频内容的制作播发流程，降低了用户使用门槛，在空间可移动化的基础上基本突破了时间限制，实现了边录边播、边看边评的传播模式，场景体验的即时性大大增强了短视频内容的真实感和鲜活感，最新鲜的图像内容能够让用户获得身临其境的浸入式体验；另一方面，短视频的分享、收藏等功能设置，以及与手机相册打通的功能大大延伸了视频内容的生命力，用户可以对喜欢的内容一键保存，并再次上传分享到其他平台中，分享保存的便捷提升了短视频传播时效的延时性，受到关注的短视频内容不再是一闪而过的图景，而可以根据用户的需要随时提取，无限次传播扩散，这让场景的传播活动更具现实意味的代入感。移动短视频为用户营造了一个逼真的拟态环境，并对社会生活产生深远影响，发展成为社会生活不可或缺的一部分。

二、移动化的立体社交

与传统的视频节目相比，移动短视频的社交模式是移动化的、立体化的。传统的视频节目和网络直播有着更加严格的内容审核管理机制，而移动短视频的审核把关更加灵活，内容作品几乎可以实现随时随地创作、上传、传播、分享、互动、反馈的全流程。移动短视频的互动反馈是常态化、即时化的，用户不需要通过接收信息内容后经过酝酿再互动反馈，而是在接收信息过程中就可以点赞、打赏、评论、互动。可以说，社交互动并不是移动短视频的一个功能，就是移动短视频本身。

明显区别于微博、微信的舆论热点传播方式，移动短视频的个体化和社交化特性开启了"身体传播"模式，在很多社交类短视频中，传播主体以"身体"为创作对象，制作了舞蹈、运动、武术、搞笑等多种多样的内容形式，引发大众纷纷模仿，如风靡网络的手指舞、海草舞等。一方面，不同于微博舆论场中因意见领袖的巨大影响力造成的群体极化现象，移动短视频传播话语权相对分散自主，即使出现了网红等用户也是依靠关注和打赏，会更加注重迎合普通用户的喜好和需求；另一方面，不同于微信中因交流双方身份的实名认证基本与现实身份密切关联，移动短视频的用户基本都是虚拟身份，即使可以了解用户的详细信息、个人生活图景等，也与现实社会关系距离较远，几乎不会产生"沉默的螺旋"现象。传受双方的平等社交地位决定了移动短视频舆论场的分散式结构，移动短视频并不存在持久的传播主体和受众，个体身份在不同的短视频中来回切换，扮演了不同的浸入式角色，多元化需求得以最大限度地重视和满足。

从传播形式来看，移动短视频不仅是内容传播的载体，也是个体与媒介深度交融的媒介。在"无社交、不传播"的需求影响下，比起传统网络视频平台，移动短视频大大强化了社交互动功能，基于大数据算法的推荐方式迎合潜在兴趣喜好，对短视频内容个性化、定制化推荐；与微博等网络中心舆论场相连接，提升内容的分享率，引流大规模用户到短视频平台；添加关注、站内消息、评论回复等功能，能够让用户互相建立关系，浏览发布短视频主体的主页信息，了解详细信息、观看其全部短视频。这种密集高质量社交互动对移动短视频的数据量产生重要影响，反之，数据量的增加也促进进一步深入社交合作。移动短视频的设计初衷就是建立在用户社交网络之上，目的主要是陌生交友，通过建立相关话题分类吸引共同兴趣的用户形成圈群，同时推出同城功能，方便同一城市的用户线下交流互动，促进较为亲密稳定的社群关系。从时间角度出发，用户即时互动，迅速掌握传播效果和反馈，并依据反馈内容对发布的信息调整和再编辑，有效建立了传受双方之间的心理认同和平等交流方式；从空间角度出发，直观性的场景体验激发了传播主体与传播受众之间、传播受众与传播受众之间对共同空间环境和生活经历的共鸣，拉近了双方的心理距离，连接起传受双方对现实生活各个方面的认知感。特别是年轻人群体中，出现了热衷录制短视频并博取关注、分享交友、线下聚集的现象，在各自延伸社交圈群中传播扩散，与强关系和弱关系的不同群体交互作用。

可以说，观看分享移动短视频已经不仅仅是一种传播活动，而演化成为媒介生活社交方式，通过由智能手机创造的移动化空间场景，从由媒介到人的间接关系演化为从人对人的对话关系，对日常社交生活渗透和影响，与用户个体相互作用，将分散在日常生活中的各个场景聚合成为一个交互性、场景化的社交网络，从而构建新的社会交往模式，规模庞大、活跃度高，用户关系实时动态发展。这种依靠用户与用户之间产生关系的传播特点，使得用户黏性更强，互动质量更高，但这种主要依靠用户而非内容的传播方式也可能出现因更优质的社交平台的竞争而导致用户短时间内严重流失的非正常现象，需要通过增加用户迁移难度、持续保持现有用户忠诚度等方式保证用户规模的稳定性。

三、碎片化的传播空间

相对于碎片化的阅读需要耗费受众一定的注意力，移动短视频的碎片化传播门槛更低，只要随手一刷，就可以利用碎片时间感受相关场景环境。移动短视频的碎片化、随意性、即时性是吸引用户的最大优势。碎片化传播空间弥补了传统视频节目和网络视频平台需要占据专门时间空间和较大网络流量的不足，用户能够在碎片化时间里随时随地拍摄创作、上传发布、互动社交，大大精简了视频传播的成本和程序，几乎是最为经济适用的视频化社交行为，创造了一种新的适合现代生活方式的视频内容传播接收模式。同时，移动短视频时间以秒计算，需要通过即拍即播的方式，形成相对完整的内容逻辑结构，这也强化了移动短视频的时效性要求。

凭借碎片化的空间传播优势，移动短视频逐步发展成为重大新闻报道中最为即时化、直观化的传播媒介。比如，在全国两会期间，多家传统媒体网络版和网络媒体都推出了短视频板块，不需要传统视频较为复杂的采编制作过程，也不受限于空间时间和技术设备因素，记者可以在会议现场仅仅利用手机发回现场情况，实时发布重要信息，受众"亲临现场"，能以最快速度实现传受方式最有效率的规模化互动模式，大大激发了受众的关注参与热情。

第三节　抖音短视频城市形象传播构建研究

抖音短视频是今日头条于 2016 年 9 月推出的音乐类移动短视频应用产品，

短视频时间不超过 15 秒，用户将音乐与自己录制的短视频搭配上传到抖音传播和互动。从 2017 年开始，抖音火爆网络，日均播放量过亿，凭借传播内容、传播方式、传播机制等因素，迅速在移动短视频领域取得领先优势，成为除微博、微信外，另一类现象级的移动社交媒体。

在移动短视频市场激烈竞争、争夺用户、规范管理的大浪潮中，抖音短视频凭借鲜明的用户定位、先进的内容生成分发模式和市场推广策略，在一众移动短视频中后来居上，快速脱颖而出，应用下载量一度居应用商店之首，月活跃用户超过亿级，成为当下最受年轻人群体欢迎的移动客户端，在舆论传播引导方面发挥着越来越重要的作用。与此同时，严重的内容同质化现象、网络传播秩序的混乱等问题也被大众所诟病。经历了快速发展的成长期，抖音短视频也在发力定位转型，积极与政府和相关部门合作，建设正能量传播平台。

城市宣传推广是抖音正能量传播的典型，抖音的场景化传播和城市形象的空间性特性极度契合，提供了用户主动参与城市宣传推广的新模式，取得了前所未有的传播效果。特别是 2018 年以后，随着"抖音带我看世界"的宣传推广策略，重庆、成都、西安等城市借助抖音短视频成为爆红网络的抖音城市，比如古城下的摔碗酒伴随着《西安人的歌》、重庆洪崖洞的现实版"千与千寻"世界、张家界的玻璃长廊、大理的苍山洱海等，都极具情境的感染力和空间的代入感，迅速吸引了大量没有去过的游客游览"打卡"、去过的游客再度游览体验网红景点，与城市相关的周边产品也得到火爆销售，带来了城市形象全面提升、旅游收入显著增长和抖音点击量大幅增加的双赢局面。本节以抖音短视频的城市形象传播为例，重点研究在场景理论背景下移动短视频的舆论热点传播机制，在城市形象构建和传播方面发挥了什么样的效用。

一、抖音短视频与城市形象传播的深度融合

在传统报刊时代，城市宣传往往依靠图片文字形式，传播效果受到了较大限制，在电视广播时代，尽管城市形象传播形式大大改进，但传播的主导权掌握在官方机构和主流媒体之中，城市形象基本是基于官方构建的刻板印象，并无太多吸引力和影响力，以抖音为代表的移动短视频革新了城市形象构建和传播方式，让普通用户都可以参与到城市形象创造和传播中来，赋予了城市更加生动接地气的内涵价值，挖掘了城市具有互联网特性的多元层次，由于抖音对城市形象强大的推荐传播能力，"抖音城市"这一移动互联网时代诞生的产品，正在移动短视频平台上焕发活力。

（一）形象生动的内容展示

不同于其他媒介形式对城市形象的宣传展示是间接有距离感的，抖音短视频赋予城市场景传播深度浸入式体验，在西安体验到千年古都和美食文化，在重庆体验到魔幻城市和趣味文化，在青海湖体验到天空之镜的自然魅力，用户观看短视频后产生了"世界那么大，我想去走走"的内心冲动，短视频对城市的想象空间得以构建。这样的传播并非大水漫灌的宣传，而是以润物无声的精准滴灌，通过日常生活逐渐渗透进用户心里，起到了潜移默化的传播效果。抖音"记录美好生活瞬间"契合了用户旅游参观的愿景，短视频集中记录展示了城市形象美好的一面，成为记录城市面貌的新名片、了解城市形象的新窗口。

抖音还有针对性地与很多政府机构合作，专题推出城市宣传短视频。比如，抖音与西安市旅游发展委员会合作举办的"世界的西安——中国文化 dou 动全球"活动，通过文化城市助推、定制城市主题挑战、抖音达人深度体验、抖音版城市短片全方位包装和推广西安，吸纳了超过百万条短视频作品，总点赞量超过一亿，借助抖音短视频加持，西安传统风景名胜焕发了传统与现代融合的全新活力，移动短视频中的兵马俑、钟鼓楼、大雁塔等极具内涵价值的风景名胜，随意搭配抖音多元化的音乐元素、新鲜独立的视频特效，赋予西安不同意味的城市形象，将历史与现在、传统与网络结合起来，西安成为名副其实的抖音城市。"西安发布"也借势征集关于西安的创意短视频，激发了网民参与城市形象建设的热情。据数据统计，2018 年五一假期抖音上与西安有关的视频点击播放量超 36 亿次，五一假期西安接待游客高达 1000 万人次，人数同比增长40%，旅游收入同比增长 139%。抖音还推出打卡挑战活动，激发用户到相关城市去旅游打卡，一度造成著名景点的火爆拥堵现象。如在抖音中发起的洪崖洞挑战打卡活动从 3 月开始持续到五一小长假阶段，一段时间内抖音中关于洪崖洞的话题超过上百个，相关短视频平均点赞都超过上万个。线上内容传播促进了线下旅游消费，而线下旅游消费又为移动短视频提供了丰富的素材和内容来源，与城市形象构建形成了良性互动的生态系统。

借此契机，大量入驻抖音的政务账号也纷纷制作上传关于本城市的短视频，挖掘具有地域特色的历史文化、风景名胜、民俗美食等可能火爆网络的短视频素材，进而打造网红城市、网红景点、网红美食等，希望可以通过联动效应达到宣传效果。抖音短视频也以此为思路，发布关于衣、食、住、行的 DOU 项目,在全网征集短视频作品形成矩阵传播效应,展示用户最感兴趣的方方面面,达到了吸引流量、引导流量的目的。未来的城市形象传播,不只存在于具象的实体空间中,将会更多通过虚拟化的场景构建和受众体验存活于社交媒体中,通过社交网络被发现记录和体验消费。

（二）高度契合的受众人群

从城乡用户结构来看,有着城市抖音、乡村快手的说法。抖音的用户群体多集中在城市,不论是从关注内容还是消费水平上,都具有较高层次的需求,因此需要高质量的内容供给维护用户的稳定性。城市的丰富形象内涵为短视频的创作提供了无限多的素材和选择,在内容严重趋同的大环境下,对城市美景、美食、习俗等方面的随手拍,极具鲜活的感染力,能够在海量的短视频内容中吸引眼球、博取关注。

从用户年龄结构来看,根据数据统计,抖音用户85%在24岁以下,90后、80后和00后依次是抖音用户的主要年龄群体。由此可见,抖音是以年轻人为主要用户群体的社交媒体平台,抖音对城市形象的传播,契合了当下年轻人热爱旅游、热衷体验、追求潮流的心理特点和需求,年轻人既是旅游市场的主力军,也是互联网的原住民。一方面,年轻用户更愿意通过录制和传播短视频来吸引关注、展示生活图景、分享体验、社交互动,并以城市旅游打卡的形式结交朋友,开展线下活动。另一方面,在城市形象的短视频评论区中交流分享,询问短视频场景的位置名字等,方便传播主体与受众、受众与受众之间的效果反馈。基于对抖音自媒体用户的认可和信任,用户通过互动评论会不自觉地产生想要到实地去参观游览的愿望,几乎不会对短视频中完全实景化的内容产生质疑。

（三）算法推荐的分发机制

抖音的内容分发着重强调了观看体验,观看时短视频全屏显示,评论交互等板块予以隐藏,并对优质内容进行头部算法推荐。以观看体验为核心的内容分发机制强化了场景感的重要性,短视频必须在第一时间通过场景空间吸引受众眼球,才能实现评论、点赞等其他目的。对场景的强化需求并不需要深刻的内涵,只要通过城市的新奇观感体验就能够产生继续关注的意愿。而关注量、点赞量多的短视频会被优先推荐给更多其他用户,从而形成内容热点。同时,如果用户观看过一个城市形象的短视频后,会被持续推荐更多相关内容,关于城市不同角度、不同类型的传播效果得到不断强化,形成城市传播的集群效应。

快手更加注重社交关系的建立,抖音则是建立在算法推荐的运行规则基础之上。抖音用户基本根据推荐内容而刷视频，很少通过社交关系而关注特定内容。城市的形象传播并不需要用户之间紧密的社交关系，反而是陌生用户更容易通过对某个城市短视频内容的共同关注而产生联系，并在各自的传播圈群中再传播扩散，这样的推荐算法导致抖音中知名用户较少，爆款短视频较多，较弱的社交关系链更加有利于城市形象短视频的大范围传播。

在抖音内容分发传播规则下，用户的点击决定了平台方、城市传播主体和短视频内容传播主体能否借助短视频满足需求、创造价值。因而，城市传播主体和抖音平台方会有计划地支持一些能够创造高质量内容价值的传播主体，通过双方合作的方式获取现实利益。城市旅游收入增加，也可以为抖音平台方带来可观的广告收入和流量收入，而普通用户在传播和观看短视频时也获得了心理的满足感，贡献了注意力和流量。

二、抖音短视频对城市形象构建传播的优化实践

（一）内容消费的拟态环境场景力

当下，已经由读图时代过渡到了读秒时代，短视频对受众的感官刺激大大超过了文字、图片和长视频，受众能够在最短时间内形成大脑兴奋点，无须在浏览过程中再度处理和转化，最简单的传播方式，往往是最具吸引力和生命力的。特别是在时间和空间高度碎片化的场景环境中，短视频的消费模式更为适合，能够无间隙穿插在生活各个场景中，甚至培养了吃饭睡觉刷抖音的使用习惯，将原本有限的使用时间大大拉长，提升了时间空间密度。抖音创建的热门话题#带 ta 去旅行#带动用户出游打卡并添加定位信息，截至2018 年 9 月播放人次超过 70 亿，现实中的城市空间和抖音媒介所塑造的拟态环境相关作用，有效塑造了良好的城市形象和深刻的受众体验。

抖音集合了城市中多种元素的形象符号和图像素材，具象的城市形象演化为抽象的文化符号，通过城市符号的传播引导内容消费者进行个人与城市空间的身份构建和认同，与他人的符号交互作用。抖音中关于城市的内容呈现往往都是符号代表性的，如西安的古城墙、四川的火锅、鼓浪屿的土耳其冰淇淋，音乐节奏的感染产生了强大的场景塑造能力，营造了极富渲染力的拟态环境，迅速吸引聚合了一群受众，潜移默化影响着心理和行为。抖音的城市传播方式甚至变传统的旅游休闲观光为网红经典打卡猎奇行为。鉴于抖音传播空间的实体化和实时性，拟态环境更具有现实意味，抖音创造的传播符号配合富有感染力的音乐，更容易形成极具沉浸感的拟态环境，抖音营造的沉浸感越强，用户对抖音的使用时长和依赖感就越强，实现了用户忠诚度的保障。

（二）音乐融合图像的群体感染力

从技术角度来看，短视频数据量较小，不需要占据开发方和传播方较大的数据存储设备，节省了很多因数量规模而产生的运维和使用成本。从使用角度来看，短视频大多是 UGC 的生产模式，不需要专业的设备支持和专门的内容策划，15 秒之内的内容长度既降低了创作难度也节省了观看成本，利用碎片化时间随时随地进行内容的创造、传播、接收和反馈。15 秒以内的短视频配合着耳熟能详的各种洗脑神曲、音乐快餐，让受众体验到了图像和声音的双重感官刺激，进而增加了用户对图像内容的黏度。

抖音中的音乐多具有朗朗上口的歌词和节奏明快的旋律，能够快速与受众形成记忆点和情感共鸣，通过迎合受众心理而产生社会感染力。抖音音乐对受众的"洗脑"程度越强，则传播速度越快，传播范围越广，短视频内容的传播效果与背景音乐息息相关。抖音音乐的感染力能够引发集体情绪和行为，通过对搭配同一首音乐的短视频的关注和分享，可能形成一个具有共同兴趣点的较为稳定的群体，群体内部对音乐和图像内容互相模仿、创造和分享，形成共同的集体记忆和情绪。大量的用户使用同一种音乐搭配不同的短视频内容，为信息内容赋予了不同的价值内涵，能够给受众留下鲜明的记忆点，这样的传播形式类似于"魔弹论"的病毒传播，受众接触过以后容易触发心理共鸣和模仿行为，群体感染机制通过音乐和制作传播相似的短视频扩散。旋律的不断强化刺激让受众不自觉地期待下一个短视频是什么音乐，进而持续更新内容，音乐的配合也让受众忽略了时间的流逝，保障了用户的使用时长。

抖音推出抖音音乐人和"看见音乐"计划，鼓励原创音乐创意演绎，并将好的作品分发至头条系的所有平台。在其他社交媒体平台上形成了"抖音音乐"这一类别，比如由抖音带火的歌曲《带你去旅行》《远走高飞》《沙漠骆驼》等，已经成为大街小巷流传的背景音乐，抖音用户在其他平台和空间中听到相关音乐时，会潜意识想起在抖音中观看过的内容，音乐的联想效应将现实空间与抖音场景建立联系，让抖音中的场景向更广阔的空间延伸。

（三）媒介与城市互动的形象再构建

一方面，抖音改变了城市形象宣传的传播理念和传播方式，年轻兼较高学历的参与群体赋予了城市形象传播前所未有的创造力和活力，这种 UGC 的内容众智化生成模式结合人工智能的算法推荐，让用户能在轻松娱乐的氛围中生产创意内容产品，发掘城市中不曾被发现或认可的独特景观价值，助推城市焕发新的生机和活力。尤其是城市网红元素的发掘和创造，实现了老瓶装新酒的目的。以西安为例，在成为"抖音城市"之前，西安是中国的千年古都，历史文化沧桑厚重，一直以兵马俑、大雁塔、华清池等为其旅游名片，这种城市形象的固化认知标签和重复式宣传造成了大众的审美疲劳，单薄的符号传播缺乏现代与时俱进的内涵支撑，导致西安一度成为中国西部较为没落的传统城市之一。而西安提出的建设国际化大都市的口号，也因缺乏受众基础和不接地气一直未得到认可和传播。而在抖音的推动下，以普通人的美好生活为视角，创意性挖掘了西安古城墙、摔碗酒、毛笔酥等新奇活力的一面，《跟着抖音玩西安》栏目包括"在西安城墙统领千军""在汉城湖穿汉服"等互动参与活动，借助移动互联网、人工智能、VR虚拟图像等新技术实现新的形象传播和场景体验，迅速吸引了广大年轻用户的关注与兴趣，通过与普通大众重新构建场景化、生活化的联系体验，西安的刻板形象有力改善，西安被赋予的新城市标签重新成为互联网上的舆论中心场域。

另一方面，政府部门开始重视受众的新媒体传播需求，主动开发移动社交媒体平台宣传引导，在抖音上开通政务账号、团结联谊抖音网络红人线下活动参观、提供短视频素材等，实现城市形象的丰富化、网络化新构建。政府部门利用与新媒体平台的合作，特别是凭借移动社交媒体碎片化、互动化的传播优势，让城市形象构建的主体由政府机构转移到千千万万普通用户手中，激发了普通用户参与城市形象构建的积极性和荣誉感，也让新的城市形象更容易得到广大受众的接受和认同。如抖音短视频积极开发"Dou Travel"项目，主动与各个城市政府机构合作，挖掘城市新名片，展示城市新形象，通过抖音强大的用户基础在全网推出。在移动互联网时代，城市的传统名片不应成为城市的唯一形象，而需要主动借助新媒体新技术，将传统文化和现代文明深度融合，创造出具有深刻记忆点和共鸣点的城市形象和体验。

抖音短视频与城市形象的构建和传播形成了互相促进、互相开发的良性传播模式，线上展示美好形象，线下积极参与互动，抖音代表的生活方式有助于城市全面展示内涵价值，为了能在内容竞争中取得优势，抖音短视频拍摄者注重认真发现生活、记录生活，往往下沉到城市生活底部，寻找城市最有特色且能够区别于其他城市的内涵价值，记录展示生活的美好，为城市形象的构建带来了新动力和新契机。抖音短视频构建了虚拟与现实交融的场景、人与城市联通的桥梁，让用户不仅能够通过短视频随时随地体验到城市实景，也让用户离开虚拟空间，在现实社会中寻找生活的美好。

三、抖音短视频的传播机制特性优势

城市形象构建传播的成功经验是建立在抖音传播机制特性的基础之上的，抖音独特传播机制，赋予了抖音病毒式、浸入式的使用体验和传播效果，契合了移动互联网时代受众快节奏、高效率、体验式的传播互动需求，发展成为当前最受欢迎的移动社交媒体之一。

（一）优质内容满足用户互动需求

抖音短视频能够在短时间内成为又一个现象级的移动社交媒体，其核心因素还是在于传播内容的形式和价值。从传播主体来看，抖音短视频的个性化、定制化内容生成分发机制，搭配以视频特效、音乐剪辑、节奏调整等个性化服务与功能，让产品具有新鲜活力，吸引用户乐此不疲地进行私人定制化创作，通过无数种可能性的内容创作和效果搭配，能够在较长时间内保持用户的好奇心和兴趣点。还可以在抖音热榜中了解别人关注什么、创作什么，进而进行内容模仿，形成跟风效应。

从传播受众来看，抖音的用户大多为年轻人群体，这类群体天然对新鲜事物有着追逐尝试心态，特别是对音乐、旅游、视频、美食、运动等内容有着较高的兴趣点和创造力，抖音的生成传播模式有效满足了用户群体需求，用户可以根据自己对音乐的理解配以不同的短视频内容，也可以对一个短视频内容加以不同特效和音乐再度创作编辑，迎合了年轻人将生活一切娱乐化、社交化的需求倾向，有效地聚集了具有高用户黏度的用户群体，创造了一个展示日常生活、社交互动的音乐类垂直传播空间。

抖音短视频的功能设置极大地方便了用户互动体验。一方面可以通过智能推送持续推荐用户感兴趣的短视频内容，不断刺激用户兴奋点；另一方面根据用户社交需求，在观看短视频时设置了双击屏幕点赞、观看评论时不停止播放、边看短视频边发表评论等功能，使接收信息内容与社交互动活动几乎同时开展、实时发生，极大优化了交互体验。

（二）有效借势多元化传播渠道

在抖音最初发展阶段，为了能够迅速吸引用户，有力地与快手等较早占领

行业市场的移动短视频应用竞争，抖音采取了邀请明星和网络红人入驻的手段，借名人效应扩大产品的知名度，吸引明星的大批粉丝成为抖音忠诚用户，再通过病毒式传播带来产品的大量流量与关注度。普通用户对明星的模仿行为是最初抖音能够迅速吸引用户的重要因素，当红明星关晓彤、迪丽热巴、杨颖等对年轻人有较大吸引力和影响力的流量偶像均在抖音开通账号并成为活跃用户。普通用户一方面可以通过这种具有现实场景属性的平台了解明星的日常生活行为，极大满足了粉丝的追星需求和普通用户的猎奇心理；另一方面通过对明星抖音内容的模仿拉近了与明星的距离，获得了一定的心理满足感和虚荣心。如关晓彤的抖音账户个人签名是"这里的美颜和滤镜使我无法自拔"，潜移默化对抖音产品特性宣传推广，其中一个关晓彤吃饺子的搞笑短视频就获得了超过400万的点赞量。随着抖音短视频影响力的提升，也有很多明星和网络红人入驻抖音，以期实现个人的吸粉和流量变现，得到平台和名人曝光量和用户规模的双重突破。

抖音还通过与其他平台特别是传统媒体合作互动来提升知名度和影响力。线上抖音支持分享到微博等社交互动平台，通过在互联网流量入口的推广活动，大大拓展了传播范围和传播效果，让除了垂直用户之外的其他用户群体也能够接触到抖音短视频，进而成为注册用户。线下抖音与今日头条系其他产品和电视电影等传统媒体合作推广，通过举办音乐比赛、广告植入推广等形式增强线下影响力。作为《中国有嘻哈》官方音乐短视频平台，抖音在节目中频繁地进行广告宣传，并在节目外推出《中国有嘻哈》音乐短视频作品，引领节目受众模仿和个性化创造。

（三）成熟市场推广策略提升传播效果

抖音的开发主体是今日头条公司，内容的推荐分发传播也采取了类似于今日头条的算法推荐机制，人为干预较少，内容精准投放，用户能够节约时间和精力获得感兴趣的内容，也一定程度上削弱了传播主体和受众保持长期稳定关系的基础。算法推荐的模式减弱了传播主体的传播自主性，增强了传播平台对内容产品的主导权和话语权。算法推荐促进了去中心化的传播模式，在内容传播分发和接收过程中，传播主体和受众都是去中心化的，可以各自拥有多个不同的传播圈群，由信息内容产品构成用户与用户之间的连接点和关系链条。去中心化的传播模式有利于优质内容的生成，普通用户只要能够生产出高质量的内容产品，就有机会得到抖音优先推荐，带来极高的播放量和关注度。反之，网络红人也需要凭借优质内容来获取粉丝和关注度，而非仅仅依靠自身的知名度和影响力。

在抖音出现之前，行业中的移动短视频主要面向广大移动社交媒体用户，没有很强的针对性和指向性，用户并不具有明显的群体特征，抖音以音乐为主要内容的垂直类短视频应用补充了这方面的市场空白，迎合了年轻人追求新鲜、善于表达和展示自我的需求，并通过音乐把不同兴趣爱好的年轻用户聚合在不同社交圈群中。音乐聚合是非常有效的传播方式，能够通过音乐深入开发利用视频内容的不同内涵和价值，让信息内容的延展性不断放大。抖音运营方善于抓住产品宣传推广的不同时间节点，在产品上线初期，主要通过口碑效应进行人际传播推荐，在具有一定影响力后邀请名人入驻，大幅提升产品知名度，并在垂直类网站投放广告，进而将宣传策略推广到线下，实现线上线下的同步推广，取得现象级的传播效果。

在移动互联网时代，存在于传统媒体和官方话语体系中的城市形象已不再适合于新媒体时代的传播节奏，逐渐失去了网民特别是年轻用户的兴奋点。一些城市及传统景点纷纷借助新媒体进行新的形象构建和旅游市场转型定位，从茶卡盐湖到泸沽湖、从双廊洱海到乌镇水乡，均通过移动社交媒体的传播成为新一代旅游胜地。移动社交媒体特别是移动短视频的形象化、场景化传播优势，让城市形象构建和传播迎来了新机遇，借助抖音短视频的强势传播，很多传统旅游城市形象得以重新构建，一些已经逐渐流失游客的城市又因猎奇新鲜元素的传播得到了受众传播关注。

第四节　移动短视频舆论热点传播机制研究

美国传播学者戴维·伯洛指出，传播在本质上是运动的，它是一个无始无终的动态过程，研究的是传播这个结构体中的要素及其相互间的关系①。舆论热点传播机制中信息传播的过程是动态变化的，包括多个传播要素和环节。抖音城市形象传播生成的爆款短视频可看作移动短视频中的舆论热点，城市形象传播过程即是场景力构建的舆论热点传播机制发挥作用的过程。

---

① 周鸿铎.传播学教程.北京：中国书籍出版社，2010：26.

一、移动短视频舆论传播要素及其相互关系

移动短视频各个传播要素在传播过程中，有着紧密的联系并发生互动作用，充分体现了用户在移动社交媒体中的主体作用。个人通过个性化短视频创造和丰富多样的传播行为持续推动了个体与社交媒体间的互动作用。在高度即时化的移动短视频平台上，传播主体与传播受众的关系日益模糊，与其说移动短视频平台上存在着传播主体和传播受众，不如说两者都是平等的用户关系，没有界限明显的传受双方。用户与移动短视频平台之间也发生着互相促进、互相影响的作用，通过高密度、高质量的互动行为，在移动短视频上形成了一个个力量庞大的社群关系网络，依靠活跃的传播链条，短视频才得以生存和传播扩散。传播渠道则是用户的延伸，在这里传播渠道不仅仅发挥媒介作用，而且具有相当的自主性和情感性，传播渠道与用户的使用习惯和情感体验相联系融合，更好地推动用户之间不断互动来激活平台发展运行，形成更加立体化和灵活化的传播模式。

（一）传创受三位一体互动

在移动短视频平台，用户一般既是传播者也是创造者和受众。注册用户都是信息内容的第一接收者。接收信息是移动短视频传播第一环节。区别于大众传播受众的最后环节作用，在短视频平台上，受众在接收信息的同时也传播信息，由于短视频创作的低门槛和内容产品的 UGC 生成模式，一般情况下传播者也是内容生成创造者，几乎形成了"全民拍客"的潮流，既是传播过程中最后一个环节，也是信息内容产生的源头。发表评论、互动点赞、刷推荐本身也是一种内容生产行为。UGC 的生产模式让短视频中的大部分信息内容都来自原创生成，而网络红人、专业机构等则通过 UGC 的内容创造催生出更多专业化、高质量的信息产品，这也使得短视频平台上 UGC 和 PGC 的界限趋于模糊。用户既可以是传播者也可以是创作者，还可以是接收者，三者的身份实时发生互动转化。这种三位一体的传播关系激发了平台中各个主体要素和平台渠道最大限度的交流和互动，有效融合了人际传播、群体传播和大众传播等不同传播模式的优势，构造出极具传播力和感染力的独特传播模式，不仅对以往不同平台的传播模式进行了丰富完善，更创造了一种新型的视觉社交传播模式。

（二）传播内容和形式更加立体化和个性化

在社会生活和社交互动越来越移动化、视频化的趋势下，短视频的信息内

容和传播形式更加立体化和个性化，内容供给总体上丰富多样，但存在质量不均衡、热度不均衡的现象。根据 Quest Mobile 发布的《快手 & 抖音用户研究报告》，UGC 内容是用户创作的核心，创作者最大的创作动机源于趣味内容激发的创作欲。抖音用户对于内容的消费更加丰富，这与抖音打开应用即开始播放短视频的功能相关，更多的高点赞内容和沉浸式体验使得消费类型更加多样。对高质量短视频内容的需求，让信息内容的粗放式增长逐步转型为精细化垂直发展。从内容类型上看，抖音短视频分为搞笑类、技能展示类、日常生活类、歌舞表演类、旅游风景类、游戏类等，几乎涵盖了社会生活中的方方面面；从传播形式上看，包括视频特效、脱口秀、纪录片、动画片、直播等多种方式，内容和趋势不断趋于丰富和多元，还向垂直领域精细化发展、精准式投放推荐。短视频的丰富呈现方式能够给受众更加饱满的视觉体验，在最短时间内将视频的高潮部分和最精彩的镜头语言呈现出来，并通过视觉特效进行夸张放大的生动展示，能够将信息内容更加立体、直观地传播给受众。

抖音短视频还根据传播内容建立了"最热门、最流行、最有趣"的抖音热搜榜，又根据热搜内容分为热搜榜、视频榜、正能量和音乐榜的垂直类榜单。算法推荐和热搜榜单也造成了短视频内容产品冷热不平衡的问题，一面是热搜榜的短视频内容几乎都是超过百万级的播放量，3% 的头部视频内容攫取了 80% 以上的平台用户关注和参与，一面是多一半的内容沉入信息池底部，注意力严重稀缺。从内容结构上看，分别有 80% 和 50% 以上的用户被搞笑类和技能类短视频内容吸引，形成了竞争充分、质优量高的内容生产格局。而其他小众类兴趣和需求则较少形成关注点，内容供给也相对贫乏，缺乏优质信息源。

移动短视频成为新的行业风口，不同定位和不同类型的短视频产品纷纷加入市场竞争，各大互联网公司加大对优质内容的支持和补贴力度，扶持专业的团队和专门网络红人内容创造，逐步由 UGC 向 PGC 的内容转型升级，涌现出一批如 @ 嘿人李逵、@ 黑脸 V、@ 冯提莫等一大批专业化内容生产的网络红人。网络红人行业也形成了一套较为成熟的培育发展机制，网络红人的标签与分类也越来越精细化，美妆红人、萌宠红人、科技红人、美食红人等都在各自的领域有着较大的影响力，精细化、专业化的发展能够保证内容定位的精准度和辨识度，优质的内容加之辨识度较高的标签，让各个垂直行业领域能够有效吸引各自领域内的受众，逐渐形成较为稳定的用户画像和发展策略。传统媒体也借势媒体融合发展纷纷入驻移动短视频平台，进行传播内容的专业化生产和主流意识形态宣传。人民网、新华网、央广新闻等都开通了移动短视频账号，借助主体机构的人员和设备优势，在短视频节目中传播新闻资讯、舆论引导回应。短视频为传统媒体转型提供了有利契机，专业媒体类机构的入驻也有效提升了短视频平台的整体水平，带动平台内容创作由"大水漫灌"向"精准滴灌"发展。

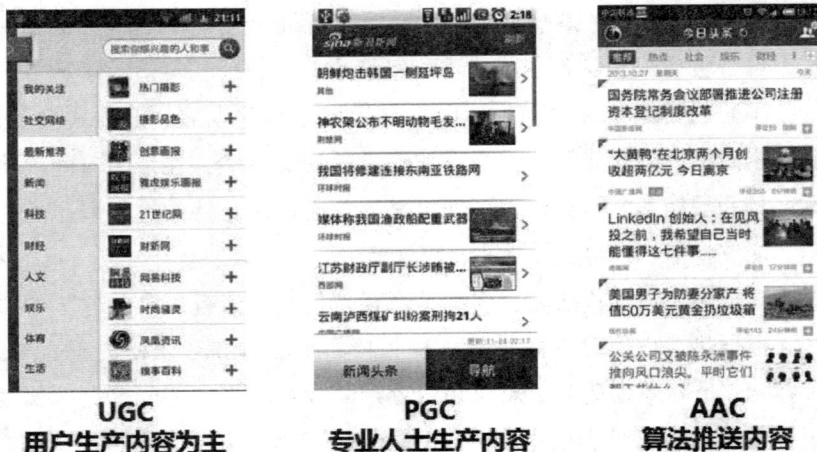

图4-1　移动社交媒体几种主要的内容生成来源图

（三）精细化拓展性传播平台和渠道

当前各移动短视频平台都各有侧重，发展定位和目标受众有一定区别，在激烈竞争中探索多元化发展路径。如梨视频主要针对新闻资讯内容，抖音是音乐社会类应用，快手针对猎奇和趣味生活。在用户结构上，抖音主要面向一、二线城市的年轻用户，女性群体居多，快手主要面向三、四线城市和乡村地区，美拍、秒拍等以女性用户对美好生活的需求为主。

移动短视频的一个发展局限因素就是在各自传播场域形成了较为封闭的舆论空间，对外界群体有着天然的排他性，一方面其他平台的信息传播到移动短视频平台上有较大限制，另一方面短视频传播到其他社交媒体平台也不够便捷，不利于平台传播效果的扩散和用户规模的持续扩大。因此，一些移动短视频平台开发了在微博、微信中的分享功能，推动得到全网的关注和流量。但目前的跨平台推广合作效果还不够明显，一些平台创造性地将短视频丰富发展为网络

IP，进而实现在视频网站、网络文学网站、动漫网站、直播网站等渠道的分发和引流。

（四）传播效果接受程度高

移动短视频传播场景浸入式的体验、高黏度的用户关系、几乎不受时空限制可消费的内容产品，都决定了短视频的传播效果接受程度更高。以秒计时的内容长度更容易抓住受众的记忆点和兴奋点，叙事集中、内容浅显、观点鲜明、视觉效果独具特色，比起其他媒介形式，更易被关注、理解和接受。由于平台内部社交互动的信任感，由社交传播引发的"刷屏"效应和关注好友之间的口碑效应明显，具有将社交能力转化为传播效果的显著功能。

移动短视频各个传播要素的优势特征强化了移动短视频社交化、场景化、即时化、碎片化属性，传创受三位一体突出了强大的社交互动功能，传播内容和形式的立体化和个性化增强了传播效果和传播体验，精细化拓展性的传播平台和渠道促进了行业的成熟格局和发展动力，浸入式、高黏度体验将社交功能转化为传播效果作用显著。相互联系的传播要素和各自的独特优势，使得移动短视频迅速崛起，为热点舆论的生成传播和扩散贡献了重要的流量和热度。

二、移动短视频舆论热点传播模式构建

通过研究移动短视频传播要素和各个传播要素之间的互相联系以及传播特点，从而对移动短视频的舆论热点传播模式进行构建，有利于科学把握传播特性和过程，并挖掘移动短视频在传播过程中各个要素的关系和结构性规律。

（一）传播过程

1. UGC 式信息生成过程

一直以来，视频传播几乎是门槛最高、要求条件最多的传播形式。在移动短视频出现之前，视频传播的主体一般是媒体机构和专业部门，视频传播活动距离普通受众较远，大众只是视频传播的接收者。视频网站的出现激活了大众生产创造视频的积极性，但由于技术和专业设备的限制，尽管普通大众有了能够传播视频的平台渠道，视频生产能力依旧相对较弱，优秀自主生成内容严重短缺。而在移动互联网传播环境下，视频技术的极大简化和智能终端设备的低成本使得用户自主生成内容成为现实。相较于微博、微信等以文字传播为主的传播渠道，对用户提出了文化素养、信息价值内涵的一定要求，短视频真正能够满足用户的不同创作需求，且最大限度节约了创作成本。因此，UGC 得以繁荣发展，普通用户从过去视频传播的底端接收者转变为顶端生产和加工者，一时间创作热情前所未有地提升。UGC 生产模式可以让用户根据个人的表达意愿自由编辑创作，表达观点和意见，进行信息编码和解码。

而在 UGC 内容生成模式的另一面，短视频内容模仿成为用户创作最重要的动机。根据《抖音快手用户研究报告》，分别有 77.8% 和 50.9% 的抖音和快手用户因为"看到别人拍的视频有趣，忍不住尝试"而进行短视频的创作发布。但短视频平台上的模仿行为并非简单复制粘贴，大多是通过模仿别人的创意或场景内容再创造。这样的良性模仿也是一种内容生产 UGC 模式，有效刺激了短视频内容的病毒式传播和再创造。

2. 社交互动的信息传播过程

移动短视频的突出特点就是强大的社交互动性。移动短视频的生存发展是建立在传播分享和互动基础之上的，通过强弱关系结合的传播过程，短视频的传播范围不断向外围延展，传播量和点赞量像滚雪球一样越滚越大，发生着信息内容的循环增值。通过用户在评论区实时增加的评论和反馈得以附加更多信息内容，打破了传统视频传播的单向传播过程和延时反馈模式，观看短视频可以互动添加关注，对被关注用户发布的所有短视频追溯浏览，并在每个短视频设置的单独评论区社交互动，这种交流互动几乎是实时发生和接收的，不发表评论的用户也可以围观，获取更多信息。根据《抖音快手用户研究报告》，有超过 50% 的抖音用户和超过 30% 的快手用户在观看短视频时点赞和看评论，接近 20% 的用户写评论。抖音会对热门评论设置置顶功能，评论区也成为短视频吸引用户的主要内容，能够建立传播主体与传播受众、受众与受众之间的亲密联系和身份认同，有时甚至超出了短视频内容价值本身，用户对平台的黏度和忠诚度得到提升。相比于以文字图片为主的传播形式，短视频内容价值有多元解读的丰富层次，不同受众观看了同样的短视频后内容体验和观点意见可能是不同的，因此评论区就像打开了解读短视频的窗口，多种多样的解释版本让用户得到了多重的观看体验，如同弹幕之于弹幕网站、回复之于知乎、评分之于豆瓣，是平台吸引流量、维持稳定发展的重要构成。

3. 不均衡的信息扩散过程

移动短视频的传播极大省略了传统传播过程中的多个环节，主要依靠传播节点与节点之间发生关系、直接联系和传播，传播过程几乎不会受到外界的干扰和人为干预。一方面，以头部用户为传播主体的短视频内容通过算法推荐和传播主体的本身影响力，能够得到迅速的裂变式传播扩散，占据短视频平台中的大部分流量和关注度，并通过弱关系的社交网络不断扩散和渗透。另一方面，以一对一传播关系为主的传播过程不利于形成用户对平台的高黏度依赖和高积极性创作分享，传播环境受到头部用户的强大挤压，普通用户的短视频内容极易一生成便沉底，形成信息传播扩散的两极分化格局。

（二）传播模式

1. 链条式传播单元

移动短视频中没有绝对的传播主体和传播受众，每个用户都是一个独立的传播节点，连接传播节点之间的关系就是传播链条。通过用户之间不断的发布、分享、转发、点赞、评论等活动，形成了复杂的没有具体方向性的、一环接一环的传播链条网络。短视频的添加标签、内容用户分组等功能，则可以将有共同兴趣点的用户聚合起来，经过不断的交互作用形成新的社群，进一步加强链条式的传播渗透效果。链条网络发生着不间断的互动和无限次的循环往复。链条式的传播模式是移动短视频传播的基本结构，较好地体现了传播过程的动态性和自组织性。

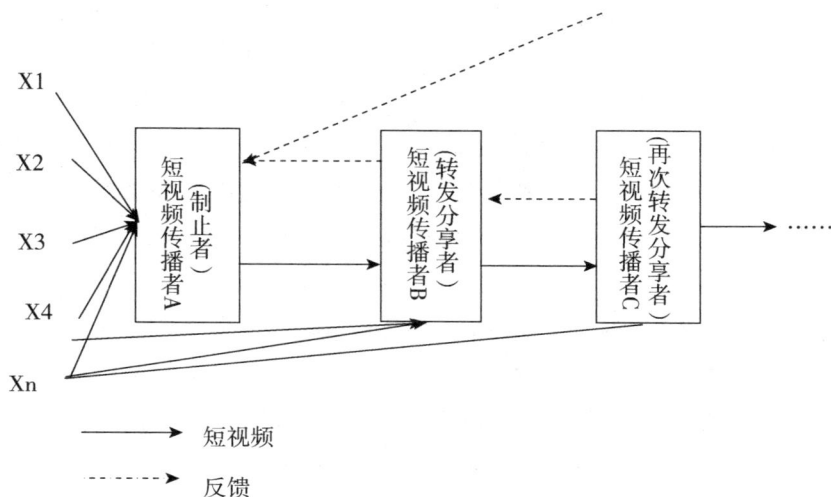

图 4-2　移动短视频舆论传播路径

2. 一对多的传播结构

由施拉姆提出的大众传播模式，明确了大众传媒与受众之间存在着传播与反馈的关系。大众传媒的传播主体通过大量复制的讯息与传播对象联系。受众分属于各自的社会群体，个人与个人、个人与群体之间都保持着特定的传播关系①。短视频的内容推荐页面是每个用户开始使用短视频的第一环节，聚合了大量具有较大关注度的信息内容，用户可以通过向下刷屏的形式不断获取新的内容。汇集短视频的推荐页面构成了一个流动的内容丰富的信息源头，所有用户都可以通过推荐页面关注感兴趣的内容，形成了一对多传播模式。对于感兴趣的内容用户可以通过转发分享二次传播，通过多层级的二级传播得以不断扩散。而对于不感兴趣的内容可以主动切换屏幕或者快速向下刷屏进行信息更新。由此，尽管这些信息到达了传播受众的一端，但并未形成有效的传播效果，也可以视为传播过程的结束。通过不断主动选择和主动规避，短视频可以形成对用户相关稳定的个体画像，然后有针对性地进行智能推送、私人化的议程设置。这样一对多的传播路径可以是多向的、交互的，短视频主体实现了与不同用户之间的同时沟通，有助于不断改善产品功能和用户体验。

3. 多对多的树状传播扩散网络

移动短视频是较为封闭的传播平台，为了拓展信息内容的传播范围和传播影响力，多个移动短视频平台与其他传统媒体和社交媒体合作，进行信息内容的推广传播。从移动短视频圈里溢出到圈外的传播是多对多的传播扩散网络。通过移动短视频的一键转发功能，短视频被用户快速地分享到微博、微信朋友圈等其他网络平台，特别是借助微博公开传播的优势，短视频的传播受众能够成倍增长，借助微博的社交网络层层向外扩散。同时，内容优质的短视频还可以主动被微信公众账号主体、微博和微信个人账号主体下载并重新上传到新的平台之中，两个方向的传播扩散让短视频信息的传播广度和深度都大大提升，信息的影响力也溢出到短视频受众群体之外，让用户结构分布上更加均衡。

从用户节点到节点的链条式传播升级为较大范围的放射式传播，再由多向的大众传播群体通过多层级的树状传播向外扩散，社交和互动是实现多层级传播的黏合剂，移动短视频的整个传播模式由一个较为单一的平面平台优化为多元立体的传播平台，从而发挥舆论的生成、发酵、整合、动员效果。其传播模式可以用图 4 - 3 来表示。

---

① 郭庆光. 传播学教程. 北京：中国人民大学出版社，2011：52 - 53.

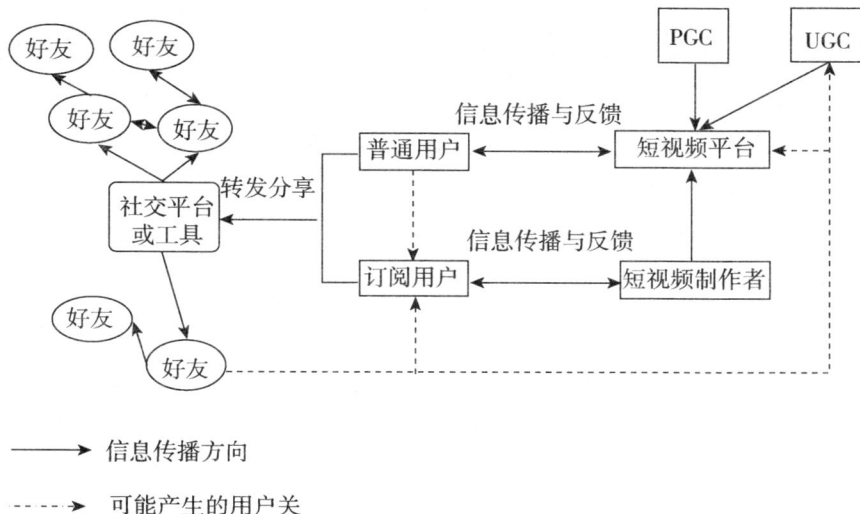

图 4-3 移动短视频舆论热点传播模式图

第五节 移动短视频对舆论热点传播机制的革新

一、舆论热点生成机制的革新

(一) 去中心化的舆论热点生成过程

对于舆论传播场域较为公开的媒介来说，舆论热点的产生与传播权较为统一，是高度中心化的信息传播垄断。媒介作为大众传播的渠道和主体，掌握着传播的主导权，而受众只能被动选择接收或不接收信息，无法对内容筛选和调整。在这样的传播结构中，舆论热点的生成是高度集中化的，主体和受众角色相对固定，主体具有密集的权力分布功能，用户只能被动接收媒介设置的议程话题。

而移动短视频的舆论热点生成传播模式是对高度中心化的颠覆和挑战。UGC 的内容生成让大量普通用户自主生产内容产品，打破了中心化传播权力的场景传播，传播链条底端的受众转变为关系平等的用户，传统传播模式中的议程设置权过渡到每个普通用户手中，普通用户也能够通过话语权的掌握、优质内容的提升发展成为意见领袖，获得意见领袖的知名度和影响力。而曾经拥有垄断地位的传播主体在移动短视频运行规则的冲击下，也过渡为与普通受众拥有一样传播资源的用户。高度中心化的传播机制被去中心化的传播模式所取代。去中心化的传播模式形成的一对一、一对多、多对多的自组织传播网络，带来了短视频舆论热点的爆发式出现，以及围绕舆论热点内容开展的活跃高效的社交互动。

（二）再中心化的舆论热点聚合过程

在移动短视频的激发下，内容生产者和传播者都以千万级、上亿级计算，内容产品的爆发式增长也导致短视频产品泛滥。在去中心化传播机制作用下，用户需求从过去渴望自主选择接收信息转变为能在海量信息池中最高效地获取有价值信息，因而如何使价值高的短视频内容得到优先推荐成为亟待解决的问题。在注意力稀缺时代，真正能够吸引用户关注的短视频内容还是少数。

为了提升影响力和竞争力，各移动短视频采取了多种手段促进舆论热点的再中心化，以此提高单个短视频产品对每个用户的影响作用。一方面，多个移动短视频平台采取技术手段对优质内容优先推荐，通过后台算法满足不同用户的多元化需求，这相当于在平台内部形成了有效的引流机制，自然而然将大多数流量聚合到优质内容上面。另一方面，短视频平台中的意见领袖、网络红人、头部用户也促进形成了舆论热点的再中心化结构。用户需要意见领袖提供更为权威全面的内容观点，也更为关注网络红人、头部用户发布的较为专业的垂直领域相关资讯，在二者互动作用下，意见领袖的传播力更加聚合，形成了短视频平台较高层级的传播中心，由传播中心节点传播扩散的内容也更具权威性和认可度。

移动短视频的发展成熟对舆论热点传播机制产生了新的变革，去中心化的生成机制满足了普通用户的传播赋权，实现了信息资源的平均分配。传播效果和传播效率的提升又要求平台对信息和舆论产生再中心化的重构过程，通过对传统信息传播机制的解构和重新构建，有利于信息内容质量的优化和传播效果的提升。

二、舆论热点传播机制的革新

（一）算法推荐的定制化传播

传统传播机制一般是将所有内容产品投放到固定的媒介，不加区分大规模传播扩散。面对移动社交媒体带来的挑战和困境，传统传播机制表现出不适应性，无法将内容精准投放到用户接收终端。为了解决信息传播分发到达率的困境，移动短视频平台通过算法推荐实现个性化分发推送，能够有效解决到达率的问题。

利用大数据技术的算法推荐通过特定算法进行数据采集，并根据用户的使用习惯、操作行为建立较为准确的用户画像，将内容与目标用户的数据画像匹配，实现精准化、个性化智能推荐。智能推荐首先需要获取用户个人基本信息和平台使用信息，一种方式是可以通过短视频平台直接进行用户需求和使用人群调研，比如平台经常采取发放电子问卷、用户喜好摸底等形式了解用户需求。另一种方式是通过日积月累的用户行为采集数据，获取用户行为习惯和兴趣偏好，这种信息相对真实有效，但需要一定时间的采集梳理和较高水平的技术分析能力。通过梳理采集的用户信息可以进行用户画像构建，再与目标用户的不同形象匹配，以便个性化、定制化分发推送。

（二）多渠道联通共享传播

在传统传播机制中，传播媒介既是传播主体也是传播渠道，基本属于内容生成传播的"自产自销"模式，较难形成融合互动的传播效果。用户只能在一段时间内选择特定的传播渠道来获取信息，不同平台无法形成有效的资源互动融合。而移动社交媒体能够让不同平台的传播内容被同一个受众几乎同时获取，多渠道联通共享传播机制初步形成。但在多渠道联通共享传播机制形成的初级阶段，不同渠道传播分发内容是一样的，没有形成针对不同平台各自特点的区别化传播策略。特别是对于移动社交媒体，传统媒体内容并不具有吸引力，虽然解决了到达率问题但并没有真正形成传播效果。

移动短视频的出现给多渠道联通共享传播机制带来了新动力和机会，除了在本平台的智能化分发手段，还打通了与微博、微信等社交媒体和电视电影等传统媒体的传播渠道，能够通过短视频的内嵌实现多渠道联通共享，加之传播技术不断改进升级，传播效果也是联动叠加的。在不断丰富化的传播渠道和受众越来越精细化、垂直化的传播格局影响下，内容的投放表现出了更加分众化、定制化的特点。根据不同平台特性，内容形式和文本风格有相应的形式和侧重点，如在微信公众账号中采取短视频和图文结合的形式进行传播和解读评论，在微博中则通过短标题精炼短视频内容，对重点信息简要概括和提炼。多渠道联通共享传播机制有利于短视频的扩散传播，通过不同平台的共同聚合作用形成裂变式传播效果。

三、舆论热点互动影响机制的革新

移动短视频的生成传播主体是普通用户，因此必须树立以用户为中心的互动发展理念，建立平台与用户、用户与用户之间的互动机制，实现更加高效、优质的互动效果。

（一）即时互动反馈机制

移动短视频中的互动效果主要通过转发、点赞、评论、收藏等功能实现，其中转发、点赞的互动行为是弱关系的互动，评论、收藏则是强关系的互动。在大众传播模式中，传播主体和用户之间的互动关系受限制于时间和空间，不能即时地反馈互动，互动的效果大打折扣。在网络媒体时代，虽然互动时效性大大改善，但仍存在一定的滞后性，大部分网络媒体的传播主体无法实现与受众的实时互动。而移动短视频的互动形式解决了反馈时效性问题，即时在线互动让传受双方在短视频平台上实时交流，在交流的同时并不影响观看短视频内容，更加适应快节奏的社交生活和信息爆炸时代的态度表达。用户的互动也是一种态度和观点的表达，可以通过点赞、转发、不感兴趣等方式表达态度，也可以评论表达直观的观点，传播主体和其他用户通过即时的评论能够获取更充实的信息内容，第一时间根据评论内容实时互动反馈，并调整其他短视频内容。实时的互动模式激发了传播的积极性，累积形成的大规模评论量和点赞量，是短视频传播力、影响力的最直接指标，反之也进一步扩大了短视频内容的舆论影响力。也只有实时的、活跃度高的互动模式，才是保证移动短视频平台持续发展的动力。

（二）多向聚合互动机制

主要通过评论、点赞、转发等形式形成的即时互动反馈机制，保证了互动效果的积极性和时效性，但从互动效果来说，即时的互动反馈一般是发生在较为表层结构的互动机制，由于即时性的较高要求和评论区有限的传播空间，无法实现深入的社交互动，用户大多是"就事论事"型的观点和意见表达，无法探究浅层舆论下面的深层次态度意见。而多渠道联通共享传播机制为深层次交流互动提供了平台和空间，移动短视频通过与其他社交媒体平台的联通互动，扩展加深了短视频社交互动的聚合效果。以移动短视频与微信平台的联通为例，通过在微信内嵌入移动短视频，将对短视频内容有共同兴趣的用户引流到微信平台，用户也可以建立微信群并在群中发布短视频进行集中聚合的社交互动。

还可以建立关于移动短视频内容的专门微信公众账号，在公众账号中对短视频内容每日推送，并建立线上线下互动社区，更加紧密地将特定群体聚合在一起，形成了更为实体化、稳定化的互动关系，微信群和微信公众账号演化为短视频社交的专门渠道。微信中还未对短视频内容关注的用户，因为微信的传播互动作用进而加入微信群组或关注短视频公众账号，最后转移到短视频平台上，开发新的受众、开创新的社交关系，比如短视频自媒体"Papi酱"，在微信公众账号中开通同名账号，用户通过下拉菜单获取"Papi酱放送"的分类内容，通过"想拍视频""合作联系"的功能进行短视频内容的投稿与互动。普通用户在微信公号的社群里找到了更加强烈的归属感和认同感，社交关系更容易由短视频平台中的弱关系转变为强关系社交。从互动方向上，移动短视频与社交媒体的互动是多向的、不确定的，效果通过不同平台的多向聚合进行社群化构建，构建的过程突出了用户与用户的直接联系，以及对传播过程的参与、分享和体验。

移动社交媒体的舆论热点传播机制，与其独特的场景力、时空感密切相关，场景体验的深度代入感、移动化的立体社交、碎片化的传播空间让移动短视频既是信息内容的输出展示窗口，也是其传播承载渠道。本章重点以抖音短视频城市形象传播构建为例，归纳内容消费的拟态环境场景力、音乐融合图像的群体感染力、媒介与城市互动的形象再构建的传播特点，充分挖掘移动短视频在舆论热点传播方面的优势特性和内在要素。通过研究移动短视频传播要素和各个传播要素之间的互相联系以及传播特点，构建了UGC式信息生成、社交互动的信息传播、不均衡的信息扩散的传播过程，以及链条式传播单元、一对多的传播结构和多对多的树状传播扩散网络的传播模式。移动短视频的舆论热点传播机制，通过舆论热点的去中心化生成、再中心化聚合的舆论生成过程，算法推荐的定制化传播、多渠道联通共享传播的舆论传播过程以及即时互动反馈、多向聚合互动的舆论影响过程等形式对传播机制进行了革新。对舆论生成、分发和社交互动机制的革新，让移动短视频也形成一个相对独立的舆论场，从而发挥传播内容、引导舆论的效能。特别是在舆论热点事件中，移动短视频通过对现场事件进展情况的即时发布、场景化呈现，能够有效地与新闻媒体形成互补和互动，掌控突发和热点事件应对的主动权，把握黄金时间，澄清谣言信息，是公开发布、正能量传播和舆论引导的有效渠道。

第五章

移动社交媒体舆论热点传播机制要素及建构

　　深入研究移动社交媒体舆论热点传播机制结构要素，是构建舆论热点传播模式、实现网络空间治理效果的基础。随着即时通信、微博论坛、网络新闻、短视频直播等移动社交媒体用户规模持续增长，大数据、VR、人工智能等技术助推移动社交媒体不断转型升级，移动社交媒体的传播力、引导力、影响力显著提升，正发展成为连接万物的生态环境，以及舆论热点事件生成、发酵的源头。在前几章对微博、微信、移动短视频舆论热点传播机制的研究基础之上，本章以舆论热点事件为切入点，更加深刻地认识到具体影响要素对舆论事件生成传播的意义，即为什么移动社交媒体具备生成传播舆论热点事件的优良条件。重点从舆论传播的不同阶段和过程出发，对移动社交媒体中舆论热点的传播要素和影响关系进行分析，研究移动社交媒体在其中发挥的具体作用，分析总结移动社交媒体舆论热点传播规律和传播机制，提炼出影响移动社交媒体舆论热点传播的关键因素和节点，构建科学合理的传播模式，为网络空间治理提供有益参考。

第一节　移动社交媒体舆论热点传播动因

　　通过对微博、微信、移动短视频等不同类型移动社交媒体舆论热点传播机制的研究，发现移动社交媒体中舆论热点的传播主要受几个关键因素影响，这些共同的关键性因素决定着舆论事件是否能够形成热点爆点。在具备能够成为舆论热点事件的基本要素和条件的情况下，海量的信息和碎片化的舆论才能有效聚合放大，演化生成舆论热点事件。对影响移动社交媒体舆论热点构成要素的发现和归纳，对传播动因因素和移动舆论场之间密切关系的深入挖掘，是构

158

建移动社交媒体舆论热点传播机制模式的基础。

一、移动社交媒体舆论热点传播动因

关于舆论热点事件的生成，可以借鉴格拉德威尔①在其著作《引爆流行》中提出了"引爆点"的概念，用来描述社会上突如其来的流行风潮。他指出，流行的引爆有三个重要法则：一是附着力因素法则，指流行事物本身具有的感染力；二是关键人物法则，即关键人物发挥的信息中介与意见领袖作用；三是环境威力法则，指酝酿流行风潮的社会氛围。格拉德威尔的引爆流行理论为研究移动社交媒体舆论热点发酵传播的关键节点和因素提供了理论框架和标准参考。在移动社交媒体舆论热点的传播中，事件本身的性质、具体传播渠道是舆论事件内在的感染力；舆论传播过程中的自组织群体和共情心理是移动社交的关键动力；场域情境性和流行话语体系则是影响舆论事件的环境因素。这三个层面的因素是移动社交媒体舆论事件是否能够形成热点的关键。

（一）事件性质与舆论正负向

事件性质主要指议题的内在立场和外在特征。杨国斌基于对网络行动的案例研究发现，有七类议题具有进入公共领域的特定议题机会（issue – specific opportunity），分别是大众民族主义、维权活动、腐败滥权、环境污染、文化争议、揭露丑闻、网络慈善活动②。不同学者的研究都对影响舆论热点传播的事件性质有所梳理，这些事件一般都涉及公共利益、社会公平、环境安全等问题。因该类事件多为反映问题、解决诉求等，因此，易得到关注和传播。传统新闻媒体报道集中于时政、经济、教育、医疗、房产等方面，而在移动社交媒体中，公共管理类、公共安全类、民生诉求等涉及民生社会领域的问题映射当下社会发展现实，容易在移动社交媒体中首发并形成广泛传播，个别问题由于成因复杂、涉及人员较多、调查解决存在一定难度，受到媒体网民持续关注，相关利益群体多次借助微博、微信等移动社交媒体反映诉求，形成热点多波次传播。

在事件关注层面，移动社交媒体中除官方主动设置议题外，能够迅速形成舆论热点的事件往往带有负面或争议属性。面对新闻事件，网民的态度情绪纷繁复杂，既反映了不同群体针对不同议题的情绪认知和态度特征，也反映了舆

---

① 马尔科姆·格拉德威尔. 引爆流行. 钱清，覃爱冬译. 北京：中信出版社，2006：6.
② 杨国斌. 连线力：中国网民在行动. 桂林：广西师范大学出版社，2012：61.

论场和现实社会生活中相对普遍的社会心理和总体生态。近年来，移动舆论场中网民对正面信息关注整体增加，但对负面事件的关注度仍高于正面事件，移动社交媒体是受众宣泄负面倾向的主要渠道，正面报道在移动社交媒体海量信息中传播效果受限。有研究发现，负面情绪越强烈，微博信息被评论转发的数量越多，正面情绪强烈程度与其被转发、评论的数量无相关性①。

舆论事件形成热点的前提之一在于其内在立场，舆论事件的出现基本都是基于现实因素，代表着特定方的立场和利益，意图通过热点事件表达立场、影响舆论、引导事件走向。一个议题是否能够在舆论场广泛传播，由事件的内在立场和结构表达所决定。当代中国正经历空前的社会变革，这种变革在带来巨大活力的同时，也必然带来矛盾和问题，使人们心理失衡、挫折感增强，积累了不少社会情绪。与这些不良情绪相关的事件反映到网上来，更易形成舆论热点。主要包括：社会忧虑、焦虑情绪，与切身利益密切相关的民生话题一直是网上议论热点，一时期网上流传着许多"被字句"，如大学生"被就业"、老百姓"被统计"、居民收入"被平均"等；"先入为主"的负面、偏激情绪，如"仇官""仇富""仇腐败""仇警"等。网上热点事件涉及公职人员、富人，一些网民往往不问青红皂白就做"有错推定"，"凡官必腐败""为富不仁""执法必不公"等成为一些网民的思维定式，某些群体被贴上"官二代""富二代""红二代"的标签，导致网上对某些群体、行业的负面印象不断堆积、强化和放大；盲目从众、好奇的心理和情绪，也很容易造成网络谣言的传播扩散，严重误读舆论导向。娱乐化的负面情绪宣泄，如网上调侃性言论日益增多，带有明显娱乐色彩的各类"段子"尤为活跃。在构建议题结构时，具有娱乐性、显著性、突发性、反常性、关联度、敏感度等事件结构和语言符号，更易得到关注和传播，引发网民热议甚至产生争议，成为舆论热点事件。微博或微信空间中，与明星绯闻、隐私侵犯、伦理缺失、风俗破坏等相关的娱乐话题往往占据头条位置。同时，从雷洋案到魏则西事件，专业性移动社交媒体对时政、社会类议题的介入程度和影响范围，较之此前明显增加。一方面，此类平台具有相对成熟的价值取向和思维方式，传统舆论传播方式往往难以影响这类网民；另一方面，此类平台强化了社群聚合功能，成为"网络草根意见领袖"新生渠道。知乎中平台提问者以及回答者均来自普通大众，更能贴近网民的社会感受，捕

---

① 刘丛，谢耘耕，万旋傲. 微博情绪与微博传播力的关系研究——基于24起公共事件相关微博的实证分析. 新闻与传播研究，2015（9）：92-106.

捉民众的内心，从而与更广泛的阅读者产生共鸣。但事件的立场得到传播的前提是严守法律法规底线，遵守互联网传播相关法律法规，只有在规定的内容框架下构建议题立场和结构，才能进行发酵和传播。

（二）传播渠道

由于移动社交媒体账号注册简便，各个平台功能存在交叉，网民往往不会只成为单一平台用户，多身份注册成为常态。手机账号的注册便利性、手机应用的低门槛特性都使得网民在不同平台间身份切换更加容易。面对网络舆论热点事件时，网民在某一平台获取信息后，转身成为另一平台的发布者或讨论者，更加容易出现多平台引爆现象，影响力呈几何倍数增长，不断推动网络舆论事件热度走高。微博、微信等移动社交媒体不同平台、不同渠道间信息相互流通、传播相互刺激，信息从最开始的单一平台源头迅速向其他平台扩散，其他平台拥有最新消息后又会自主跟踪报道，这期间任意平台发布的最新消息都会迅速流向其他平台，不同平台间发布消息的数量、质量、所引发的舆情状况都会使热点事件的主要传播渠道在不同平台间互换。

移动互联网时代的舆论热点传播不再仅局限于最初的"两微一端"，移动端的知乎、果壳等网络社群、网络电台、弹幕、直播、字幕组等已然兴起，都可能成为新的舆论热点发源地，移动端网络舆论传播去中心化趋势明显。以微信朋友圈为例，封闭式的舆论场域不能进行海量的信息交换与传播，微信朋友圈内快速传播的事件要真正成为舆论热点，则需转移到微博、新闻网站、论坛等公开媒介中。从微信到微博、论坛、网站，是一个突破圈层的过程，是一个从封闭式讨论到公共式讨论、信息交换、扩大传播的过程。技术上的支持，渠道上的进步，各个发声平台实现无缝对接，舆论事件立体化媒介场域很容易得到放大，引发广泛关注和讨论。比如雷洋案最早从知乎这一知识社区爆出，随后事件同步向微博、微信扩散，瞬时流入社会话语场域，呈现不可遏制的态势。

移动社交媒体的发展为传统排行榜形式带来了新的生机，如微博热搜、搜索引擎热搜词、微信公众账号文章阅读量等，在议程设置方面发挥着强大的能量。新浪微博热搜、百度风云榜等排行榜，反映了具体事件在一定时间内得到的点击量、搜索量和关注度等，从最初对特定领域相关事物综合能量的反映，逐渐演化为舆论热点事件的排名，通过排行榜设置议题，加深了受众的"刻板印象"。影响力越大的平台，热搜排行榜越容易形成一种话语权，强化受众对特定事件的选择，通过预设议题引导话题方向和舆论走向。因此，也导致了通过购买热搜等方式进行网络炒作以期实现扩大传播力、影响力的现象。

（三）自组织群体

移动社交媒体中自组织群体之间的相互作用是推动事件发展成为热点的动力引擎。其动力来自自组织内部的交互协同，不同群体及个体之间的相互适应和碰撞推动事件发展。自组织群体中的网络意见领袖，是形成热点事件的中心节点。网络意见领袖主要是指在网络社交传播中经常提供、施加影响的"活跃分子"，在舆论热点的形成过程中起着重要的中介或过滤作用，是信息传递过程中的关键节点。网络意见领袖在传递信息和表达意见方面有很大的舆论影响力，扮演着信息源头和加工渠道的双重角色。网络意见领袖是拥有高辐射力、高到达率和强社会影响力的中心节点，他们通常在现实社会中就拥有权力地位和优势关系网络，不仅将现实社会关系嵌入社交网络，还承载了大量"弱连接"的接入与转出，成为群体协商与合作的关键节点①。网络意见领袖享有更多的信息资源和话语权，受意见领袖影响的个体之间不断交流互动，舆论观点得到群体极化，影响整个舆论事件方向。移动社交媒体的圈群化传播组成了具有线上线下影响力的自组织社群，聚合形成影响舆论发展的力量。舆论热点事件生成过程中，数量庞大的普通网民通过分析、转发、评论、点赞甚至组织水军等方式，表达态度意见，组织线上线下集体行动，赋予热点事件强大的生命力和影响力。如"帝吧出征"事件，自组织中的群体通过协同互动的方式，聚集了丰富的舆论热点潜在资源，一旦出现共同关注的话题，极易发展形成大规模的传播和行动。

从全国性的热点话题来看，不同舆论热点中活跃的是不同社会群体。安全、司法、教育、医疗等民生领域，常牵涉多方切身利益，爆点多、传播快、代入感强，越来越多的阶层群体特别是中等收入群体出现焦虑和不安全感的心态。当下公众的文化教育水平不一、利益诉求不同，社会价值观和社会心态的差异极大，在意见表达过程中很难做到足够理性、负责、一致。最直接表现在移动社交媒体中就是舆论的失衡、冲突、非理性和群体激化，情感宣泄往往多于理性对话，观点碰撞通常多于理念共识，情绪性批判不时会超越建设性谏言。

（四）共情心理

情感的生成和共情，是舆论热点得以传播的必要条件。舆论的扩散过程是

---

① 喻国明，马慧. 关系赋权：社会资本配置的新范式——网络重构社会连接之下的社会治理逻辑变革. 编辑之友，2016（9）：5-8.

外显的"社会意识流"涌动过程，而内在的情绪倾向，会对信息和舆论的传播范围、传播速度、传播烈度、传播深度等产生影响。只有与切身利益相关，或者能唤起民众的共情心理，个体性意见才能逐步转化成大多数一致赞同的公众性意见，形成广泛的舆论声势。用户使用移动社交媒体的目的在于关系的建立和情感的交流，当情绪受到舆论热点事件触发，则可能借助移动社交媒体的表达或发泄，引发放大的舆情烈度，"和颐酒店女子遇袭""深圳女生未带身份证被强制传唤""魏则西事件""雷洋案"等，都触动了公众心理敏感点，激发恐慌情绪。移动社交媒体让共情心理更具有感染力和影响力，让用户感觉自己成为舆论事件中的当事人。

通过舆论声音影响现实层面社会治理是热点事件传播的重要动机。这些舆论热点事件均反映了一个或多个深层次社会问题，关乎民众切身利益，日积月累，一遇"导火索"即迅速升温、燃爆，舆论场随之震荡。加之移动社交媒体在事件描述和观点阐述中，多通过情绪化的措辞、图文结合等形式，往往精准击中公众舆论"痛点"，吸睛效果明显。这些话题易刺激网民情绪，引发"代入感"，使"利益受损"群体从事件当事人向社会其他群体扩散，触发从众焦虑感、不安全感，引发舆论共振。

（五）场域情境性

场域的情境性，往往与空间环境、公众心理、社会流行等因素密切相关，舆论事件在相关情境中生成、发酵、传播，通过自组织群体的协同互动达到爆点，离不开情境的塑造和支撑。在不稳定、不平衡的移动舆论场中，话题始终保持着不断流动、互相交融、深入对冲的特征，有利于多元化、复杂化议题的生成，舆论应急事件成为常态，争议与对立、和解与反转不断。因此，一旦出现打破舆论场平衡、引发冲突对立的事件，就会在移动舆论场迅猛激化，得到受众普遍的心理认同和强烈的社会反响，达到舆论热点事件的爆发/临界状态。

场域情境的自组织性也容易让舆论旋涡向不同方向运动倾斜，舆论热点事件的频繁反转成为常态化现象。反转是事件发展初期和后期舆情表达的不一致或逐渐呈现逆向转化态势，甚至主流舆论或多数派意见与情绪也出现完全相反的逆转，即网络群体的舆情表达游走于不同的舆论旋涡之间，主流舆论或多数派意见数次向不同方向的倾斜，使得舆情表达最终发生反转①。舆情反转事件一个共同特征是与事件本身有关信息的增加或者改变，是网络舆论场中信息不对称的一种体现。微博、微信等移动社交媒体的碎片化传播以及网民的脸谱化认知，导致传播过程中可能会出现变形、走样，甚至背离原有立场。一个话题的走热，在很大程度上是"迎合"网络情绪的结果，事件传播主体为了提升传播力和覆盖力，往往主动迎合移动舆论场传播情境，对热点事件二次加工创作，影响态度倾向。如"成都男司机暴打女司机""上海女逃离江西""村妇组团约炮""罗尔事件"等热门话题。在热点事件接连反转后，议程退出公众关注视野，进入平息阶段，这也说明了移动舆论场具备自我净化、自我完善的功能。

与舆论热点事件密切相关的是"涟漪式"传播，即在移动舆论场域一段时期的特定情境中，当热点事件引发共鸣或产生重大影响时，便呈现出"祸不单行""接二连三"的传播态势，某个信息片段被公众聚焦，继而被深挖，类似事件不断叠加，从单个舆论事件转变成多个热点联合爆发，公众情绪就会呈"滚雪球"式放大和积累，网民情绪自然而然也相互"传染"，导致情绪泛化，这是涟漪式传播特有的影响。极端化的舆论情绪在涟漪式传播下，事件与事件之间具有相当的相似性，大众对于重大事件的记忆往往极其深刻，而新舆论事件只要能有"前车之鉴"，传播者就会主动向此前的舆论热点事件靠拢，使新事件获得更多的舆论关注。"天价鱼"舆论热点中，因为"天价鱼"的轰动性，事件属性相似的"青岛大虾"等事件在传播过程中利用"天价"一词，炒高舆情价值，借其余热引发关注。部分事件在传播衰退期中，受到"涟漪"效应的影响，引发舆论场将相似性质事件牵出的二次爆发，形成新的舆论高峰，进入新一轮舆论热点发展周期，让事件本身的发酵时间和影响延长。同时，类似事件的聚合形成全民热点，在舆论场留下深刻痕迹，成为下一轮"涟漪"效应的"素材"，长尾效应连绵不绝。

（六）流行话语体系

网络流行语是互联网逐步走向成熟后出现的一种重要社会文化现象。特别是以青少年群体为代表的广大网民，在移动传播场域创造或使用一种具有网络特色的特殊语言，因其较快的传播速度、较强的用户黏度和与社会热点的紧密

---

① 新华网. 舆情反转与良性网络舆论生态的塑造 ［EB/OL］. http：//news. xinhuanet. com/yuqing/2016 - 05/18/c_ 128992868. htm，2016 - 05 - 18/2016 - 08 - 22.

关系，在一定程度上成为社会观念、网上舆论的风向标。在众多舆论表达渠道中，流行语因其便捷性、高用户黏性成为表达意见、生成舆论、批判现实的便利渠道。热点事件发生后，网民提取热点事件的关键词或以戏谑反讽的形式进行民意表达和舆论监督，意图形成较强的舆论力量对社会热点进行影响。

　　分析当前网络流行语的文本内容可以看出，大部分网络流行语反映的都是当前社会的集合现象或某个热点问题及突发事件，从单个网络流行语中可以看出网民对某现象或事件的即时情感态度趋向。通过对一段时间内网络流行语的综合分析，可以反映出当时社会整体舆论态度和时代特征，也为网络舆论和社会舆论的交汇提供了有效的释放口。特别是网络流行语中具有较强意识形态色彩、政治色彩的流行语，是民意和社会舆情的现实反映，网络流行语的思维情绪、话语方式都极易蔓延到社会空间，与现实问题形成对应，壮大了民间舆论场的力量。建设性的网络流行语推动网络舆论正向发展，产生网络正能量，而破坏性的网络流行语推动网络舆论负向发展，甚至产生具有破坏力的现实行动。

　　同网络流行话语体系相似的，还有表情包的流行。表情包现象作为移动互联网时代产生的特殊文化现象，一方面本身形成一个舆论热点，另一方面在助推舆论事件时发挥着重要作用。通过受众对虚拟情境写实化、生动化的需要，表情包构建了更有代入感和现实感的交互场景，既是社会心态的即时反映，也是舆论热点事件最外在、最直观的表现形式。如引爆网络的 2018 年全国两会中的"红蓝记者"事件，相关表情包迅速在移动社交媒体中蔓延。可见，在移动舆论场中，舆论事件成为热点，是从文本流行到图像、视频流行的全面升级。

　　移动社交媒体舆论热点传播机制的构建，可以借鉴社会学"网络理论"视野中关于节点、结构和关系的含义来提炼机制内部的要素，分析传播过程中要素之间的关系，用来解释移动社交媒体舆论热点传播机制的复杂关系和互动现象。事件性质与舆论正负向、传播渠道、自组织群体、共情心理、场域情境性和流行话语体系共同决定网络参与者的强弱联结、位置关系和影响作用。具体来说，移动社交媒体中，事件性质与舆论正负向、自组织群体包含着参与者之间的互动频率、感情力量、亲密程度，影响着网络参与者与舆论热点事件联结的强弱程度；传播渠道、场域情境性影响着网络参与者相对于舆论热点事件的位置关系，共情心理是传统意义上影响传播效果的位置关系，场域情境性则随着移动社交媒体的出现对舆论热点传播发挥着越来越突出的作用。结构洞之间的缝隙，需要由第三方的场域情境来填补，场域情境越具体，则结构洞的缝隙

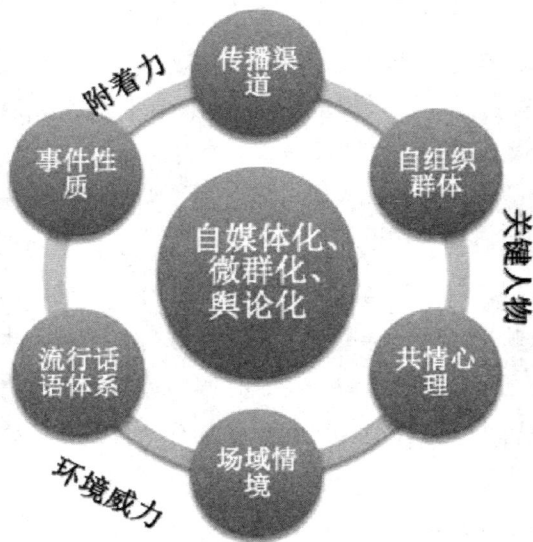

图 5-1　移动社交媒体舆论热点传播动因

越小，舆论热点的传播力越强；传播渠道、流行话语体系影响着网络参与者对形成舆论热点事件能够发挥多大的影响作用。类似于微博、微信等移动社交媒体得到的社会资本越多，其对舆论热点传播的影响作用越大，流行话语体系积累的媒介受众和使用者越多，其在社会网络中流行的规模越大，所能获得的舆论热度也越强。社会网络理论中这三个层次的结构对理解移动社交媒体舆论热点传播机制有着积极的借鉴意义，移动社交媒体中的舆论热点传播是不断变化发展的，在社会网络理论的视野中，要充分认识到整体网络的不平衡性、密切的互动关系及系统运行的相对独立性，将影响移动社交媒体舆论热点传播的重要环节和要素都纳入影响范围，在当前自媒体化、微群化、舆论化的发展趋势下，兼顾技术发展和关系社会的互动作用，通过相关联结的框架，实现社会网络中各个参与者的不断协调发展，从而达到治理者舆论引导的目的。需要注意的是，移动社交媒体传播技术发展本身即是网络参与者的协调过程，虽然技术并不直接影响传播机制的构建，但随着互联网技术进步不断打破原来已形成的相对稳定的传播机制，治理者需要通过单独理解移动社交媒体舆论热点传播中的某一要素，通过改变一个或几个关键要素的节点位置和关系机构，通过协调互动配合促进新的相对稳定的传播机制的出现。

二、移动社交媒体舆论热点传播动因与舆论场的关联作用

移动社交媒体舆论热点的传播力、影响力动因对移动舆论场整体生态环境构成了具体的关联作用，事件本身的性质、具体传播渠道导致舆论热点"自媒体化、微群化、舆论化"特征更加突出；舆论传播过程中的自组织群体和共情心理是移动社交媒体舆论热点群体极化的关键动力；场域情境性和流行话语体系则导致舆论事件环境的负面倾向和线下风险。鉴于上述动因的重要功能，移动舆论场和热点事件表现出一些规律性特点。

（一）"自媒体化、微群化、舆论化"特征更加突出和明显，并逐渐呈现出"舆论战"形式

移动社交媒体让信息发布门槛越来越低、渠道越来越便捷，传播信息、表达观点、发声造势、施加影响成为常态。与传统媒体相比，舆论热点事件的移动社交媒体传播更倾向于预设立场，发布符合自身利益诉求及主观认知的信息，其真实性、完整性、客观性往往难以保证，易误导民众认知，使走势复杂化。《每对母子都是生死之交，我要陪他向校园霸凌说 NO》《罗一笑，你给我站住》等文章在传播过程中均出现明显的"舆情反转"，《罗玉凤：求祝福，求鼓励》一文"不少地方被网友添油加醋"。舆论"去中心化"已然形成，带有各自立场和价值观的信息被释放，新闻媒体的影响有所削弱，受众也根据自身喜好及认知选择符合自身期待的观点进行吸纳。原本某一独立的观点可能引发网络"滚雪球"效应，在网民转发、跟帖、评论、点赞的助推下，网络舆论热点不断催化、演变，网民观点更容易短时间内形成一股舆论声势，在多种舆论声势互相冲突、碰撞下，最终形成各方势力对垒的"舆论战"。同时，移动社交媒体的微群化也凸显网络名人效应，特别是在一些事关民众切身利益及舆论普遍关切的新闻事件上形成少数意见领袖引领舆论的现象。如此前的"北京红黄蓝幼儿园虐童案""魏则西事件"等均有此表现，成为"茶杯里的风暴"。

（二）舆论观点情绪极化现象突出，可能在实践中形成制造热点的有效模式

随着移动社交媒体越来越多地参与重大新闻事件，政府部门与舆论的关系已由之前的单方面发布转换为"相互认识、相互作用"的关系。舆论既关注政府部门如何行使权力，同时又充分考虑社会大众的反应，甚至借助舆论来影响决策及行政行为。网民通过留言评论表达观点，一些有影响力的"网络大 V"、

意见领袖进行观点放大加工，再将"网络民意"通过媒体、网民的交互作用造势为"社会民意"和"群众呼声"，进而形成舆论、道德等压力影响议题，可能致使事件偏离了实事求是、理性辨析的轨道而失焦跑偏，进而影响后续处理方式和结果。如雷洋案、于欢案、鸿茅药酒案等，在发布节奏上由移动社交媒体首发，自媒体、"网络大 V"跟进，官方媒体介入，网民群情激愤，官方通报回应，改变事件走向这一系列演变都有较为完整的路径、策略，最终舆论热点成功影响事件方向。由于移动社交媒体加强规范管理和群体极化压力的冲突作用，越来越多的移动社交媒体用户选择通过隐喻式、戏谑性手法表达观点和情绪，借网络流行语、Gif 图片等形式对主流话语体系进行解构，吐槽式和吃瓜式心理和情绪成为移动舆论场年轻用户的主导情绪，更易造成对主流舆论的割裂和误导。

（三）移动社交媒体舆论热点主题多聚焦负面领域，存在线下风险

移动社交媒体舆论热点多以负面事件为切入口，披露并聚焦网民普遍存在的共性问题，触发民众个体所处生存环境的思考，增加其焦虑感和不安全感，不利于培育正面积极的舆论氛围。如"魏则西事件"由单个案例演化为对公共安全、医疗改革等社会议题的探讨，移动社交媒体的传播推动起着关键作用，在移动社交媒体的频繁爆料互动和主流媒体深度跟进的过程中，最终形成全网热点话题。部分热点事件热衷通过偏激观点和言辞，刺激社会分化，挤压理性、温和、建设性言论。如《盛世中的蝼蚁》一文，将杨改兰事件归咎于社会和制度问题，基调灰暗悲愤，强烈的情感宣泄易激发网民同情，吸引一批追随者。在舆论热点事件及相关话题的讨论过程中，移动社交媒体舆论热点事件在传播过程中容易衍生出不利于政府公信力的声音。如《刺死辱母者》一文引发民众对山东"于欢案"的广泛关注，而济南公安官微"毛驴怼大巴"的不当回应，则为网民提供了新的"靶子"，围绕"司法判决不公""政府监管缺位""城乡二元对立"等话题，客观上持续推进舆论热度进一步高涨，负面舆论呈增多趋势。

第二节　移动社交媒体舆论热点传播模式变革

在传统媒体时代，舆论热点的传播权完全由传统媒体掌握，舆论热点事件

的传播模式基本遵循着传统媒体设置议程→形成社会影响→传统媒体反馈或消散的路径，在这样的传播路径中，传统媒体处于舆论热点传播的中心场域。在PC端网络传播时代，网络媒体和传统媒体合作互联，舆论热点事件的传播模式通常形成网络媒体围观热点→传统媒体关注报道→社会层面讨论→网络媒体转载传播→传统媒体反馈或消散的路径，虽然网络媒体参与了舆论热点的传播，但对舆论话题热度的贡献并不明显，话题能够形成热点仍需要传统媒体的重要推动作用。微信、微博等移动社交媒体的出现极大改变了舆论热点的生成路径和传播模式，移动社交媒体成为设置舆论热点、推进热度共振的关键环节，本节重点对移动社交媒体舆论热点传播演进过程具体分析，探索其传播模式的新变革和新规律，并试图构建移动社交媒体舆论热点传播机制模型，挖掘其中的联动机理和协同作用。

一、移动社交媒体舆论热点传播演进过程

移动社交媒体的兴起让一些舆论热点事件在短时间内迅速占领社交网络，对舆论场造成较大冲击。通过分析近年在微博、微信等多个移动社交媒体形成"刷屏"之势的舆论热点，研究其传播演进特点、归纳传播机制及模式，发现传播特性的内在规律和联动机理，可见移动社交媒体对舆论热点的重要作用和影响。

（一）话题主题与规模：引发全民讨论热潮

近年来的舆论热点事件受到了全民广泛关注，据统计，阅读量/点击量上千万的热点主要产生于以"两微一端"为主体的移动社交媒体，话题由单个平台蔓延至全网。舆论热点事件发展一般可分为四个阶段，即潜伏阶段、爆发阶段、蔓延阶段、淡出阶段。潜伏阶段就是网络原发信息在没有策划和组织的情况下，零散分布于网络空间，还没有形成网民关注和广泛舆论；突发阶段是潜伏阶段中零散的信息突然受到网民广泛关注，快速被网络转载；蔓延阶段是事件成为关注焦点，形成移动社交媒体与传统媒体有效互动、相互促进的发展态势；淡出阶段指在网络舆论热点事件蔓延阶段后，表面上看似事件平息，但是从传播过程中总结或概括出来的语汇及其象征成为网络传播乃至社会公共传播的流行语，如表叔、房姐、高富帅等。任何用户都可以通过个体的力量对舆论的发展贡献话题和资源，在各自所在的网络社交圈群传播影响，全民化聚合起来的舆论主体范围更加广泛，影响更加深远，更容易汇集起舆论的强大力量。

以近年来网上主要舆论热点事件的梳理汇总为例，可见由微信公众账号引发的舆论热点事件占据绝大多数，舆论话题几乎得到了上亿级的关注，舆论主题与社会民生领域话题息息相关，是移动社交媒体的传播优势与话题内容的契合互动，才出现了全民化、现象级的事件规模。现象级的移动社交媒体具有极强的渗透力和组织动员能力，能够深度参与到舆论热点生成发酵的过程中，甚至通过组织动员能力改变顶层议程设置和社会运行规则。

表 5 - 1　2016 年 4 月—2017 年 4 月网上主要舆论热点事件传播要素一览表

首发时间	文章名称	首曝平台	微信公众平台文章数量	网络新闻量	微博话题阅读量与讨论量
2016/5/1	《一个死在百度和部队医院之手的年轻人》	微信公众号"有槽"	45330	9185	#魏则西事件#4.2 亿阅读，9.1 万讨论
2016/5/9	《刚为人父的人大硕士，为何一小时内离奇死亡》	知乎"山羊月"专栏	11961	1263	#人大硕士身亡#3.1 亿阅读，5103 讨论
2016/6/8	《残酷底层物语：一个视频软件的中国农村》	微博公众号"x 博士"	1000	333	#快手#3.1 亿阅读，267.2 万讨论
2016/8/25	《谁害死了准女大学生徐玉玉》	微博公众号"澎湃新闻"	3080	4688	#徐玉玉遭遇电信许骗#109.2 万阅读，954 讨论
2016/9/11	《盛世中的蝼蚁》	微博公众号"港股那点事"	1045	72	#盛世中的蝼蚁#579 讨论
2016/11/25	《罗一笑，你给我站住》	微博公众号"罗尔"	27036	7370	#罗一笑，你给我站住#1.2 亿阅读，3.5 万讨论

首发时间	文章名称	首曝平台	微信公众平台文章数量	网络新闻量	微博话题阅读量与讨论量
2016/12/9	《每对母子都是生死之交，我要陪他向校园凌霸说NO》	微博公众号"童享部落"	1206	1688	#中关村二小欺凌事件# 4130.2亿阅读，7.1万讨论
2017/1/11	《罗玉凤：求祝福，求鼓励》	微博公众号"我就是凤姐"	3642	1141	#凤姐全捐了#3441.2万阅读，1.7万讨论
2017/3/13	《一枚中科院科研人员的自由：我为什么选择离开》	知乎帖子	442	208	#清华硕士逃离北京# 1.2万阅读，27讨论
2017/3/25	《刺死辱母者》	微博公众号"南方周末"	9163	5167	#辱母杀人案#已被删；#人民日报评辱母杀人案#1亿阅读，4.5万讨论
2017/4/24	《帝都西站，骗局众生相》	微博公众号"故事汇心"	850	334	#北京西站买票骗局# 507.9万阅读，1352讨论
2017/4/25	《我是范雨素》	微博公众号"正午故事"	2132	2065	#我是范雨素#已被删；#范雨素躲进古庙#12.1万阅读，61讨论

（二）议程设置：话题同步化、颗粒化

比起传统的舆论热点传播模式，移动社交媒体的舆论热点传播具有同步化、颗粒化的特点。微博、微信等传播媒介通过即时性的话题发布，在信息生成的同时话题得以迅速传播，接收反馈互动也基本同步实现，通过裂变式的传播网络形成大面积的传播效应。移动智能终端与人体的深度绑定让话题传播和舆论生成几乎是同时进行、同步发生的，这种即时性的模式在传播过程中就可以实现舆论的发酵扩散，意见观点的整合趋同。

移动社交媒体的碎片化传播形式让舆论话题也呈现颗粒化结构，微博、微信等文本信息都较为简短精练，语音、视频也都有较短的时间限制，内容文本的碎片化导致了舆论话题如小颗粒一样散布在移动舆论场的各个碎片化空间中，颗粒状的话题更加有利于议程设置的灵活性和便捷性，普通受众也能够掌握议程设置的主动权，主动发布能够引发互动交流的舆论议题，快速实现舆论热点的传播与聚合。比如普通用户在微博上设置发起讨论话题，在微信中建立微信群组，颗粒化的话题让移动社交媒体的舆论热点传播具有了脱离传统媒体议程设置的独立性，议程设置的独立性赋予了移动舆论场影响网络舆论整体走向的功能作用，与社会舆论的互动交织更加激烈不平衡。

同时，议程设置的颗粒化还表现为意见话题分布的不均衡。由于移动社交媒体具有较强的使用体验和情感习惯等特征，加之社会发展和互联网技术普及的不同状态，移动社交媒体议程设置在不同人群、不同地域、不同平台、不同社群空间之间表现出了颗粒化差异，有城市抖音、农村快手，精英知乎、草根贴吧的说法。因此，议程设置的颗粒化导致了舆论热点传播的不平衡性，需要移动社交网络发挥融合性功能加以弥补。根据统计，微信和知乎是当前网上主要舆论热点事件传播最为广泛的两类首发平台。如《一枚中科院研究人员的自白：我为什么选择离开》，本是知乎帖子"北京房价是不是正透支着外来年轻人的创造力和生活品质？"的热门回答，在被微信公众号转载后迅速引发广泛关注和热议。正是这样不平衡的颗粒状议程设置，容易得到不同平台媒体的关注，进而实现跨平台的话题传播和舆论聚合。

（三）首轮舆论发酵：经"微信朋友圈＋微博"热传，进入舆论视野

舆论热点事件的传播路径多由点及面，往往在微信公众号和知乎等社交平台发端，后经微信朋友圈、微博等平台广泛传播，引燃舆论场。近年来近八成网络舆论热点首发于自媒体账号，还有部分首发于知乎专栏和问答区。如《一个死在百度和部队医院之手的年轻人》在微信公众号"有槽"发布后，微信朋友圈及微博用户积极参与讨论和转发，其他微信公众号也开始对该事件发表评议，起到扩大声势的作用。数据显示，与"魏则西事件"相关的微信公众号文章高达 4 万多篇，微信相关话题阅读量超过 4.2 亿人次，讨论量近 10 万人次。再如由新京报"我们视频"网络短视频推出的《局面》栏目发布了日本留学生江歌被害后其母亲与同学刘鑫的采访视频后，微信公众号新京报、三联生活周刊、澎湃新闻等发布文章《江歌之死，自私会变成多大的恶？》《江歌之问：情

绪不能代替事实》《江歌案：杀气腾腾的咪蒙制造了网络暴力的新高潮》等，迅速引发舆论的大爆发，通过微信朋友圈的刷屏式转发达到传播高峰，并外溢向其他平台。案件当事人江歌的母亲在新浪微博开通个人账号@苦咖啡－夏莲，粉丝144万，持续在微博发声，并在微信公众平台开通个人账号"江歌妈妈"，发布大量关于请求判决陈世峰死刑和起诉刘鑫的文章，自媒体账号信息第一手传播对舆论热点形成起了重要推动作用。

（四）关键传播节点：主流媒体及商业网站"接棒"发声，推动后续多轮讨论

主流媒体的持续跟进及多渠道、跨平台联动传播，明显扩大了网络舆论热点及其衍生话题的讨论范围。主流媒体发现具备新闻价值的热点后，往往迅速跟进报道，紧随热点深入采访，挖掘更多背后信息，完成对相关事件的全方位立体呈现。一些商业门户网站及移动新闻客户端则以集纳报道、集中推送、更改原文标题等方式，推动话题迅速发酵。如山东"于欢案"的关键节点，正是网易网将南方周末《刺死辱母者》一文标题改为冲击力更强的"母亲欠债遭11人凌辱 儿子目睹后刺死1人被判无期"，当天即有超过一百万人次网民参与讨论，跟帖留言数量之大，迅速成为全网热点。因此，在舆论演变为热点事件的过程中，主流媒体及商业网站的组织动员和多方推动是关键环节。随后，澎湃新闻、新京报、南方周末深度跟进，挖掘案件细节，人民日报、新华社发布权威信息，定调事件情况，最高人民检察院、最高人民法院等相关部门在移动社交媒体发声跟进，发布最新进展，以微信公众账号为主的自媒体发布《"辱母案"背后的小城催收"黄金时代"》《于欢刺死辱母者是否有罪？你的一票很关键!!!》等阅读量超过10万的热点文章，联动形成多轮刷屏效应。在一定阶段内，每当舆论热度有所下降时，都会出现信息的跟进补充，再次引发大规模的关注和讨论。可以发现，在舆论热点生成的过程中，主流媒体和商业网站的发声跟进是舆论爆发的关键环节，一方面，主流媒体信息来源更加权威客观，能够得到超过自媒体的新闻信息资源；另一方面，自媒体账号往往为了吸引眼球获取流量会采取较为偏激的话语体系，容易带偏舆论方向。但在事件的初级传播阶段，移动社交媒体具有传统主流媒体不具备的传播速度和受众感染力，是舆论热点事件能够迅速扩散的首要渠道。

从舆论热点事件的生成传播可以看出，移动社交媒体舆论热点的传播一般路径为：网友讨论（微信/微博/移动短视频）—形成舆论压力（"意见领袖"

作用）—商业媒体/传统媒体跟进（挖掘新的事实）—回应表态—政府应对—问题得到查处和解决—网友注意力转移—网络舆论热点消解。

如"雷洋案"最早出现在知乎社区，进而传播到人大校友微信朋友圈引爆整个社会话语舆论场，这种"新技术平台爆料—微信刷屏—微博跟进—传统媒体报道—新闻门户客户端打通最后一公里"的接力传播模式已成为近年来网络热点事件传播的主要模式：以知乎为代表的新型技术平台扮演信息源头；微信是自媒体人观点齐发的话题酝酿和讨论的地方；微博扮演信息二传手，最终形成舆论话题的"平台联动"和"情绪共鸣"，传统媒体则将事件进行"仪式化"报道。

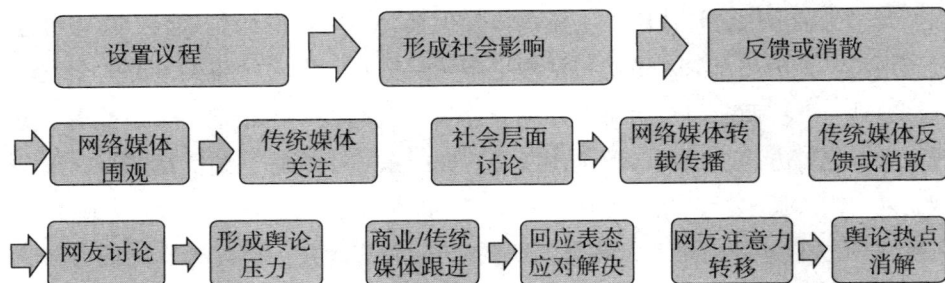

图5-2 传统媒体、网络媒体、移动社交媒体舆论热点传播路径图

二、移动社交媒体舆论热点传播模式变革

通过对微博、微信、移动短视频这几种主要的移动社交媒体舆论热点传播特性的研究对比，从传播主体、传播对象、传播媒介、传播内容、传播效果、传播模式、传播空间、传播关系、传播单元、传播渠道、传播网络、传播路径、传播动力、传播控制、媒体属性、社交属性等多个维度探索总结舆论热点事件在不同移动媒体上的传播模式和影响作用，形成对移动社交媒体舆论热点传播机制更深刻的认知。

（一）当前几种主要的移动社交媒体舆论热点传播模式对比

微博作为一个移动社交网络平台，为内容、社交、服务、传播等提供了优越契机。多平台多用户使用方式，汇聚了大量的名人、商业领袖、传媒人士等精英人群，以及政府、媒体、企业等官方机构，舆论热点传播快互动性强，2010年5月29日9点27分华侨大学报主编赵小波发了一条微博"在新浪，一条围脖最终能走多远？不妨来做一下试验"，此条微博不仅在全国33个省市（除西藏地区外）

不断传递，还传播到国外，可以说是"一条微博走天下"，转发和评论活跃程度要远高于其他同类平台。每一条微博都可以被所有用户看见，舆论传播渗透力极强，主要包括"粉丝路径"（发布信息后，A 的粉丝甲乙丙丁等都可以实时接收信息）、"转发路径"（如果用户觉得 A 的某条微博不错，可以"一键"转发，这条内容立即同步到该用户的微博里，该用户的粉丝都可以实时接收信息，然后以此类推实现极速传播）。依托认证名人机构数量和活跃度领先，以及强大媒体品牌口碑传播，微博成为最具影响力的舆论热点制造、传播、扩散平台。

微信的信息流动相对自由隐蔽，图片、语音、视频等信息形态多元，社会关系更加密切，传播的信息可信赖程度高，容易使谣言滋生和非理性情绪蔓延。传播主体多元多样，根据传播模式变化，接收者可以转变为主动选择者和传播者。微信公众账号的传播模式主要依靠精准传播渠道实现，公众平台发挥了传媒机构、网络意见领袖和普通网民的"广播站"作用，还可以通过多种插件来扩展辅助功能，实现了多媒体的融合发展和传播效果裂变化的层层扩散。当前，微信公众账号成功探索了聚合微媒和微号的方式，服务功能强大，导流价值明显，部分用户信息过载，自媒体的内容生产比较个性，但也同质化严重，数据泡沫较大。

点对点的即时聊天和基于社交关系网络形成的微信朋友圈、微信群组具有极强的用户黏度和私人社交属性，由无数朋友圈和群组组成了多个互相交叉并相对独立的舆论空间。微信内相互联系且相对独立的子系统能够产生协同效应，扩大了舆论热点的传播范围，延伸了不同层级的传播空间，具有其他传播形式不可比拟的可靠度和心理亲近度，为舆论热点传播提供了社交化、移动化、即时化便利渠道。微信舆论热点传播机制便于普通网民、媒体从业者在突发事件现场第一时间抢发新闻、直播消息，共享新闻线索和报道资源，带动对某一事件的炒作。

移动短视频在成为新的重要流量入口的同时，也成为网络舆论热点的发源地。内容生产的 UGC 模式，以场景体验的代入感浸入式、移动化的立体社交、碎片化的传播空间，省略了传统传播过程中多个中间环节，移动短视频主要依靠传播节点与节点之间发生关系，进行直接的联系和传播，传播过程几乎不会受到外界的干扰和人为干预。以链条式传播单元、一对多的传播渠道以及多对多的树状传播扩散网络为基础传播模式，发挥了去中心化的舆论生成、再中心化的舆论聚合的作用。以算法推荐的定制化传播、多渠道联通共享传播、即时互动反馈和多向聚合互动对舆论热点传播机制进行了革新，有效地与新闻媒体形成互补互动，在现场型事件中发挥舆论热点传播引导作用。

　　基于前几章的研究，通过对微博、微信、移动短视频几种当前主要的移动社交媒体舆论热点传播要素、传播模式、传播机制的分析，可以发现，当前移动社交舆论热点传播要素具有如下共同特点。

　　一是传播主体多元。在低门槛的、没有时空限制的传播空间中，传播主体的身份、性质、背景、需求各不相同，除传统传播主体外，网络意见领袖和自媒体大量涌现，普通网民议程设置能力增强。

　　二是受众分化明显。在以社交关系网络为基本结构的移动社交媒体中，受众的圈群化集聚现象明显，强关系与弱关系交织，开放集群和封闭集群交汇，以社交关系网络为连接，形成了大量的社交网络集群，既交叉又重合，通过移动化和社交化功能对舆论热点传播起着重要的推动作用。

　　三是传播渠道融合。移动社交媒体强大的平台功能，让文字、图片、视频、音频等不同形式的传播内容都融合在一起，短时间内实现转发、评论、分享、点赞、@某个用户、私信等功能，还可以与其他社交媒体平台通过转发分享的形式联通，大大提升了用户的使用体验。同时，在垂直化发展的定位之上，大多移动社交媒体努力建设成为"内容＋服务＋关系"的流量入口。

　　四是传播内容碎片。时间和空间的随意性也带来了传播内容的碎片化特点，一方面，碎片化的传播内容有利于不同信息源头的聚集，经过不同用户不同平台的碎片化传播，能够在短时间内形成舆论的聚合动员；另一方面，碎片化的内容可能会被裂变式的传播效果进一步分散和割裂，给信息内容的完整度、真实性和舆论治理带来挑战。

　　五是传播效果裂变。借助移动社交媒体的传播优势，信息传播多元多向，每个传播节点与其他节点相连，每个传播链条与其他链条嵌套，单独的传播空间与其他传播空间联通，舆论热点随着个体用户的转发分享，得以裂变式传播扩散。

　　六是舆论热点生成源头。移动端和社交网络比传统媒体更能满足用户的多元化需求，释放了普通用户的话语权，为自媒体传播舆论提供了便利的平台，越来越多的用户选择通过移动社交媒体发声传播。同时，传统媒体和政府机构入驻移动社交媒体争夺舆论空间，让移动社交媒体信息源头大大丰富，加之传统把关人的缺失，造成了舆论传播的复杂多变。

　　七是舆论控制失效。在平等传受关系的解构下，话语权和主导权被重新分配，传播关系"去中心化——再中心化"趋势明显，凭借算法推荐和热搜等功能设置，舆论导向方式偏差，主流议程设置难度加大，造成了舆论控制的碎片化和困难。

不同的移动社交媒体因其产品定位、功能设置、传播结构、关系网络等的不同，在舆论传播空间、传播模式、传播关系、传播效果、传播属性等方面各有不同，如表5-2所示。

表 5-2　移动社交媒体舆论传播要素对比

平台/要素	微博	微信公众账号	微信朋友圈	移动短视频
传播主体	多元化去中心 社交网络	多元化去中心 社交网络	人际关系为 中心群体聚合	人际关系为 中心群体聚合
传播对象	传受关系 一体化	传播主体主导	传受关系 一体化	传创受 三位一体
传播媒介	认证用户 非认证用户 PC端、移动端 结合	订阅号 服务号 企业号 移动端为主	即时聊天 朋友圈 微信群组 移动端为主	认证用户 非认证用户 移动端为主
传播内容	文字　图片 短视频　超链接 碎片化内容	文字　图片 视频　短视频	文字　图片 短视频 碎片化内容	短视频　音乐 碎片化内容
传播效果	半即时互动反馈 跨层级效果	非即时互动反馈 逐级裂变效果	即时互动反馈 平面效果	半即时互动 反馈 跨层级效果
传播模式	泛化传播	精准传播	精准传播	泛化传播
传播空间	开放空间	封闭空间	半开放空间	半开放空间
传播关系	弱关系传播 转发为主	强关系结合 弱关系传播 接收为主	强关系传播 接收为主	弱关系传播 接收为主
传播单元	链条式	中心节点	圈群式	链条式
传播渠道	放射式	平台式	桥式	放射式
传播网络	森林式	循环式	田字型	树状
传播路径	多对多	一对多	一对一/一对多/ 多对多	一对多/多 对多
传播动力	转发　热搜	精准推送	发布分享评论	算法推荐

平台/要素	微博	微信公众账号	微信朋友圈	移动短视频
传播控制	网络水军	推送次数限制	隐私设置 屏蔽	算法推荐
媒体属性	较强	强	较弱	弱
社交属性	较强	弱	强	较弱

（二）移动社交媒体舆论热点传播内生规律

一是舆论热点生成的偶发性。社会转型期的复杂形势和移动社交媒体的互动多元，共同为舆论热点生成的偶发性提供了现实条件和虚拟空间。当前我国社会主要矛盾已经转化为人民日益增长的美好生活需要和不平衡不充分的发展之间的矛盾。社会主要矛盾的转移表现在移动社交媒体上，就是可能出现由各种得不到满足的物质和精神需要通过移动智能终端表达舆论声音，由一个小的偶发事件生成蝴蝶效应，引发舆论风暴。从传播路径来看，除了主流议程设置，大部分的舆论热点事件的生成是随机的、偶然的，由于舆论生成、传播参与者的不受控制性，每天在移动社交媒体上产生数以亿计的信息，而其中的信息又会根据用户不断变化的需求和兴趣点分配不同程度的注意力，加之互动关系的不固定，舆论热点的传播是多向的裂变过程，如同水波纹一样难以掌握扩散的方向。

从传播主体来看，移动社交媒体的绝大部分用户都是个人主体，由个体受众主导的舆论热点传播具有明显的个性化和匿名化特征。前台个人身份信息相对虚拟，用户之间无法与现实社会中的身份地位产生对应关系，由移动社交媒体赋予的虚拟身份，能够让个体表现出符号化、多元化的形象。一方面，符号化的个体形象让用户潜意识在社交网络中塑造了前台表演区的理想形象，用户积极表现出有利于符号化形象塑造的观点和态度。如网络段子"网友不上街，路人不上网"，虚拟身份和现实身份有着较大的形象差距和态度倾向。另一方面，身份虚拟性延伸出了多重身份和多元化角色。大多数用户同时在微博、微信、短视频等平台上拥有账号，根据需求来回切换使用。以微博和微信为例，鉴于二者之间明显不同的传播特性，一般普通用户在不同平台上表现出来的个体特点是不相同的，在强关系熟人社交网络中身份更接近现实身份，而在弱关系的社交网络中更接近重新塑造的虚拟身份。用户身份的多元性也造成了舆论热点生成的多样性和不确定性，可能在微信中观点理性平和的用户与微博中激进消极的用户是同一个人，因而更加难以掌握舆论热点生成的稳定性特质。

二是舆论热点传播的圈层性。移动社交媒体的兴起彻底改变了传统媒体时代舆论热点生成传播的模式和传受双方的关系，舆论热点事件的传播不再由媒体机构等传播主体主导、单一路径地向受众传播，过去反馈滞后的受众成为移动社交媒体的发布者、传播者、互动者和评估者，具有多重身份的用户，以及由多个用户组成的传播圈群和互动网络，共同构建了舆论传播的空间圈群性。一般而言，移动社交媒体的用户都属于一定的传播圈群和社交网络，不论是微信群、微信公众账号还是参与微博热门话题、加入互动社区，每个用户都具有互相交叉或重叠的传播圈群空间。在一个个不同层级的空间中，用户首先进行信息内容的接收和生成，继而在各自所在的传播圈群中传播，群体中的其他成员又可以对接收到的信息进行加工、编辑、复制、转发等操作，通过层层不断的互动舆论热点在不同层级的圈群中传播，效果实现裂变式的聚合放大。同时，用户还可以通过个人在不同平台上的注册账号进行不同平台之间的交叉传播，多个平台的意见共鸣、舆论呼应，形成较为一致的互动反馈和议题聚合，通过平台之间的圈群融合和互动实现舆论热点的传播扩散。

三是舆论热点传播效果的协同性。尽管舆论热点的生成和传播表面上是无序性、偶发性的，但舆论热点各个要素之间的运行和传播效果还是依据着一定的内部规则和外部环境在运行。根据德国物理学家哈肯提出的协同论对舆论传播的研究应用，认为舆论传播有着序参量的作用，在不同的意见之间会自动出现竞争，最后一种意见占统治地位，序参量协同支配各种意见形成相对统一集中的舆论①。在移动社交媒体中，舆论热点传播过程的各个参与要素可以看作序参量，共同支配和影响舆论效果的生成。在系统的协同作用下，形成的舆论效果是相对稳定平衡的，如无外界力量的干预，会保持一定时间的稳固状态。移动社交媒体上从舆论热点生成传播的无序性到通过充分的发酵演化，各个平台、各个舆论热点传播参与者和各个群体的协同配合，实现舆论热点传播效果的平衡状态，舆论热点传播从无序到有序的过程，也是效果从微小影响到形成结构性力量的过程。

四是舆论热度消散的长尾性。绝大部分舆论热点事件的形成，都是社会现实问题在移动社交媒体上的投射。由于移动社交媒体放大聚合、群体极化等特

---

① 孙五三. 舆论研究的新思路——介绍协同学中的舆论研究方法. 新闻研究资料, 1991（1）：15-21.

征，社会现实事件在社交网络上会表现得更为激烈、更为多样，经过一段时间的发酵演化后，舆论热点由爆发期的高度紧张状态逐步过渡到消解期。一种舆论热度的消解是双方态度达成一致趋于平衡，另一种舆论的消解是观点的一方战胜持不同观点的另一方，不论是哪种消解形式，最终的结果都是舆论热点没有争议性而逐步失去关注度，进入沉默发展期。舆论热点的消解并不意味着话题的消失，而是失去了用户的关注和讨论，沉入移动舆论场底部，进入漫长的长尾期。属于长尾期的舆论热点一般会进入沉寂状态，但也会因为新信息的补充而出现热点舆论的变异，又或者通过"涟漪效应"，由其他舆论热点的爆发引发关联关注，再次进入社交网络传播结构。比如在冤假错案舆论热点事件中具有里程碑意义的"呼格吉勒图"案件，尽管随着事件的处置舆论已经进入平息状态，但几乎只要再出现相关冤假错案事件，都会与"呼格吉勒图"案件关联，重新梳理和讨论。

（三）移动社交媒体舆论热点传播模式变革

一是舆论热点"孵化器"变化——短视频直播、知乎等移动社交媒体全面崛起。微博、微信在公共事务中成为首发"舆情策源地"，不少热点事件在"双微"推动下瞬间关注量过亿，形成刷屏之势。知乎、豆瓣、短视频、网络电台、笔记类分享应用等新兴移动社交媒体对热点话题的首曝作用表现抢眼，如"广场舞与篮球少年争夺篮球场"事件发端，出自短视频平台梨视频。2017年以来，互联网舆情内容从"平台流量之争"进入"知识付费之战"，以小密圈、分答、微博问答、在行、知乎live为代表的知识付费平台迅猛发展，问答社区以其针对性较强、反馈较及时、互动形式较丰富以及非公开等特性成为舆论热点生成平台。

二是舆论热点参与形式变化——社交游戏、短视频、弹幕等成为新生代网民的"新宠"。以"王者荣耀""狼人杀"等为代表的社交游戏，直播及短视频等新移动平台正日渐成为最流行的网上互动平台和舆论热点重要源头和推手，发展势头不容小觑。以90后、00后为主体的弹幕族重塑了网上舆论参与方式，以弹幕为代表的新型跟评方式具有嵌入发布、快速飘屏等特点，易发展成为亚文化圈群。

三是信息生产模式变化——境内外舆论场信息互通增多。近年来，国际领域的舆论热点话题数量显著增加，境内外舆论场相互作用、相互影响的程度越来越深。一系列国际话题成为境内网民关注焦点。如新浪微博话题#朴槿惠下台#网民阅读量高达 3.7 亿人次，讨论量近 10 万人次，不少境外媒体报道通过一些自媒体账号被"搬运"至境内社交平台。同时，国际舆论场中涉华议题报道增多，一些国外咨询终端采用国内主流媒体、社交平台等信源。

四是网络技术力量变化——大数据和精准推送一定程度上决定网民看什么。当前，移动社交媒体、移动资讯应用、手机浏览器、搜索引擎等新老平台纷纷开设热搜、热点等功能及相关栏目，利用大数据分析，实时演算及展现用户好友乃至全国关注热点，将相关资讯内容迅速精准送达特定人群，不看新闻看热搜已成为信息传播及舆论热点发酵新模式。

根据移动社交媒体舆论热点事件的具体案例和传播关键节点可见，舆论热点的传播呈现"微循环"特征，基本遵循着依托"双微"平台首发（如网民在微博、微信中爆料）→移动平台传播节点（微信朋友圈刷屏式传播）→大规模扩散→主流媒体跟进报道→有关部门回应、引导（官方微博或微信公众号及时回应）→回落、消散"的传播路径。在传播过程中，这种闭环式"双微"传播模式大大压缩传统媒体介入传播的空间，热点事件来得快扩散得也快，几乎每个环节都离不开移动社交媒体的参与推动。当前，超过半数的舆论热点事件起源于微博、微信、移动社区等，开始扩散后引发网络意见领袖、微信公众账号的再编辑再传播，事件的关注度呈几何倍数增加，出现大规模爆发的可能性。微博、微信等移动社交媒体甚至发挥了"意见领袖媒介"的作用，通过其对舆论热点生成传播的重要作用影响其他媒体的议程设置。在大范围传播阶段，传统媒体、商业网站、普通网民、相关群体等竞相发声，相关信息蔓延至网站、论坛、报刊、电视，传播渠道被大范围扩展，形成了全媒体传播局面。传统媒体与新媒体相互报道、互相形成补充，关注群体线上线下实现联动，传播效果达到最大化。随着有关部门表态发声、回应引导，热点事件在各个平台逐步消散，整个传播过程形成了线上线下多平台、多渠道进行，多层次传播的路径。其基本模式如图 5-3 所示。

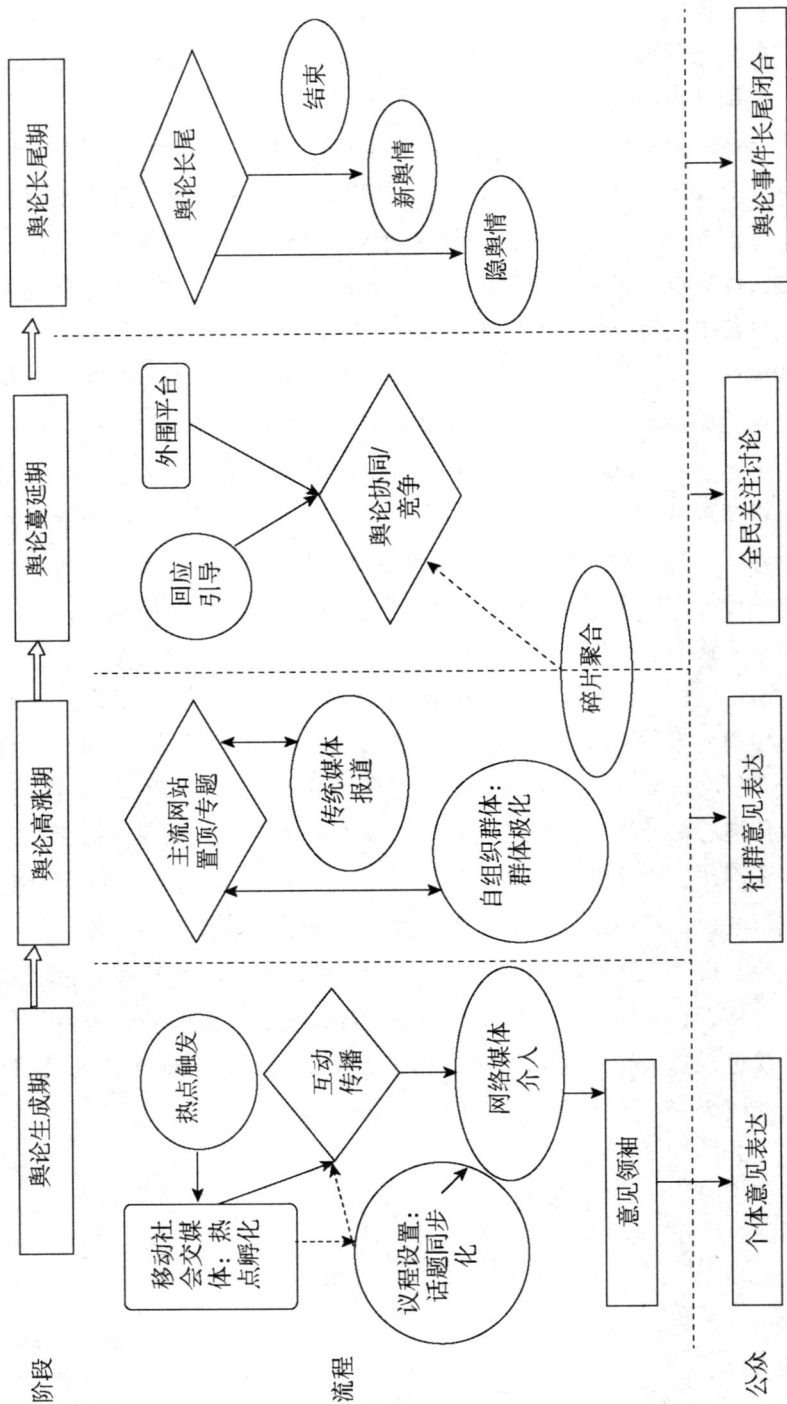

图 5-3 移动社交媒体舆论热点传播模式图

第三节　移动社交媒体舆论热点传播机制
构建及其联动机理

一、移动社交媒体舆论热点传播机制构建

基于移动社交媒体特有的信息接收、传播和反馈规律，形成了一种封闭兼扩散、内向兼多元的舆论热点传播模式。该模式通过点对点直线推送，用户多渠道裂变分享转发，进而发生多层级病毒式传播的过程，既表现出传统媒体基于订阅关系的经典传播特点，也表现出新媒体注重用户反馈和参与的传播优势。数量庞大的用户如同一个个综合信息收发点，既可独立，又可串联，形成了巨大的信息网络。这些信息网络看似松散，实则具有很强的凝聚力，对于同一社会事件的看法能够形成相对完整的公众意见，具有强大的自组织力。同时在网络大范围传播扩散的过程中，通过互相交流信息和发表评论还将形成多场域的互动关系。通过前文研究，移动社交媒体舆论热点的传播机制主要包括以下几个阶段和模式。

（一）热点触发机制

移动社交媒体中舆论的传播，大多始于舆论事件、热点话题的触发，舆论传播的热点触发机制，主要包括以下几种模式。一是主流议程设置触发机制。主流议程设置引发的舆论热点事件是当前最基本的热点触发模式。随着移动社交媒体对舆论场越来越重要的作用，主流议题也逐步重视移动社交媒体阵地的建设和引导。官方主流媒体纷纷入驻移动社交媒体平台，开展适应移动端特点的内容生成和信息传播，逐步开始重新掌握移动舆论场中的话语权和主导权。特别是在重大事件和重要时间节点中，主流议题都会进行提前策划设置，借助移动社交媒体互动性强、用户规模大、传播速度快等优势，实现主流议题对舆论场各个空间的传播全覆盖。随着主流议题不断改进话语方式和传播方式，移动社交媒体用户对主流议程的认可度也越来越高，"两个舆论场"的共识度更为一致。

二是意见领袖触发模式。移动社交媒体的兴起极大地释放了意见领袖的话语权和影响力，影响力较大的意见领袖成为舆论场话语权的中心，在舆论热点

事件的生成过程中发挥着议程设置、提供意见、舆论动员、引导舆论的重要作用。比如有微博女王称号的新浪微博用户姚晨，个人信息为"演员，联合国难民署中国亲善大使"，拥有超过 8000 万的粉丝，粉丝量超过了人民日报的新浪微博账号，姚晨积极参与公益类社会活动，在移动舆论场中有较大的影响力和号召力。比如舆论热点"范冰冰偷税"事件，首先崔永元在新浪微博中设置议题，其后引发舆论热潮。由意见领袖主动设置议题生成发酵的舆论热点事件，往往能够通过裂变式多层级传播圈群，迅速形成舆论影响。

三是线下线上传导触发模式。大多舆论热点事件的形成，都是基于现实层面因素和网络空间中意见的不断互动补充。对于普通受众来说，移动社交媒体是自由发声引起舆论关注进而解决现实问题和诉求的最佳渠道。很多在现实社会无法解决的问题通过移动社交媒体的传播和普通用户的踊跃参与贡献力量得以解决，舆论的力量有时甚至会影响议程设置和司法审判。比如在"颐和酒店"事件中，就是当事人在向酒店反映无果后通过个人新浪微博对事件进行了曝光，进而引起了全民关注。在山东"于欢案"中，也是因为移动社交媒体不断呼吁，改变了最终审判结果。在舆论热点事件中，往往通过线上和线下的联动影响，互相作用形成了巨大的舆论力量。同时，由于移动社交媒体缺乏信息质量的把关人，极易导致谣言的滋生泛滥，密切的社交互动关系使谣言快速裂变传播，成为影响移动社交媒体舆论热点的常态因素之一。

（二）互动传播机制

在传播学理论视野中，互动主要指传播媒介的一种功能，或者传播要素之间的一种关系、效果和反馈。移动社交媒体舆论热点的互动传播机制，主要是指移动社交媒体生成的舆论热点在传播过程中发生的互动作用，包括平台与平台、用户与用户、用户与平台的互动。通过上述关系的互动作用，对移动社交媒体舆论热点的传播产生激化放大作用。互动传播机制包括三个层面，首先是关系上的互动。移动社交媒体中的关系网络能够将各个要素联系起来，形成持续的强关系和弱关系交织的系统互动，如果只和强关系的用户进行互动，则无法保持互动动力和效果。其次是文本上的互动，移动社交媒体中不同形式的文本能够对信息进行有效填充，如微博、微信重点填充信息的文字、图片内容，短视频重点关注视频内容，通过对不同移动社交媒体的信息获取互动，能够将分散在各个平台上的碎片信息拼凑完整，有效地激发舆论热点的传播扩散速度，得到舆论热点事件的全貌。移动社交媒体互动传播机制的最后层级是行动互动。

移动社交媒体最强的传播属性即是社交属性，行为的互动是社交传播的最主要方式，在线上的互动过程中，通过关注与被关注、评论、转发、点赞、收藏等互动行为，构建强关系的社交圈群，有助于生成圈群内成员的归属感和认同感，对舆论热点的演化和爆发起了较大推动作用。而线下的互动过程则更为激烈，由舆论热点发展形成的线下互动行为是最激烈的表现形式，线上线下的互动引爆，在整体社会层面实现扩散和影响。

（三）碎片聚合机制

碎片聚合机制，主要是指在开放、互动的移动社交媒体上，碎片化的信息传播和互动形成的舆论热点聚合、放大效应。一方面，移动社交媒体通过信息的聚合，形成了较为强烈的意见和观点，在公开舆论场受"沉默的螺旋"效应影响，群体中的大多数会与已经聚合的观点趋于一致，就像羊群一样互相影响共同行动。另一方面，亲密社交关系的病毒式传播也更容易影响单个用户之间的传播效果，特别是强关系建立的社交互动，往往会形成聚合传播的巨大能量。首先，移动社交媒体基本聚合是信息的聚合，在碎片化传播时代，第一个层面是事实性信息传播的碎片化，指信息来源的多元化、观察视角的分散化、信息文本的零散性和信息要素的不完整性；第二个层面是意见性信息传播的碎片化，指意见的异质性和分裂性①。不论是信息的碎片化还是意见的碎片化，都能够借助移动社交媒体的传播优势，将身份不同、空间不同的用户掌握起来的零散信息集合起来，通过聚合的力量形成舆论热点的整合，汇集成为展示舆论事件不同角度和不同层面的信息流。碎片化的聚合机制催生了"公民记者"这一职业，普通人可以通过对碎片化信息的采集生成事件的完整报道。但在碎片化聚合过程中，由于把关人的缺失，也很容易出现信息的失真和传播的失范。在用户层面，个体参与者的聚合也体现了碎片化聚合机制的运行。在中国移动社交媒体上分散着超过十亿的巨大用户规模，用户大多聚合在虚拟社交网络表达意见和观点，形成了巨大的聚合力量。一个普通的网络流行语在几小时内就能传遍社交网络就是群体聚合效应的反馈结果。移动社交媒体也为普通受众提供了情绪发泄出口，在现实社会中无法表达的个人情绪都可以通过移动社交媒体表达出来，同时集体情绪的表达也越来越趋于聚合，比如近年来社交网络的主题话语如中产阶级焦虑、仇富情绪、打虎拍蝇等，都通过移动社交媒体聚合形成

---

① 彭兰. 碎片化社会背景下的碎片化传播及其价值实现. 今传媒，2011（10）：9-11.

了强大的舆论力量，甚至引发人肉搜索、网络暴力等舆论聚合行为。因此，在移动社交媒体舆论热点事件中，普通受众的心理共鸣和行为互动不断聚合，为舆论事件发展成为热点贡献了持续动力。

（四）群体极化机制

法国社会心理学家古斯塔夫·勒庞的著作《乌合之众：大众心理研究》提出了著名的群体极化现象，指出个人进入群体之后容易丧失自我意识，在集体意志的压迫下成为盲目、冲动、狂热、轻信的"乌合之众"的一员①。根据群体极化的观点，群体中的成员更容易受到整个群体观点影响而形成趋同一致的立场，往往群体极化后产生的意见要比之前一致的意见更为极端。有观点认为，尽管群体极化现象在现实社会普遍存在，但网络空间的虚拟性赋予了个人相对自由的表达权和话语权，群体极化的现象不再普遍。而在移动社交媒体中，表达权的自主也意味着相关意见和言论不受约束，不同倾向的观点往往会受到激烈的反对甚至人身攻击，出现了网络暴力、人肉搜索等更为严重的群体压力，较为公开透明的移动舆论场和更为密切的社交关系反而激化了情绪化舆论和极端言论产生，意见领袖的声音更加放大，沉默的螺旋底部用户更加沉默，甚至形成了通过网络炒作对现实层面议程设置施加压力的现象。如近年来在移动社交媒体中出现的网络水军产业，组织专业队伍在微博、微信等平台大规模跟帖评论，以此形成舆论导向，影响普通受众的观点意见，进而操控议程设置走向。群体极化现象虽然有利于迅速整合形成舆论力量，但也不利于意见的多元化和充分讨论交流。

（五）长尾闭合机制

一般而言，在传统舆论热点传播机制中，舆论热点的消散是自然发生的过程，很少受到外界干扰和阻断。而在移动社交媒体中，舆论热点的闭合有多种原因，可以通过人为控制、技术手段等管控，也可以主动设置议题，借其他舆论热点事件转移注意力，迅速形成舆论热点传播的闭环模式。这两种方式都不是舆论热点的自然消退过程，可能会在未来传播活动中再次出现苗头性、倾向性声音而得到关注，形成舆论热点事件的长尾效应。在移动社交媒体舆论热点事件层出不穷、互相影响的格局下，传播的闭环机制往往难以形成，热点事件多从舆论热点的爆发扩散逐步进入长尾阶段。对于特定舆论热点事件，长尾阶

---

① 勒庞. 乌合之众：大众心理研究. 冯克利译. 北京：中央编译出版社，2004：33.

段看似短期内不会对舆论场产生重要影响，但会转化为隐形舆论，在未来与其他事件交织作用。传统媒体时代的普通用户作为舆论传播中的长尾环节，不能真正发挥影响舆论方向的作用。而在移动社交媒体时代，由于信息舆论整合成本的大幅降低，未形成舆论热点的碎片化信息和意见聚合在长尾环节，积累蕴藏潜伏的传播力和话语权，可能发展出现舆情反转、旧闻翻炒等问题。

（六）移动社交媒体舆论热点传播机制的联动机理

移动社交媒体舆论热点的传播机制是热点触发、互动传播、碎片聚合、群体极化、长尾闭合机制相互联系、相互作用的结果。目前关于舆论热点传播机制阶段的划分有三阶段、四阶段、五阶段、六阶段等多种不同的划分方法，所以本研究未完全采取阶段划分的办法对舆论热点传播机制进行界定，而主要依据传播过程中不同形态的舆论热点特性规律来划分，它们具有明显的内在特征，且存在有一定交叉作用的因果关系。不同形态舆论热点传播机制的复杂逻辑关系推动着传播机制相互作用，包括直接作用和间接作用、融合作用等。

在移动社交媒体舆论热点传播机制中，最基本最主要的发展动力就是随着事件的发展阶段互相推动促进的关系，前一个阶段的舆论形态对下一个阶段的舆论形态有着直接的促进功能。比如，热点触发的结果推动互动传播，互动传播的过程加速了碎片化聚合，通过不断的互动聚合，导致了群体极化的舆论热点爆发，然后逐步进入蔓延趋缓传播和长尾闭合形态。长尾闭合形态阶段与其他几个形态阶段还发生着相互作用的关系，在经历外界刺激的环境下，长尾闭合形态能够再度发生反复，形成舆论热点事件的多波次变化，与互动传播、碎片聚合等机制相互作用。可见，移动社交媒体舆论热点的传播形态机制并不是一一对应发展的关系，因舆论热点事件的不同性质和不同背景，也可能出现由热点触发、互动传播、碎片聚合直接到长尾闭合形态的发展，不具有舆论热点生成要素的舆论事件可能直接从触发发展到闭合衰退。或者因为舆论事件的高度敏感性及组织动员性，受到来自外界的强力干扰控制，使处于萌芽发展阶段的舆论事件直接屏蔽消失，只留下零星信息进入长尾闭合状态。这也是舆论热点产生发展不同形态之间的间接作用效果。在移动社交媒体舆论热点传播机制的联动机理中，并不是每种舆论形态都是必须经历和循环往复的，有可能因为舆论的内在性质和外在环境发生突然的质变，有的网络舆论热点事件可能从初始阶段的热点触发直接进入爆发和群体极化状态，比如引发社会普遍共情心理的"雷洋案"，以及在流行话语体系中最具关注度的明星事件等。这类舆论热点事件的酝酿发展时间极短，会直接导致整个舆论场的变动。一般而言，由舆论事件热点触发、互动传播、碎片聚合、群体极化、长尾闭合不同形态的复杂交织关系共同构成了移动社交媒体舆论热点传播机制的联动机理，如图5-4所示。

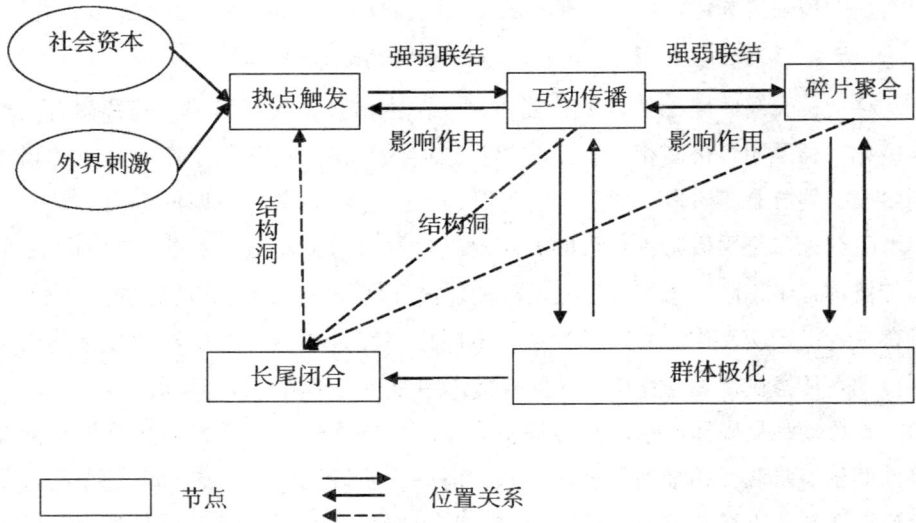

图5-4　移动社交媒体舆论热点传播机制及联动机理

从热点触发、互动传播再到碎片聚合、群体极化以及长尾闭合，移动社交媒体舆论热点传播机制表现出了媒体与人深度融合、传播形式多元互动、传播效果裂变延展的规律，因传播机制之间的联动交互作用，舆论热点的生成期大大缩短，传播期更加聚合放大，爆发期效果协同作用，消解期依然存在反复影响作用。

二、移动社交媒体舆论热点传播机制影响作用

借助移动社交媒体强大的实时关注力、场景塑造力、群体认同力、情景感染力、深度交互力等作用，舆论事件迅速传播扩散，形成热点，影响受众观点、情绪和行为。根据移动社交媒体舆论热点传播机制对舆论场的影响力作用分析，从舆论传播的过程和扩散的关键节点来看，移动社交媒体舆论热点特有的传播机制构成舆论话题的爆发器、激化传播的主阵地、议程设置的引导器和"两个舆论场"的连通器。

一是舆论话题爆发器。随着一大批覆盖广泛、形态多样、手段先进，具有

较强传播力、引导力、影响力、公信力的新型新闻资讯媒体开通移动端应用，移动舆论场逐步成为热点事件出现、发酵、传播的主渠道。因受众的广泛性和较强的动员性，赋予移动社交媒体较强的舆论功能属性，通过持续深挖信息细节、不断补充舆论观点、热点事件贴标签等传播互动，迅速形成移动舆论场中观点意见的趋同一致，实现民意的聚集共识和舆论热点的爆发。特别是在热点和突发事件中，强关系社群能快速传播舆论，促进潜舆论向显舆论转变，提升舆论活跃度和影响力，进而影响整体舆论走向。当一个可能成为舆论热点的事件发生后，传播者利用移动终端便携、即时、人人都可发声的特点，通过文字、图片、视频等多种形式病毒式扩散传播，在传统媒体未及时跟进前取得话题主动权和话语权，在短时间内引爆舆论热点，掀起传播热潮，并不断及时更新事件进展、背后情况等第一手信息，形成多波次炒作，吸引全网广泛聚焦。与大众媒体相比，作为私人性、隐秘性较强的移动社交媒体，生成的舆论热点发酵传播较为隐蔽，受众广泛参与一旦形成热点话题后，舆论较为稳固，不易控制。

二是激化传播主阵地。在移动互联网时代到来之前，传统媒体依然占据着信息传播的主导地位，尽管门户网站已进入了成熟发展阶段，但因商业网站不具备采编权，内容把关较严，交流沟通阵地较少；主流媒体的网站还没有彻底转变传统思维、适应新媒体时代的发展规律，加之互联网信息技术的限制，报纸、电视、广播等依然是人们获取信息的主渠道、传播舆情的主阵地。移动社交媒体的普及应用真正解放了发声设备、传播渠道、内容把关人、交流渠道的限制，近年来网上很多影响力较大的热点事件，如"天津火灾爆炸事故""颐和酒店遇袭事件""魏则西事件"等，均是在移动社交媒体上首曝传播，移动社交媒体的舆论热点传播机制为用户提供了更为畅通的意见表达渠道和相对宽松的舆论传播环境，移动舆论场的声音一定意义上即是当前中国社会心态的反映，已不再是传统舆论场的附属品。从发展趋势来看，随着大数据、云计算、三网融合和物联网等新技术的更新应用，信息传播、存储、处理速度等功能更加强大，移动社交媒体的舆论热点传播机制将加速为舆论生成和传播提供更加便利的条件。

三是议程设置引导器。移动社交媒体的优势不仅在于信息传播速度和覆盖面，还在于其深度的交互性和渗透性，以及融合组织传播、大众传播、人际传播的传播方式，对议程设置、引导舆论效果方面发挥了重要作用。在移动社交媒体充分发展普及前，传统媒体及网络媒体掌握着议程设置的主动权和信息审核传播的把关权，不仅决定着受众想什么，甚至影响受众怎么想。移动社交媒体舆论热点传播机制打破了传统媒体议程设置的垄断，通过时效性影响人们对多个议题关注的先后顺序，通过关注度和覆盖面影响受众对事件重要程度的认识，并通过高用户黏度和强关系属性对受众产生从态度观点到行为行动的影响，具有主动设置议题、构建话语权利的积极功能。通过移动社交媒体舆论热点传播机制的作用，深度连接观点的交流互动，在意见领袖和"沉默的螺旋"作用下，形成观点的极化，进而发挥主动议程设置的作用。同时，反作用于传统媒体，舆论热点出现后，传统主流媒体及时跟进，对热点进行深度报道和意见收集，移动社交媒体的传播成为传统媒体重要的信息来源渠道和议程设置参考。

四是"两个舆论场"联通器。"两个舆论场"的概念最早由新华社原总编辑南振中提出，认为在现实生活中实际存在着两个舆论场，一个是老百姓的口头舆论场，一个是新闻媒体着力营造的舆论场。一直以来，官方舆论场和民间舆论场在一定程度上存在自说自话、互不联通的局面。党和政府以及主流媒体越来越重视互联网上草根的声音，并尝试通过传统媒体与新媒体融合、开通政务微博、开设领导留言板等形式与民间舆论场形成互动，进而达到两者之间的统一共识。随着移动社交媒体舆论热点传播机制的发展成熟，政务声音、主流话语大规模进入舆论场，官方舆论场和民间舆论场逐渐融合，舆论生态更加协同复杂。

通过对微博、微信、移动短视频舆论热点传播机制的对比研究发现，不同的移动社交媒体网络舆论热点传播环境特性各异，在各个平台传播要素的互相影响作用下，移动社交媒体的舆论热点传播机制和每个平台的舆论热点传播机制也各有异同。从网络舆论热点传播主体和对象、传播渠道和模式、传播的本身内涵规律等不同角度出发，都对舆论场的系统环境和内生动力产生了结构性、革新性、长远性作用，既可以利用引导，也需加强治理控制。

根据对传播学中传播者、传播内容、传播媒介、传播受众和传播效果五个基本要素的分析，在移动社交媒体中，由于社交网络的高度开放性和赋权性，所有的用户都可以成为传播者，主体与受众的地位是平等的。传播内容主要是基于 UGC 用户主导内容生产模式，具有个性化、碎片化特征，主要通过复杂的多层级社交网络传播构建场景式的虚拟空间，以及强弱关系并存的网络社群。移动社交媒体传播形式的多样化和移动化也强化了传播效果的聚合放大。由于移动社交媒体的传播特性，传统的舆论热点传播模式已不再适应，本章对移动社交媒体的网络舆论热点传播主体、客体、渠道、模式和效果等多个维度分别进行定性研究，深入分析移动社交媒体的舆论热点传播规律，较为全面系统地展现移动社交媒体的舆论生态环境。本研究对舆论热点传播中各个要素的分析可能无法完全对每个环节和属性精细化挖掘，还需以实证的思维引入量化的方法，对各个维度和变量进行细化设置和分析。移动社交媒体的发展日新月异，各个平台还处于以日计算的不断发展变化阶段，对研究稳定性造成一定困难，加之微信等平台内部信息的封闭性，对研究的全面性构成了一定影响，还需持续对移动社交媒体的发展动态追踪跟进，为观察研究的长效性科学性奠定基础。

第六章

移动社交媒体舆论热点传播机制与网络舆论引导的交互作用

移动互联网时代新媒介新应用的出现以及传播方式、传播渠道的变革让舆论生态格局出现更为复杂多元的新趋势和新特点。移动社交媒体作为移动互联网时代的典型媒介，不仅为信息传播和受众交流方式带来变革，也深刻影响着信息传播秩序和网络舆论引导格局，移动舆论场成为热点舆论生成发酵的重要场域，也成为主流意识形态构建、打通官方和民间舆论场、有效开展网络舆论引导的重要平台。在构建移动社交媒体舆论热点传播机制的基础上，本章聚焦于从实践层面出发，探究移动社交媒体舆论热点传播机制与网络舆论引导的交互作用。一方面，在当前舆论生态环境中，移动社交媒体舆论热点特有的传播机制对现有的网络舆论引导机制和实践产生什么影响，对网络治理和社会治理能够发挥什么积极作用；另一方面，如何利用移动社交媒体舆论热点传播机制的特性和规律，加强和改进网络舆论引导的时、度、效，促进移动社交媒体舆论环境健康发展。具体通过对移动社交媒体舆论热点传播机制的深入研究，探讨在移动社交媒体舆论热点传播环境下开展网络舆论引导的复杂性及必要性，研究当前网络舆论引导机制的实践应用，发现移动社交媒体舆论热点传播机制对网络舆论引导的积极意义和作用，促进网络空间清朗有序。

第一节　移动社交媒体舆论热点传播机制对网络舆论引导的复杂性影响

"网络舆论引导"这一理念，源于"舆论引导"的概念，严格来说是我国特有的产生于政治话语体系的概念，之后随着理论和实践工作的紧密结合，才逐渐引入学术话语体系中。关于网络舆论引导的研究，引入舆论管理和舆论引导的理论基础，即通过对意见表达渠道、途径、方式和方法给予必要的规范，以实现舆论的有序流动和公共利益的最大化①。深入认识移动社交媒体的社交关系网络，从舆论事件正负向、自组织群体、场域情境性、流行话语体系等影响移动社交媒体舆论热点传播动力的因素来看，各舆论热点传播参与者之间的强弱联结、位置关系和影响作用不断交互，整体系统的复杂性是其突出特征。移动社交媒体舆论热点传播机制各个要素的互相协同关联、彼此影响牵制的关系，对网络舆论引导格局构成了复杂深刻的影响，在移动舆论场景的整体生态和关系网络中，由移动社交媒体舆论热点传播机制创造了网络舆论引导多元化的参与主体、多层次的引导对象及动态化的传播过程，需要用系统协同的思维协调各个环节、各个因素发挥积极作用，最优配置相关资源，达到网络舆论引导的最佳效果。

一、多元化的参与主体

移动社交媒体舆论热点传播机制彻底改变了线性传播模式，关系赋权让网络舆论引导的参与主体多元、多样、多变，任何个人和群体都可以成为舆论热点生成的动力元素。一是参与主体的多元性。移动社交媒体中，包括政府、社会组织、自媒体、意见领袖及广大网民在内的群体和个人等都可以自由发声、设置议题、引导舆论。各个参与主体之间的边界被打破，在公开平等的场域中，都获得了前所未有的主动权和参与积极性。各主体既可以选择协同发展，也可以发生舆论的冲突和挤压，各个舆论场之间的渗透和影响不断深化，形成了各具立场、角度不同、强度不同、关系不同的舆论声音。多元分散的参与主体让舆论的整合和趋同难度增大，加之社会转型期的复杂背景，共同反作用于移动舆论场，让参与主体的多元性无限延展和扩大。

二是参与主体的多样性。在传统舆论场中，政府和主流媒介占据主导地位，受众作为引导的对象，只能被动接受设置好的议程。移动社交媒体舆论热点传播机制将话语权分配到每个个体手中，以往的权力范式不受限制，边缘和弱势群体也可以议程设置，影响舆论。根据不同移动社交媒体的结构特征，其参与主体也有着一定的圈群性和组织性，主要表现在不同类型的主体通常聚合在特

---

① 王飞.改革开放以来中国共产党政治传播研究.上海：华东师范大学，2017.

定的平台中，如新浪微博聚集着大批网上意见领袖，知乎以知识分子群体为主，豆瓣以文艺青年群体为主，直播平台上产生了大量网络红人，不同群体在特定舆论场的聚合为整个舆论生态环境带来丰富的多样性。

三是参与主体的多变性。由于移动社交媒体前所未有的开放、虚拟及隐蔽场景，除了具有明确身份的，其他参与主体难以确定，拥有较大的自由度。在舆论热点传播的动态过程中，传受双方的角色可以任意转换，随着舆论的发展变化和力量博弈，对特定事件的态度和观点也可能发生变化。当舆论影响消散、新的舆论事件出现后，不同参与主体将再次离散聚合，以不同的组合形式为舆论发展贡献力量。

二、多层次的引导对象

网络舆论的客体本身非常复杂，又能够在网络互动传播中产生种种变体，导致舆论热点传播的客体更加复杂。一是丰富的载体。移动社交媒体最显著的特征就是传播渠道丰富、各具特色。既有微博、贴吧论坛等开放式的舆论场，也有即时通信工具类的封闭式舆论场，还有微信订阅号、朋友圈等半开放式的舆论场，不同舆论场强弱传播关系的不同和强弱社交关系的差异，造就了极为丰富的舆论传播载体。网上舆论热点话题的形成、演变和发展，基本都跟移动社交媒体参与密切相关，移动社交媒体传播"放大器"和"催化剂"作用助推了舆论的激化。

二是活跃的环境。移动社交媒体为舆论热点事件传播提供了最为宽松的环境，移动社交媒体上的各个参与主体，不间断地进行强弱关系结合的交融互动，充满了自组织结构的无限活力，制造产生海量信息在不同圈群不断流动发酵，产生新的发展方向分叉结构，作为信息交换的集散地，各类舆论热点事件能够在短时间内得到最大范围的传播。网上网下的互动性进一步增强，网络真实性、社会性的特征和动员组织功能更加凸显。

三是复杂的关系。由于各类移动社交媒体拥有较为复杂的传播环境和融合互动的传播机制，导致舆论热点一旦形成则难以引导和控制。一方面，因特定关系或兴趣等因素形成的社群容易产生"群体极化"现象，意见一致程度越高，越容易产生现实行动。且意见不易被外界影响、与外部观点发生作用。另一方面，移动社交媒体的用户具有明显的代际特征，60后、70后、80后、90后、00后以各自的媒体环境为中心，组成了一个个话语体系较远的网络关系社群，代际特征造成的舆论场隔阂无法用一套话语体系满足所有受众，较强交互关系导致外部信息较难介入，除非是圈群内受众主动传播分享，与受众观点不一致的信息无法进入圈群舆论场。

三、动态化的传播过程

移动舆论场作为有机的生态系统，传播途径多元、多样、多变，传统媒体、新闻网站、论坛、贴吧、博客、微博客、微信等既相互独立，又频繁互动。舆论热点传播异常活跃，舆论生态十分复杂，舆论内容生成过程互相关联，对网络舆论引导提出了更高要求。一是议程设置的目的性和随机性。网络舆论引导的最终目的不在于平息舆论，而是尊重保持意见的多样性，促进舆论参与主体协同发展，达到舆论场自我净化、解决现实矛盾的目的。由于移动社交媒体的繁荣发展，除主流媒体议程设置外，自媒体的议程设置往往具有更明显的动机和目标。同时，一些突发事件的发生，往往在极短时间内形成爆发式舆论热点事件，移动社交媒体能够在第一时间捕捉到事件最新动态，不断补充即时信息，在极短时间内传播、扩散，形成具有影响力的舆论。这类事件的议程设置是随机出现的，出现的数量和速度远远超越传统媒体，感染力和影响力扩散到整个舆论场。

二是传播整合的即时性和复杂性。移动社交媒体舆论热点的传播整合呈现复杂系统的涌现性特征，明确地彰显舆论热点传播中的重要元素，将传播空间维度涉及的范围扩展到极大，将传统传播环境中涌现的兴衰周期压缩到最小。比起传统媒体和 PC 端，移动社交媒体中舆论热点传播整合速度极快，打破了各个平台的时空限制，能够在极短时间内形成刷屏效应。借助高度交互性和渗透性，在多次转发分享评论点赞打赏等社交行为的推动下，舆论热点及突发事件能够迅速爆发，形成强大的影响力。移动社交媒体中舆论热点的整合，是复杂的不断协同互动、交融整合的过程，一方面，舆论场内容生成的自组织性，让舆论热点的发酵传播具有自我调节、自我发展、自我整合的复杂性特点。通过即时刺激，舆论热点传播整合不断自我修正、循环反馈。另一方面，除常规的设置议题、集中推送、跟帖评论、建立群组等方式，甚至采取组织水军、舆论"碰瓷"、购买热搜等方式意图造成舆论热点。因此，移动社交媒体中舆论热点的生成整合异常复杂，既有涌现性和自组织性的发展，也有人为的设计和控制，受到多重因素的影响左右。

三是引导效果的开放性和不可控性。在移动舆论场中，把关人的作用主要体现在内容生成审核的初始环节，而在传播中后期，把关人角色几近失灵，加之发声门槛进一步降低，舆论热点整体呈盲目和冲动的倾向，引导效果把握上具有不可预知的困难。由于移动社交媒体舆论热点传播机制的开放性、碎片化，以及关系社交网络的复杂性，热点在传播过程中逐级消耗，参与者具体身份难以考证，传播的效果可能会发生耗散、变形甚至扭曲；另一方面，舆论热点传播的过程中会不断有多元主体和不确定性客体加入，自组织环境为各个要素留有相当的自由度和活动空间，舆论热点生成和传播极难控制，不同受众接受程度有所不同，不同渠道效果的到达率有所不同，不同主体的干预度不同，导致引导最终效果难以预测，有时甚至会出现"低级红、高级黑"的现象，因引导内容或方式的不恰当，受到参与者的调侃、戏谑或反感。

第二节　当前移动社交媒体舆论引导机制研究

网络舆论引导，是将互联网管理工作纳入国家顶层设计的重要工作理念，是国家治理体系和治理能力现代化的重要手段和标志。当前，网络空间已经成为继陆、海、空、天四个疆域之后第五大疆域。2016 年发布实施的《国家网络空间安全战略》指出，互联网已经成为信息传播的新渠道、生产生活的新空间、经济发展的新引擎、文化繁荣的新载体、社会治理的新平台、交流合作的新纽带、国家主权的新疆域①。在党的十九大报告中明确提出，要加强互联网内容建设，建立网络综合治理体系，营造清朗的网络空间。作为新兴研究领域，从网络舆论引导到网络综合治理概念的提出，从重视网络舆论引导到逐渐关注移动社交媒体舆论引导，充分表明我国互联网建设和管理工作走向越来越成熟的阶段。本节重点围绕网络舆论引导的实践应用，从舆论管理和引导的源头出发，重点针对移动社交媒体舆论引导的现状，对顶层设计、政府主导管理、平台主体责任、自组织运行规范机制分析梳理，归纳形成我国移动社交媒体舆论引导机制的概括性认识。

---

① 新华网．国家网络空间安全战略［EB/OL］．http：//www. xinhuanet. com//politics/2016－12/27/c_ 1120196479. htm，2016－12－27/2017－2－25.

一、移动社交媒体舆论引导的主要工作

（一）顶层设计机制

网络舆论引导的概念，源于舆论引导的话语体系。舆论引导是我国新闻宣传工作中一个特有的重要概念。1994 年 1 月 24 日，江泽民同志在全国宣传思想工作会议上首次提出："正确引导舆论，是党的宣传思想战线非常重要的工作"，"舆论导向正确，人心凝聚，精神振奋；舆论导向失误，后果严重"。此后舆论引导的理念正式进入党和国家顶层设计视野。同年，江泽民同志提出了"五个有利于"，即"坚持正确的舆论导向，就是要造成有利于进一步改革开放，建立社会主义市场经济体制，发展社会生产力的舆论；有利于加强社会主义精神文明建设和民主法制建设的舆论；有利于鼓舞和激励人们为国家富强、人民幸福和社会进步而艰苦创业、开拓创新的舆论；有利于人们分清是非，坚持真善美，抵制假恶丑的舆论；有利于国家统一、民族团结、人民心情舒畅、社会政治稳定的舆论"①。"五个有利于"为舆论引导工作提供了方向性指南，对舆论导向的重要内涵进行了明确，是后来研究和开展舆论引导工作的指导性纲要。

胡锦涛同志从加强和改进党的执政能力出发，以科学发展观为遵循，将"舆论引导"纳入党的执政能力建设的重要命题，提出了更加完善的舆论引导理念和思路。在 2002 年全国宣传部长会议上，胡锦涛同志提出，"要尊重舆论宣传的规律，讲究舆论宣传的艺术，不断提高舆论引导的水平和效果。"② 2004 年9 月 19 日中国共产党第十六届中央委员会第四次全体会议通过的《中共中央关于加强党的执政能力建设的决定》指出，要牢牢把握舆论导向，正确引导社会舆论。要坚持党管媒体的原则，增强引导舆论的本领，掌握舆论工作的主动权；坚持党的全心全意为人民服务的宗旨，把体现党的意志与反映人民的心声统一起来；切实改进报刊、广播、电视的宣传，克服一般化、公式化、概念化的倾向，不断增强主流媒体宣传的吸引力和感染力；在发挥传统媒体作用的同时，着力抓好互联网、手机短信等新型媒体的运用和管理，使之成为意识形态工作的新平台，抢占思想舆论阵地的制高点。正式将互联网管理和建设作为构建社会主义和谐社会的重要手段，以手机为代表的智能终端也开始纳入舆论引导机

---

① 十四大以来重要文献选编（上）. 北京：人民出版社，1996：654.

② 人民网. 胡锦涛同志关于新闻、宣传工作的论述和新思维 ［EB/OL］. http：//media. people. com. cn/GB/40606/4633009. html，2006 - 07 - 27.

制范畴。2008 年胡锦涛同志在人民日报社考察时进一步强调："必须坚持党性原则，牢牢把握正确舆论导向。舆论引导正确，利党利国利民；舆论引导错误，误党误国误民。要把提高舆论引导能力放在突出位置，进行深入研究，拿出切实措施，取得新的成效。"①这一时期，网络舆论引导开始纳入国家议事日程，胡锦涛同志提出"健全网上舆论引导机制，从社会舆论多层次的实际出发，把握媒体分众化、对象化的新趋势，以党报党刊、电台电视台为主，整合都市类媒体、网络媒体等多种宣传资源，努力构建定位明确、特色鲜明、功能互补、覆盖广泛的舆论引导新格局"②。这也表明国家顶层设计层面对舆论引导工作有了新的认识的提升，把握住了互联网发展和舆论引导规律的方向性问题。

　　以习近平同志为核心的党中央高度重视新闻舆论工作，提出"党的新闻舆论工作是党的一项重要工作，是治国理政、定国安邦的大事，事关旗帜和道路，事关贯彻落实党的理论和路线方针政策，事关顺利推进党和国家各项事业，事关全党全国各族人民凝聚力和向心力，事关党和国家前途命运"的"五个事关"③ 重要论断，从治国理政的战略高度对新闻舆论工作的重要地位突出强调。2013 年 8 月 19 日，习近平总书记在全国宣传思想工作会议指出，"意识形态工作是党的一项极端重要的工作"，把握好舆论引导的时、度、效，"增强吸引力和感染力"④，并指出"我国手机网民有四亿六千多万人，其中微博用户达到三亿多人。很多人特别是年轻人基本不看主流媒体，大部分信息都从网上获取。必须正视这个事实，加大力量投入，尽快掌握这个舆论战场上的主动权，不能被边缘化了"。关于舆论引导的手段创新，习近平总书记提出，要积极探索有利于破解工作难题的新举措新办法，特别是要适应社会信息化持续推进的新情况，加快传统媒体和新兴媒体融合发展，充分运用新技术新应用创新媒体传播方式，占领信息传播制高点。⑤ 首次提出了舆论引导工作的基本衡量标准和把握要素，即"时、度、效"，突出了移动社交媒体的重要作用，为开展舆论引导工作提供

① 胡锦涛. 在人民日报社考察工作时的讲话. 人民日报, 2008-6-21.
② 胡锦涛. 在人民日报社考察工作时的讲话. 人民日报, 2008-6-21.
③ 新华网. 在网络安全和信息化工作座谈会上的讲话［EB/OL］. http：// www. xinhuanet. com/2018-04/23/c_ 1122729579. htm, 2016-4-25/2017-02-21.
④ 新华网. 意识形态工作是党的一项极端重要的工作［EB/OL］. http：// www. xinhuanet. com/2018-04/23/c_ 1122729579. htm, 2013-8-20/2017-02-21.
⑤ 新华网. 如何跟上习近平新闻理念［EB/OL］. http：//www. xinhuanet. com/politics/2015 -01/08/c_ 1113928889. htm, 2015-01-08.

了具体方法和评估手段。

在党的十八届三中全会上，习近平总书记指出，随着互联网媒体属性越来越强，网上媒体管理和产业管理远远跟不上形势发展变化。特别是面对传播快、影响大、覆盖广、社会动员能力强的微博、微信等社交网络和即时通信工具用户的快速增长，如何加强网络法制建设和舆论引导，确保网络信息传播秩序和国家安全、社会稳定，已经成为摆在我们面前的现实突出问题。体现了国家将网络舆论引导特别是移动社交媒体的舆论引导纳入"四个全面"总体布局，使新时代开展网络舆论引导的认识和能力有了质的提升。2016 年，在党的新闻舆论工作座谈会上，习近平总书记提出了"高举旗帜、引领导向，围绕中心、服务大局，团结人民、鼓舞士气，成风化人、凝心聚力，澄清谬误、明辨是非，联接中外、沟通世界"48 个字的党的新闻舆论工作的职责和使命，并指出随着形势发展，党的新闻舆论工作必须创新理念、内容、体裁、形式、方法、手段、业态、体制、机制，增强针对性和实效性；要适应分众化、差异化传播趋势，加快构建舆论引导新格局①，体现了从国家顶层设计高度对移动社交媒体舆论引导的基本定位和明确要求。

2018 年 4 月 19 日，习近平总书记主持召开网络安全和信息化座谈会，提出要敏锐抓住信息化发展的历史机遇，自主创新推进网络强国建设②。会议强调，党的十八大以来，党中央重视互联网、发展互联网、治理互联网，统筹协调涉及政治、经济、文化、社会、军事等领域信息化和网络安全重大问题，做出一系列重大决策，提出一系列重大举措，推动网信事业取得历史性成就。这些成就充分说明，党的十八大以来党中央关于加强党对网信工作集中统一领导的决策和对网信工作做出的一系列战略布局是完全正确的。我们不断推进理论创新和实践创新，不仅走出了一条中国特色治网之道，而且提出一系列新思想新观点新论断，形成了网络强国战略思想③。网络强国战略思想"明确网信工作在党和国家事业全局中的重要地位，明确网络强国建设的战略目标，明确网络强国建设的原则要求，明确互联网发展治理的国际主张，明确做好网信工作的基

---

① 新华网．习近平在党的新闻舆论工作座谈会上强调 坚持正确方向创新方法手段提高新闻舆论传播力引导力［EB/OL］．http：//www.xinhuanet.com/2018 - 04/23/c_1122729579.htm，2016 - 2 - 19/2017 - 02 - 21．

② 新华网．习近平：自主创新推进网络强国建设［EB/OL］．http：//www.xinhuanet.com/2018 - 04/21/c_1122719810.htm，2018 - 4 - 21/2018 - 05 - 23．

③ 同上

本方法"的"五个明确",提出舆论管理者要不断提高对互联网规律的把握能力、对网络舆论的引导能力、对信息化发展的驾驭能力、对网络安全的保障能力,通过互联网组织群众、宣传群众、引导群众、服务群众的本领。2019年1月25日,中共中央政治局就全媒体时代和媒体融合发展举行第十二次集体学习时,习近平总书记强调,党报党刊要加强传播手段建设和创新,发展网站、微博、微信、电子阅报栏、手机报、网络电视等各类新媒体,积极发展各种互动式、服务式、体验式新闻信息服务,实现新闻传播的全方位覆盖、全天候延伸、多领域拓展,推动党的声音直接进入各类用户终端,努力占领新的舆论场。这充分表明国家不断加强对移动社交媒体舆论引导的重视,也标志着国家顶层设计对网络舆论理念的成熟和对移动社交媒体治理能力要求的提升。

（二）政府主导管理机制

一是政策法规不断健全。随着国家对网络舆论引导工作重视程度的不断提升,相关法律法规也越来越成熟完善。目前我国关于互联网方面的政策法规主要包括法律、行政法规、部门规章、司法解释、规范性文件和政策文件等。党的十八大以来,互联网相关法律主要有两部,分别是《中华人民共和国网络安全法》和《中华人民共和国电子商务法》,2016年11月通过的《中华人民共和国网络安全法》明确规定,国家倡导诚实守信、健康文明的网络行为,推动传播社会主义核心价值观。行政法规类中2014年发布的《国务院关于授权国家互联网信息办公室负责互联网信息内容管理工作的通知》,是国务院正式授权国家互联网信息办公室的工作职责,是开展网络执法的重要依据。此后,国家陆续出台专门针对移动社交媒体的管理规定,2017年1月印发的《关于促进移动互联网健康有序发展的意见》,将微博、微信、视频直播等移动社交媒体作为重要组成部分,纳入移动互联网管理总体布局,提出了加强管理的总体要求和具体措施,为进一步强化移动互联网特别是移动社交媒体和自媒体管理工作提供了全面、系统的顶层指导性意见。国家网信办、工信部、原新闻出版广电总局、原文化部等管理部门,先后出台一系列对网络平台、从业人员、网络传播参与者和信息服务内容的规范性规定,包括《微博客信息服务管理规定》《即时通信工具公众信息服务发展管理暂行规定》《移动互联网应用程序信息服务管理规定》《互联网直播服务管理规定》《互联网用户账号公众信息服务管理规定》《互联网群组信息服务管理规定》《互联网论坛社区服务管理规定》《关于加强网络视听节目直播服务管理有关问题的通知》等规范性文件,为加强移动社交媒体管理提供了基本依据，初步形成了政策引导和依法管理并举的互联网治理格局。

二是工作机构不断完善。2014 年 2 月，中央成立网络安全和信息化领导小组，由习近平总书记担任组长，着眼于国家安全和长远发展，统筹协调涉及经济、政治、文化、社会及军事等各个领域的网络安全和信息化重大问题。2018 年 3 月，根据《深化党和国家机构改革方案》，中央网络安全和信息化领导小组改革为中央网络安全和信息化委员会，负责网络安全和信息化领域重大工作的顶层设计、总体布局、统筹协调、整体推进、督促落实。其办事机构中央网络安全和信息化委员会办公室的主要职责包括落实互联网信息传播方针政策和推动互联网信息传播法制建设，指导、协调、督促有关部门加强互联网信息内容管理等，并设立专门的移动社交媒体管理部门，对规范移动网络传播秩序、有效引导网上舆论发挥了重要作用。

三是大力扶持主流新媒体和政务账号建设。先后下发《关于积极运用即时通信工具开展政务信息服务的通知》、召开全国政务新媒体经验交流会，大力推动中央和地方新闻单位、党政机关入驻移动社交媒体平台，不断壮大主流舆论阵地，构建横向到边、纵向到底的政务服务格局。中央和地方重点新闻单位、机关团体，从推进媒体融合、创新政务服务等不同角度出发，积极推动主流媒体账号和政务服务账号建设，不断壮大主流舆论阵地。以微信公众平台为例，截至 2018 年年底，全国主流媒体认证微信公众账号 11.2 万个，党政机关认证微信公众账号超过 30 万个，42% 的中央国家机关和全国 31 个省级行政区、334 个地级行政区均开通微信公众微信账号。

四是多方面加强内容引导。近年来，依据相关法律法规和部门规章，国家互联网信息办公室和国家广电总局等部门加强执法检查，制定出台《互联网信息内容管理行政执法程序规定》《互联网信息内容管理部门电子数据取证指南》等，为行政执法提供法律依据和程序指导。开展"清朗""剑网""网上扫黄打非"等各类专项行动和活动，加大约谈处罚力度。2017 年 12 月，针对持续传播色情低俗信息等问题，国家网信办指导北京市网信办对今日头条、凤凰网手机客户端约谈，责令其立即停止违法违规行为，两家企业分别对问题严重的部分频道暂停内容更新。针对新闻报道引发公众关注的 BOSS 直聘网站涉李文星求职陷传销组织蹊跷死亡、携程网被指欺诈消费者、360 智能摄像头"水滴直播"等事件，切实强化对招聘网站发布信息、旅游类网站捆绑销售、相关网络直播乱象等的规范管理。针对未经许可或超越许可范围开展互联网新闻信息服务、歪曲篡改标题原意和新闻信息内容等问题，约谈"腾讯网""百度""搜狗""知乎"等违规网站。对热衷炒作、涉嫌违法违规的各类行为主体全面排查清理和依法综合整治，责令相关网络平台关闭"卓伟粉丝后援会""全明星通讯社"等专事炒作明星绯闻隐私的账号。约谈"支付宝年度账单事件"当事企业负责人，要求进行专项整顿。深入整治"标题党"、网络直播等乱象，会同工信部关停下架10家违规直播平台，移动社交媒体舆论传播领域秩序得到有效治理。

五是完善网络举报受理机制。成立违法和不良信息举报中心，开通全国各地网络举报电话、举报网站和举报移动客户端，组建网络举报工作队伍和志愿者队伍，在31个省（区、市）网信办设立举报部门以及2000余家网站开通举报电话，在人民网、新华网、央视网等19家中央新闻网站，千龙网、新浪网、天涯网等900余家地方新闻网站和商业网站开设"网上有害信息举报专区"，网民积极举报网上有害信息，踊跃参与网络综合治理，推动网络空间共建共治共享。设立中国互联网联合辟谣平台，实现谣言线索在线提交，专家、媒体、有关部门、普通网民共同参与。

（三）平台主体责任机制

一是发挥主体作用，指导互联网企业推进规范化管理。结合落实相关法律法规，指导移动社交媒体平台不断完善实名管理、签约管理、信用管理、分级管理、审核管理、阶梯管理、技术管理等一系列管理制度，大多移动社交媒体平台形成了相对完备的主体管理体系。目前，微博、微信等主要移动社交媒体均达到90%以上的基于手机号码或银行卡的实名注册，所有社交媒体平台均实现100%基于用户协议的签约管理。微博、微信等主要移动社交媒体实施信用管理和分级管理，针对不同信用度和类别提供不同的功能服务。

二是平台自我约束机制。2016年7月，全国网信办主任座谈会提出了"重基本规范、重基础管理，强化属地管理责任、强化网站主体责任"的互联网治理理念。其中强化网站主体责任，就是按照谁主办谁负责的原则，网络平台应该履行的监督和自律责任，主要包括落实管理规范、网络平台的总编辑负责制、内容审核制度、网络值班制度、跟帖评论管理制度、用户注册管理制度、强化内容管理队伍建设、设立举报受理专区等，以强化基础管理、强化网站主体责任为要求，提升网站平台自我管理、自我约束的规范化、制度化水平，传播正能量和社会主义核心价值观，平衡经济利益和社会责任的关系。

　　三是完善人机联合技术机制。移动社交媒体多采取算法推荐的方式迎合受众需求，以技术算法取代人工审核，算法成为决定受众获取信息内容的审核把关人，导致推荐的内容失去严格把关，博取眼球、猎奇低俗内容泛滥，以今日头条为代表的算法系平台只依靠技术算法的方式对网络舆论导向、健康网络内容传播造成了负面影响，2018 年以来，今日头条因内容违规被相关部门约谈处罚三次。随即，今日头条公布了"重新梳理管理制度、审核流程，在删除的违规视频中提取相关内容，提高一线审核人员的社会责任感，做到有标准必落实、有问题必重视、有违规内容必处理"五项整改措施。针对今日头条短视频产品，提出进一步扩充审核人员队伍，对每日上传视频数总量控制，坚持积极、向上、健康的产品导向，建设正能量的视频内容池，广泛引入社会监督力量，直接接受全社会监督等具体举措。在相关规律法规的规范下，越来越多的移动社交媒体平台完善以算法推荐为主的内容审核把关方式，采取人工和技术相结合的手段净化信息内容，审核管理和阶梯处罚进一步完善，初步具备了全量关键词拦截、压缩包解析、人脸识别、同源视频识别过滤等技术审核和防护能力。

　　（四）自组织运行规范机制

　　一是网络社会工作机制。国家互联网信息办公室设立网络社会工作部门，大力加强网络社会工作的统筹协调和新的意见阶层人士统战工作，召开新的社会阶层人士统战工作会议，将网络名人纳入新的阶层范围。发展培育网络社会组织。成立中国网络社会组织联合会，促进网络社会组织发展，凝聚网络社会组织力量，强化网络社会组织的作用发挥①。中国网络社会组织联合会是中国首个由网络社会组织自愿结成的全国性、联合性、枢纽型社会组织，由 10 家全国性网络社会组织发起成立，首批会员单位总共 300 家网络社会组织。成立大会上发布了关于共筑网上网下同心圆、助力网络强国建设的倡议书，倡议共同参与网络生态综合治理，共同维护互联网行业秩序，共同发展网络公益事业，共同参与维护网络安全，共同参与推动信息化和网信经济发展，共同参与互联网对外交流合作，共同为网信事业发展献计献策，共筑网上网下同心圆②，并

　　① 百度百科. 中国网络社会组织联合会［EB/OL］. https：//baike. baidu. com/item/% E4% B8% AD% E5% 9B% BD% E7% BD% 91% E7% BB% 9C% E7% A4% BE% E4% BC% 9A% E7% BB% 84% E7% BB% 87% E8% 81% 94% E5% 90% 88% E4% BC% 9A/22570200？ fr = aladdin，2018 - 10 - 23/2018 - 12 - 23.
　　② 人民网. 中国网络社会组织联合会在京成立［EB/OL］. http：//politics. people. com. cn/n1/2018/0509/c1001 - 29975545. html，2018 - 5 - 09/2018 - 09 - 12.

组织开展了网络名人采访活动、中国好网民工程、"五个一百"网络正能量精品评选、"党建专家@互联网企业党员"活动等系列活动。推进发展互联网企业党建，召开全国互联网企业党建工作座谈会，要求强化互联网企业党组织在网络综合治理中的政治把关作用，压实互联网企业管理责任，将"管事"和"管人"结合起来，引导企业坚持社会效益和经济效益并重。与新浪微博、百度、今日头条、一点资讯、知乎等互联网企业座谈交流，深化党建专家对互联网企业党建的学习认知，加强对互联网企业党组织的具体指导。积极探索"互联网＋公益"新模式，搭建网络公益平台，壮大网络公益队伍，形成线上线下踊跃参与公益事业新格局。

二是社群自我规范。推进网络社群自我约束规范机制，比如，《互联网群组信息服务管理规定》要求互联网群组建立者、管理者应当履行群组管理责任，依据法律法规、用户协议和平台公约，规范群组网络行为和信息发布，构建文明有序的网络群体空间。互联网群组成员在参与群组信息交流时，应当遵守相关法律法规，文明互动、理性表达。百度发布贴吧吧主管理制度，对吧主的权利义务和考核详细规定。通过法规约束和宣传教育，各个网络社群以及管理者按照"谁建群谁负责""谁管理谁负责"的原则，较好地落实了社群管理责任，各个社群成员也逐步建立了网络空间依法依规传播意识，自觉维护网络传播秩序。广泛组建网络文明志愿者队伍，在互联网上主动弘扬正能量，自觉抵制网络负能量，自觉增加网络文明素养，当前已经形成了初具规模的网络文明志愿者队伍。

三是网络素养培训教育机制。组织开展网上群众路线，2016 年 4 月 19 日，习近平同志在网络安全和信息化工作座谈会上指出，各级党政机关和领导干部要学会通过走网络群众路线，经常上网看看，了解群众所思所愿，收集好想法好建议，积极回应网民关切、解疑释惑。印发《关于规范党员干部网络行为的意见》，要求党员干部发挥模范带头作用，走好网上群众路线，规范网络行为，促进形成健康向上、风清气正的网络环境。一些地方和部门纷纷出台党员干部移动社交媒体使用规范，提出负面行为清单。中宣部等印发进一步加强社会主义核心价值观网上传播的通知，要求坚持"正能量是总要求"，准确把握网络传播规律，把社会主义核心价值观的要求体现到网络宣传、网络文化、网络服务中，用正面声音和先进文化占领网络阵地，用正确的网络舆论引导思潮、凝聚共识。针对普通网民，通过每年举办网络安全宣传周活动、"网界青年成长计划"、网络素养教育研讨班、网络关爱青少年行动、网界青年共筑中国梦、"护苗·网络安全课""网络诚信 美好生活"等活动和项目提升改善网络行为素养，构建网络空间环境共享共治的局面。

二、当前移动社交媒体管理存在的主要问题

当前，我国网络舆论工作特别是移动社交媒体管理"后发劣势"明显，大多处于事后跟进和问题弥补状态，在思想观念、政策法规、体制机制、模式方法、监督执法等方面存在诸多不适应。

（一）政策法规缺乏统筹和前瞻，行业规则不健全不清晰

目前关于移动社交媒体管理的政策法规过于滞后和分散，缺乏有效的统筹。一是立法较为分散。目前，移动社交媒体管理的法规制度有数十条，涉及网信、工信、广电、文化等多个部门，大多从部门职责出发制定，导致行业管理规范散落于不同的规定和部门之中，难以形成体系，集中性权威性不足。二是法规相对滞后。新兴业态快速发展与现有法规制定滞后的矛盾突出，一些领域存在立法空白，给行业发展带来不确定性；还有一些法规制度出台在业态坐大成势之后，致使存量和增量的管理"两把尺"，甚至陷入了"尾大不掉"的困境。三是政企权责不明不细。一些平台企业成为发展新主体，但对于平台应该承担哪些责任、承担多大责任等缺乏明确规定，政企治理权责亟待厘清。一定程度上，移动社交媒体应用的快速迭代对管理造成"创造性破坏"，凸显了当前法律法规的模糊性和滞后性。对概念定义认识不统一，规律特点把握不到位，主要原因在于对移动互联网技术和应用的前瞻性研究不够、预见性不强，致使管理法规跟不上技术的发展和应用的迭代。

（二）平台管理主动性不强，行业自律和社会监督作用有限

依靠平台管理，推动行业自律，是移动社交媒体管理的基础。实际中，一些移动社交媒体社会责任意识不强，管理不主动、不积极，甚至打"擦边球"走灰色路线等问题还不同程度地存在。管理资源与用户规模不适应，比如知乎、斗鱼等企业，用户规模达数千万级差至亿级，但人工审核团队却只有数十人，审核质量难以保证。尽管平台方按照管理部门要求，均开通了举报平台，但从举报效果看，网民有效举报量很小，平台举报处理率较低，举报不力、举报无果的问题突出，从中也反映出网民参与积极性不高、平台接受社会监督的意愿不强。同时，与国外互联网行业组织相比，我国互联网行业组织作用有限，特

别在行业自律方面关注度不高、活动不够经常，权威性不足，规范行业的作用没有得到有效发挥。这些问题造成移动社交媒体管理缺乏基础支撑，政府部门强制规范的"他律"色彩较浓，而内在自生、良性循环的"自律"不足。

（三）管理基础薄弱、手段单一，综合治理体系不够完善

当前移动社交媒体基础管理还存在诸多问题。一是"实名不实人"冲击实名制。移动社交媒体账号冒用、盗用和买卖问题不时发生，特别是自媒体账号买卖较为普遍，在网上已出现平台化的交易市场，许多账号"实名不实人"。二是管理手段有限。移动社交媒体管理对象数量庞大、行业类型多样、业务模式迭代迅速，以依靠人力的治理手段难以适应需要。移动社交媒体具有信息多点发布，跨平台、隐匿化传播的特性，特别是对二维码引流、私密圈传播等不良信息，难发现、难管理。三是资本管理缺位，当前一些移动媒体乱象主要源头是刻意追逐敏感、争议话题，制造舆论爆点的"营销党"造成的，"营销党"大多集团化动作，追逐"粉丝量""阅读量"，其背后是商业资本驱动。目前，大多头部移动社交媒体都有资本注入。基础建设和体系建设是影响管理成效的短板，必须结合发展要求，融汇观念、组织，制度、技术、资源等各方面，进一步筑牢管理基础，加快推进成系统规划、成体系建设的步伐，全面推进综合管理体系建设。

第三节　移动社交媒体舆论热点传播机制创新
网络治理新格局、社会治理新实践

移动互联网发展的近十年来，是社交媒体从工具到平台、从媒介到社会性要素的发展演化过程，移动社交媒体的成熟普及应用给社会关系和网络空间带来了深刻的影响和变革，移动社交媒体的舆论热点传播机制赋予了传播个体和自组织群体自由的表达权和协同共享的话语权，改变了网络传播秩序和结构，塑造了去中心化的传播格局，推动个人与群体、群体与社会、社会与媒介相互之间形成深度交融的场景关系，"万物互联"就是移动社交媒体舆论热点传播机制带来的结构性变革的基本注解。

本节从移动社交媒体舆论热点传播机制带来的积极意义和影响作用角度出发，重点研究移动社交媒体舆论热点传播机制营造的舆论传播新环境，促进网

络治理新发展，以及创新社会治理新实践，为舆论热点传播机制及网络舆论引导理论研究和工作实践提供参考借鉴。

一、营造舆论传播新环境

（一）移动社交媒体舆论热点传播机制带来的传播赋权：传播主体的泛媒介化与新的话语中心的形成

移动互联网的特性充分赋予了普通个人和群体传播的权力，借助社交媒体发展的东风，人人都可能成为意见领袖、网红达人、互联网创业者。在移动社交媒体舆论热点传播机制建构的嵌套性关系网络中，互联网用户在大规模的内容生产、传播、交互、共享中自发地协同合作，个体的力量在无限连接中聚合、放大、爆发，为社会中相对无权者赋予话语权和行动权，形成了关系赋权①。不论是独立个体还是组织群体，传播的权力通过移动社交媒体得到强化和延伸，媒体不再只限于专业的组织和政府的赋权，泛媒体化的到来激活了新的话语中心的形成。在人人都是麦克风和电视台的时代，个人的话语权、创造性和传播积极性得到充分释放，并获得传统社会无法赋予的丰富资源和关系，个人在网络社会中有了更多选择，移动社交媒体既是生产力也是生产关系，这打破了传统社会结构的平衡，通过话语权的获得，网络化生存、网络化生活成为现实。

群体与个人泛媒介化的趋势也带来了新的话语中心的生成，传统媒体时代分散、微弱的声音和态度在移动社交媒体平台上得以整合放大，移动平台上相对独立、激烈的话语权不仅能够对主流议题形成冲击，争抢传播受众，还能够影响主流议题的设置和方向。从积极角度来看，泛媒介化的现象有力推动了政务公开回应和官方话语结构的积极改变，有利于生成开放、透明、健康的网络舆论环境；从消极角度来看，新的话语中心的出现打破了传统舆论场的平衡状态，负面不实信息层出不穷，增加了社会治理的成本和精力。

（二）移动社交媒体舆论热点传播机制的社会结构作用：空间场景的变迁

移动社交媒体舆论热点传播机制的特性，生成塑造了新的公共空间，为表达观点、获得信息和服务、参与社会治理提供了丰富的场景和浸入式体验。移动互联网时代动态的连接、开放的平台、流动的网络自组织、交融的内容—关

---

① 喻国明，马慧．关系赋权：社会资本配置的新范式——网络重构社会连接之下的社会治理逻辑变革．编辑之友，2016（9）：5-8．

系—终端网络以及人工智能、虚拟现实等新兴技术，创造了前所未有的社会场景，人们进入了"场景细分"的时代①。移动社交媒体舆论热点传播机制的场景塑造，包含了时空环境与社会情境等综合因素，对生活方式、社交行为、内容建设等都会产生深远的影响，甚至塑造整个社会生产生活环境和方式。

从整体环境来看，移动社交媒体舆论热点传播打破了不同群体之间的信息障碍和不同渠道的交流不畅，让所有联网的个人和群体处于一个相对公开透明的环境之中，话题的流动相对自由，参与的范围不受限制，社会的宏观场景由"全景监狱"向"共景监狱"转化②。在获取移动社交媒体舆论热点传播机制带来的场景体验方面，人与人之间、社会群体和组织之间是相同的。但在复杂的社交关系网络中，不同的用户分属于不同的场域，不同的场域又构建塑造了整体场景，话题在不同层面不同圈群的流动交叉促进了个人和场域的不断交融互动，纵向的垂直性场景加大了社会关系和社会结构的深度，横向的交融性场景延伸了不同个人和群体的话语表达和社会认同，在不断的协同交融、冲突消解过程中，关系场景得以塑造。一方面，个人借助技术的发展进步和移动社交媒体的传播特性，充分发挥着塑造场景的主观能动性；另一方面，个人也需要适应不断变换调整的空间场景，通过塑造符合移动社交媒体场景需求的标签或角色，得到不同社群的接纳和认同。移动社交媒体塑造的关系场景，有效连接了现实与虚拟空间，在宏观层面重塑了社会关系，在微观层面促进了个人与社会的协同，成为关系赋权模式的重要力量和关键推手。

（三）"去中心化"传播格局的重塑

移动社交媒体舆论热点传播机制对人际传播、组织传播、大众传播、网络传播的现有格局进行了重新调整和塑造，形成了"去中心化"与"再中心化"并存、强弱关系并存的传播格局，共享、协同、开放理念是移动舆论场域遵循的基本传播规则。

移动社交媒体舆论热点传播机制的泛媒介化现象让传播主体从专业的机构扩展到普通的组织和个人，传播对象从被动接受到主动制造参与信息传播，传播范围遍及互联网每个角落，移动社交媒体舆论热点传播机制关系网络的"去中心化"倾向明显。传统话语主导权和控制权的权威和中心地位被解构，普通

---

① 胡正荣. 移动互联时代传统媒体的融合战略. 传媒评论，2015（4）：47 – 50.
② 喻国明，马慧. 关系赋权：社会资本配置的新范式——网络重构社会连接之下的社会治理逻辑变革. 编辑之友，2016（9）：5 – 8.

个体通过协同共享共同创造了新型的关系网络和空间环境。舆论热点事件运行的机制更为复杂多变和不可控，简单粗放的方式已不再能满足信息传播和舆论引导的需求，社会化的传播生态已经形成。从另一个角度出发，关系赋权又产生了新的话语权中心，构建了新的传播模式和传播关系。有学者提出"新媒体传播即关系传播"的观念，新媒体已经成为社会关系的承载①，带来基础性的赋权范式的转变②。通过关系赋权，个体的价值被最大限度放大，个人成为关系网络的中心，千万级的意见领袖影响力相当于一家传统媒体，"网红"们不仅在网络中获得了强大的影响力和身份认同，更在现实社会获得了巨大的经济利益。

移动社交媒体舆论热点传播机制中，强弱关系并存，既有以即时通信工具为代表人与人之间点对点的即时交流，也有以微博为代表的个人与群体之间、群体与群体之间的开放式交流。强弱关系交融互动的移动舆论场激发了议题传播的活力，实现了不同层级、不同时空信息的传播、共享和整合，自组织运动成为舆论热点新的传播方式，传受双方、传播内容与渠道的组织、演化、发展和消解共同塑造了全新的秩序与格局。

二、促进网络治理新发展

当前，移动网络舆论空间不仅仅是社会现实的映射，更与社会现实发生深刻的交互作用，移动舆论场不仅仅事关舆论生态环境和谐健康，也关系到全面建成小康社会的总体目标。移动社交媒体的舆论热点传播与网络治理密切相关、协同互动、相互促进，随着转型期、攻坚期社会改革发展和社会主要矛盾的转化，人民日益增长的美好生活需要和不平衡不充分的发展之间的矛盾迫切需要政府转变治理方式，引入创新、协调、绿色、开放、共享的理念，借助移动社交媒体舆论热点传播机制特性作为转型工具和助力，为网络治理提供了新思路、新平台、新实践。

（一）移动社交媒体舆论热点传播机制激发舆论引导新理念、新思路

在人人赋权、传受关系较为平等的移动舆论空间中，网络舆论引导难度较大，移动社交媒体的舆论热点传播与现实社会紧密相连，现实社会中的结构性

---

① 陈先红. 论媒介即关系. 现代传播，2016（3）：54-56.
② 喻国明. 互联网时代的新权力范式："关系赋权""连接一切"场景下的社会关系的重组与权力格局的变迁. 国际新闻，2016（10）：27-29.

矛盾、不平衡的利益诉求以及公共服务多元化需求等，都折射在舆论热点传播中，对网络舆论空间发展治理造成深刻影响。网络空间环境中的多元声音和复杂思潮，发挥着强大的舆论导向功能。移动社交媒体的舆论热点传播机制，强化了这一复杂状况，带来的移动化、碎片化、社交化传播关系，以及营造的开放共享、跨时空交互的虚拟社会，需要革新网络舆论引导思路和理念，以应对复杂舆论传播现象和网络治理新问题等，并且有效协调解决因网络社会和现实社会深度交互而产生的社会关系复杂化、同步化的局面。

为破解"十三五"期间发展难题、发挥改革发展优势而提出的"创新、协调、绿色、开放、共享"的发展理念，与移动社交媒体舆论热点传播机制的发展特性高度契合。对舆论引导的认知和理念，是决定网络治理能够取得效果的重要层面，要适应移动社交媒体传播特点并加以运用发展，将"创新、协调、绿色、开放、共享"的理念体现到舆论引导过程中。

理念上突出舆论引导。充分认识和切实把握当前移动社交媒体舆论传播特点机制和规律，适应新形势的发展变化，牢固确立舆论引导为主的工作格局。从思想上、理念上高度重视网络治理的转型发展，将其确立为治国理政重大方略，从工作思路上变单向的管理为多元化的引导治理，将舆论引导的理念贯穿于工作策划、政策制定、推动落实等全部环节，实现全地区、全平台覆盖，全过程、全群体参与。

功能上强化舆论引导。突出移动社交媒体舆论热点传播机制特性的重要作用，对利用移动社交媒体舆论热点传播机制参与网络舆论引导的目的、方式、节奏、途径、效果都要谋划到位，将其作为移动社交媒体的重要功能。针对引导需要和舆情反馈，利用移动社交媒体渠道主动设置舆论话题，系统进行传播、解读、阐释、回应。同时要善于利用监督性舆论声音，借机客观分析存在问题，表达态度和做法，引导网民理解和支持，舆论引导、凝聚共识、争取人心，维护和提升政府形象。

能力上保证舆论引导。舆论引导主体要主动介入和引领移动场舆论，提高移动场舆论的敏感度，加强传播内容的深度和广度，通过持续、全面、系统、深入地传播引导，以首发权掌握主动权，以内容真实性来掌握话语权，提高自身的舆论影响力。强化舆论热点发现研究能力，利用移动社交媒体便利的信息渠道，广泛认真细致地收集研判普通受众对党和政府工作及重大问题的舆情动态，有针对性地宣传、解读、阐释和引导。善于利用新的信息技术改进主流媒体传播技术，利用微博、微信、移动程序等新应用扩展信息传播领域，提高主流媒体在各舆论空间的传播影响作用。

在更新舆论引导理念的同时，还要进一步创新工作思路，运用移动社交媒体的思维基础建设完善网络舆论引导格局。一是用户至上的受众思维。用户至上的受众思维旨在解决传播"自上而下"方式，将以我为主的观念，升级为以用户为中心的理念，善于引入社会管理、公共管理、心理引导等理念和方法，充分掌握用户需求，与用户共鸣，共创共享价值经验，更加注重受众的参与互动和分享体验。主动适应不同平台传播特点和受众的接受特点，在不同领域、不同专业、不同地区建立和培养一批"专而精"的移动新媒体，既提供共性新闻产品，又加强个性化新闻生产，用圈内话语讲凝聚共识的故事；熟悉细分受众认知结构和文化习惯，积极探索受众的接受方式，研究不同阶层群体诉求，既考虑内容生产如何"编码"，又结合广大受众实际考虑如何"解码"，减少"编码"与"解码"之间的信息误差，在提高用户关注度和参与度的过程中提升传播力、引导力、影响力、公信力。

二是互联互通的交互思维。交流与互动是移动互联网时代的日常状态，对于舆论引导主体来说，接近受众只是开展工作的第一步，关键在于深刻理解移动社交媒体平台开发、交互的内在实质，在引导过程中充分实现关系交互，及时有效满足并反馈受众需求，通过线上线下的交互设计，促进主体和对象的交互对话，创造开放、共享、便捷的交互体验，通过有效互动培养用户接受习惯，逐步增加用户黏度，实现效果延伸。

三是共享共建的平台思维。如何拓展舆论引导的实施空间和渠道，实现从传统单一为主向立体化多功能的转型，促进引导效果不断外延，是当下面临的时代要求。"平台构建"思维要求打造开放、共享、共赢的引导平台，核心是把引导对象放在重要地位，主体通过移动社交媒体与受众对话，形成一张扁平化的直接多向沟通网络，减少传播中间层级，突出对话性和亲民性，拓展舆论引导的深度与广度。

四是全媒体应用的融合思维。加大融合发展力度，进一步形成人才合力、媒体合力、技术合力和工作力量合力。整合各类资源，形成全网全媒体管理运用新体系，既保证舆论引导的主导性、权威性和专业性，又满足群众的互动性需求。在突发事件应对中，充分发挥移动社交媒体"口碑效应"的特征，推进权威信息在熟人圈子之间迅捷传播。互联网平台中的社群组织、微信圈子本身具有相互的高信任感，观点整合时间会更短，在很大程度上为舆论引导赢得了时间和成本。要坚持用多元开放的联合发展理念，加强横向联合，强化纵向联动，横向联合上加强移动社交媒体的交流合作，加大对微博、微信、二维码、手机报、手机网、移动客户端、网络电视等的联合运用，形成强大的联合体。纵向联动上鼓励各个层级的移动社交媒体共同参与舆论引导，在传播策划、工作联通、信息共享、组织动员上形成新的优势。

（二）移动社交媒体舆论热点传播机制丰富舆论引导新主体、新规则

移动社交媒体的普及应用不仅为新时代舆论引导提供了开放共享的平台和工具，也丰富了舆论引导的主体和内容。从主体来说，一方面，在传统的舆论引导中，主体主要是政府机构和有关行政部门，对于普通受众扮演管理者和控制者的角色，单一主体在移动社交媒体的传播赋权趋势下显得越来越被动，无法有效应对社会主要矛盾转化带来的新机遇和新挑战。而移动社交媒体赋予了多个不同主体传播权和话语权，媒体机构、专家学者甚至普通网民，都可以通过政府邮箱、网上留言板等反映问题、表达诉求，通过政务微博微信评论互动、表达观点和意见，或开通个人社交媒体账号发声互动，表达参政议政的积极性，引发舆论关注，在极低成本的条件下占有最大化的信息资源，高效便捷协同地参与引导各个过程。另一方面，不同于传统媒体平台上内容管理者的指挥控制角色，在由移动社交媒体所产生的全新的舆论生态环境中，引导者需对自身角色重新调整和定位，以系统论的理念，将身份积极融入网上舆论整体生态环境中，将自身作为网络舆论引导的要素，努力与其他要素之间形成协同配合、良性互动、共同发展。而不是作为游离于舆论生态系统之外的单一监督者。在引导全过程中，引导主体不再是单一地发号施令，而是扮演积极协调互动的角色，充分调动引导过程中其他角色的积极作用，保障网络空间系统健康运行。因此，移动社交媒体舆论引导主体应主动适应角色转变，通过构建一系列引导有机规则和良性发展秩序，积极引入多元系统要素参与共建，构建多元治理格局，逐步实现从单一管理者到生态系统建设者的发展，与系统中的各个要素共同发展、协同互动。

从引导规则来说，借鉴系统协同规则。在移动舆论场中，各个要素根据特定运行规则扮演不同角色，作为舆论引导规则的制定者、管理者、保障者、参与者，引导的主体应构建协同合作机制，通过制定规则、建设平台、营造环境、提供保障等手段，为移动舆论场各个要素提供发展空间及和谐共存环境。政府

部门要充分发挥协同互动、桥梁纽带作用，积极主动创造机会，提供高质量公共服务，搭建安全开放的公共话语平台，为移动社交媒体设置议题、赋权舆论发声，推动移动社交媒体成为舆论引导的重要力量，并协调系统内不同参与者有序运行。同时，充分重视引导过程中的个体——每个普通网民的作用，通过网络素养培育、网络文化滋养，引导网民参与理性规则构建，共同建设良好规范秩序。

借鉴自组织模式规则。根据移动社交媒体环境的系统性和自组织性，网上舆论生态环境是自我调节、自我发展、自我管理的复杂生态系统。因此，要充分利用舆论生态的自组织特性，在有序的基础上，为舆论引导中的各个要素提供自我成长、自我调节的空间，建立意见表达激活机制，通过主动设置议题，释放移动社交媒体积极表达空间，让各个要素在"观点的自由市场"中发生意见的表达、对冲、协调及统一，发挥生态系统的自净功能，最终实现引导的效果。如在知乎、豆瓣小组等社交媒体中，通过对专业"中V"的培养和合作，推动议题的包容性、多样性，进而建立网络舆论引导的自组织规则。

（三）移动社交媒体舆论热点传播机制提供舆论引导新路径、新方法

习近平总书记关于时、度、效的深刻论断，不仅是对新时期舆论引导具体实现路径的高度提炼和精髓要义，也为做好移动社交媒体环境下的网络舆论引导提供了基础方法论。一是抓住时机、把握节奏。"时"，就是准确掌握网络舆论引导的最佳时机，对议题事前、事中、事后都有精准把握，按照策划好的时间节点精准发力，把握节奏。移动社交媒体舆论热点集散效应极其强大，打破传统媒体传播信息的时间和空间限制，让应对者猝不及防。微博、即时通信和移动社交网络的广泛应用，舆论热点发酵周期大大缩短，新闻呈现和传播以分秒计，几秒钟或者几分钟之内就会得到广泛传播。一个热点事件的存在加上一种情绪化的意见，就可以成为点燃舆论的导火索。因此，把握时机，是网络舆论引导效果能否达成的第一要素。

二是讲究分寸、掌握力度。"度"就是准确掌握网络舆论引导内容的区间数量，讲究分寸力度，把握量变与质变的关系，不断深化对移动互联网发展及舆论热点传播规律的认识和把握，切实增强工作的前瞻性和预见性。要重点处理好以下关系。一是全面和重点的关系。长期以来，全面是网络舆论引导追求的最佳目标，但实现难度非常大。实际工作中，要抓住移动端重点，统筹引导好移动新闻客户端、微博、微信等舆情发酵的重要阵地。二是网上和网下的关系。

网上舆论事件，基本都是源于社会现实。网络舆论事件是现实社会在网上的反映，在网上出现舆情时，第一时间掌握实际情况，才能为舆论热点研判提供基础，为舆论引导提供依据。三是用和管的关系。当前，网络舆论引导周期明显滞后于新技术、新应用发展周期，明显滞后于网络形态业态的发展周期，必须立足于会用、善用和用好移动网络这个基本前提，加大传统媒体与新媒体、线上与线下、PC 端与移动端、微博微信与客户端的统筹力度，综合运用多种传播手段，形成法规健全、管理规范、行业自律、网民自觉的引导格局。

三是把握效果、追求实效。"效"，就是正确评估网络舆论引导的实效质量，实现引导主体和对象的协同配合，取得最佳效果。效果的把握，要掌握讲故事、讲认同、讲需求三个维度。讲故事，主要是增强舆论话题的故事性及细节化表达，以文化、活动等作为外包装，意识形态和价值观念作为核心，通过正面传播故事化、概念具象化、数据实例化等有效方式，既讲鲜明具有特色的好故事，而且把故事讲述好、传播开，产生事半功倍的叠加效应。讲认同，就是尽可能降低网络空间治理的参与门槛，模拟多情景、多表情下的对话模式，让受众置身于一个平等语境中实现交流领悟，形成良性互动，凝聚广泛共识。讲需求，就是准确把握受众的所思所想、所需所求。认真研究不同受众的思想文化需求，根据不同区域、行业、职业的实际以及不同群众的思想状况，及时回应关注的热点焦点难点问题，解疑释惑、回应反馈。

三、搭建协同治理新平台

在 2016 年 10 月中共中央政治局第三十六次集体学习时，习近平总书记指出，随着互联网特别是移动互联网发展，社会治理模式正在从单向管理转向双向互动，从线下转向线上线下融合，从单纯的政府监管向更加注重社会协同治理转变。① 移动社交媒体舆论热点传播为社会协同治理提供了新平台和新方法，比如，在微博、微信、移动短视频等平台上开通账户，便捷直接地发布信息，交流互动，提供服务，还可以通过移动社交媒体进行主流议程设置宣传引导、政务公开回应等，广泛征集社会各方意见建议，充分调动各方力量和多方资源，更低成本、更高效率的优化顶层设计决策参考、协同配合。

---

① 人民网. 习近平在中共中央政治局第三十六次集体学习时强调：加快推进网络信息技术自主创新？朝着建设网络强国目标不懈努力 ［EB/OL］. http：//dangjian. people. com. cn/n1/2016/1011/c117092 - 28768107. html，2016 - 10 - 11.

一是移动参政议政。在 PC 端互联网时期，就已经出现了社会主体利用网络问政、部分公众通过互联网参政议政的情况，但因理念及技术等原因，参政议政的质量不高、效果不佳，很多政府部门设置的工作信箱、留言板等几乎没人关注，很多"僵尸"账户几乎没有更新，没有真正发挥作用。而在即时化、碎片化、分众化传播时代，借助移动社交媒体参政议政的最大优势就是高质量的互动参与过程，不论是治理主体与受众之间的交流互动效率还是解决问题的速度，都是以往 PC 端网络问政达不到的线上线下深度融合。一方面，治理主体通过搭建移动客户端、开通微博微信政务账号等多种形式与社会公众交流互动，传播政务信息，收集意见建议，进行回应引导，解疑释惑、化解矛盾，更好地提供决策参考支持。另一方面，借助智能终端实现的随手拍照、录音、录像等信息交互方式，更广泛地动员组织普通大众通过移动社交媒体反映问题、提出建议、参政议政、互动反馈。比如，很多政府部门鼓励广大公众对违规违纪现象随手拍摄，通过移动社交媒体平台上传监督，有效遏制不良公务现象滋生。

二是创新公共服务方式。传统的公共服务内容和方式主要依靠线下开展，成本消耗高，手段和形式单一，而且质量和效果很难有效满足公众需求。在移动互联网时代，除服务效果外，公众对服务内容和方式也有着较高要求。移动社交媒体的发展，一方面降低了社会治理成本，实现"信息多跑路、群众少跑腿"。比如，一些地区部门在微博平台上建设矩阵政务服务大厅，将不同职能服务部门联动聚合在一起，实现一键联通、迅捷服务。微信平台将城市服务功能链接起来，包括医疗、社保、交通、缴费、便民服务、投诉举报等与社情民意息息相关的公共服务都可以实现。定位为"传递政府声音，提供服务咨询，倾听社情民意，回应社会关切"的北京发布微信公众账号，以微信为桥梁建设了政务发布服务大厅，分为政府机构、政府公报和北京资讯三个板块，普通受众可以在"市民对话一把手""蓝天保卫战""积分落户服务"等栏目获取相关信息及服务，随时留言拍照互动。另一方面，移动社交媒体赋予了社会组织、公益机构等参与社会治理的便利平台和公开环境，在政府职能转型的环境下，协同参与者能够更为积极有效地利用平台化、工具化特征，征求了解满足分众化用户的多元需求。通过主体与公众的协同、主体与第三方机构的协同、第三方机构与公众的协同，有效提升治理质量和效果。

三是创造协同交互环境。移动社交媒体舆论热点传播机制改变了传统对象处于被动弱势地位的局面，赋予了主体和对象之间较为平等交互的交流平台，形成了与现实社会相互作用的网络空间环境和关系。普通用户可以通过移动社交媒体获取更多的信息资源社群力量，发展成为网络意见领袖，掌握更多的话语权和传播群。还可以建立或加入网络社群，就舆论话题交流讨论，形成态度和意见，借助社群的力量获取社会治理的主动权，特别是由社群与社群之间产生的交互协同，能够对现实社会产生更深刻的影响。在公开交互的环境中，所有参与者都可以平等透明地传播信息、表达观点和态度，即时互动的信息传播渠道有助于多方的信息公开和意见反馈，如近年来多家法院创新采用互联网庭审直播的方式，让普通受众了解审判过程，发挥了良好的社会监督作用。

四、凝聚网上网下同心圆

在党的十八届三中全会《中共中央关于全面深化改革若干重大问题的决定》关于"创新社会治理体制"中提出，完善党委领导、政府主导、社会协同、公众参与、法治保障的社会治理体制，实现政府治理和社会调节、居民自治良性互动。在创新社会治理的体制机制中，社会组织和群体作为重要参与者和协同者，连接着主体和对象，促进双方协同互动，资源合理分配，权利与义务相互约束分享。移动社交媒体舆论热点传播机制特性赋予了社会组织和群体更大的发展空间和活力，依托开放多元、协同共享的移动社交媒体，培养发展了一大批较为完善的社群组织，共同推动线上线下协同效果。

一是激发社群线上线下活力。移动社交媒体舆论热点传播机制促进了社会组织特别是网络社群的发展，为社会组织发展注入动力。借助移动社交媒体开放共享的平台和即时互动的传播机制，社会组织可以在移动社交媒体上申请开通账号、开通移动客户端等，进一步扩大自身组织在现实社会和网络空间的影响力，实现更多更广阔的功能应用。同时，借助移动社交媒体舆论热点传播形成发展的网络社群，社群成员基于共同的兴趣爱好、目的诉求等聚集在一起，社群内部交流互动机制顺畅、社群内容凝聚力、影响力较强，能够高质量参与社会治理，表达利益诉求，开展社会监督，组织线下活动，形成现实社会影响力。移动社交媒体为社会组织提供了新型的舆论传播制造平台和方法，促进社会组织发挥更好地动员、配合、自我管理作用。

二是培育发展社会组织。移动社交媒体舆论热点传播机制解决了传统社会组织力量不足、缺乏开展工作的载体和方式的障碍，有效地满足了社会组织在移动互联网时代的转型需求，一方面充分挖掘了现实社会对社会组织的多元需求，能够真正对社会组织的协同作用重视起来，赋予社会组织更多的参与配合职能；另一方面，在自组织和定制化的移动社交媒体信息传播基础之上生成的较为成熟活跃的网络社群为现实社会组织的生成培育建立了良好的组织基础，很多在移动社交媒体平台上基于兴趣爱好等因素自然聚合的网络社群具备形成实体社会组织的良好条件，有效汇聚了网络社群的动员力量，促进了社会组织的创新工作和长效发展。

三是有效汇集社会力量。在移动社交媒体普及之前，社会动员和社会力量的主体主要是政府部门和传统媒体机构，通过大众传播的形式对治理对象宣传、教育、引导和影响，以实现思想和行动上的一致目标。传统的社会动员主要是从上而下的灌输式行政式方法手段，耗费成本较高，需要调动社会多方资源，而移动社交媒体依托传播机制优势特性，突破了传统社会动员的阶层时间空间障碍因素，节省了动员过程中诸多的中间环节和中间流程，直接以扁平化的形式让社会治理主体、社会组织和受众交流沟通、组织协调，让社会组织和受众、受众与受众快速协同配合、落实动员，有效提升了社会力量的组织动员速度，扩大了社会动员的覆盖群体和层次，让动员对象的社会力量快速聚合，围绕动员的目的协同配合、共享资源，更高效实现社会动员的目的。随着移动社交媒体发展起来的众筹、众创等组织动员模式，探索出了一套较为成熟的组织动员方式，比如具有社会公益特点的大病筹款移动应用轻松筹，通过与微博、微信平台的联通，号召公众对治病困难的对象帮扶捐款，截至目前已累积筹资 200亿元，一定程度发挥着社会福利救助的积极作用。还有在微博、微信中已经较为普遍的寻人、寻物活动信息等，今日头条借助大数据的算法推荐和分发平台，推出"头条寻人"项目，累计弹窗推送 49581 例寻人启事，找到 7000 人，最多一天寻回 29 人，最快 1 分钟找回。通过移动社交媒体舆论热点传播机制大大节省了社会公共资源，提升了社会力量的汇集聚合速度和效果。

第四节 促进移动社交媒体舆论环境健康发展的展望

针对当前移动社交媒体舆论引导存在的问题和需要改进的地方，深入探索移动社交媒体舆论热点传播带来的复杂性影响以及创新格局和实践，有针对性地对问题不足和原因加以梳理分析，立足于加强和改进舆论引导，推动形成移动社交媒体顶层设计更为清晰、管理法规相对完善，综合治理体系初步建成，政策规划更加完备的格局，重点提出以下展望和建议。

一、强化思维更新，确立适应时代和业态发展的思维理念

随着移动社交媒体的发展，其平台综合化、融合化和账号海量化、个体化的特征日趋明显，传统的管理方式越发难以满足治理需求，必须创新管理思路，用新办法管理新业态、解决新问题。一是确立综合治理理念。管理主体上，注重资源整合和力量协调，加强政府内部各个部门、政府和平台企业之间的全面协同和社会力量的广泛参与，形成合力；管理模式上，在政府管平台、平台管用户垂直模式的基础上，探索政府管企业、企业管平台、平台管账号、账号主体管内容的多重权责模式，明确政府对企业、企业对旗下平台、平台对账号、账号主体对其账号发布内容的管理责任，实行权责分明的复合化管理手段，强调线上与线下协同、立法与执法统一、行政与自律结合，综合运用经济、法律、技术等各种手段，形成以体系管生态的治理格局。二是确立移动社交媒体企业"主体"管理理念。平台企业对用户行为管理具有先天优势，要坚持压实主体责任，赋予平台更多的责任和义务，依靠平台实施管理，保证权责利的统一。鼓励企业在平台责任边界内，根据业务特点和类型加强针对性研究，对可能影响平台健康生态的风险进行评估，制定更加专业化的条款，利用协议、合同、信用管理等方式，形成更加合理的内生规则。鼓励企业加强技术手段建设，从真实身份核验、行为日志留存、数据安全管理、违法违规信息处置等各个方面，建立基于数据管理技术的平台，以技术管技术，为政府治理、企业管理提供支撑。三是确立全面治理理念。加强修法释法和线下法律线上延伸的工作，紧跟业务发展前瞻研究，及时推出新政策、确立新规则，有效解决法律制度的相对稳定与移动社交媒体即时发展不确定性之间的矛盾，避免行政执法程式化、固定化、随意性等问题。既要针对不断出现的新业态新产业，从管信息内容向管主体、管行为、管业态、管产业全面推进，将管理贯穿于整个产业领域、各个生态链条；又要适应业态的不断演进，区分领域针对性、有侧重施策，对个人账号重在内容管理，对自媒体重在规范引导，对平台企业重在前置审核，对行业生态重在维护秩序，以分域网格和产业链条的有效管理达成整个生态的全面改善。

二、强化基础管理，解决制约发展的关键性问题

紧紧抓住当前移动社交媒体治理中遇到的重点难点问题，一是建立业态跟踪研究和成果发布机制。对移动社交媒体行业出现的新应用、新概念、新形式等进行跟进式、日常性研究，对其业务范围、功能定位、管理要求以及发展趋势等做出准确定性和科学判断，合理划分业务边界，清晰表明态度，并及时向社会发布，对行业发展实施有力指导。二是实施自媒体分级注册备案管理。对移动社交媒体自媒体账号加强管理，建立全国性的自媒体内容范围及生产能力、内容发布和传播渠道、管理机制和管理办法等条目性标准，对符合标准条件的，承认其自媒体定位，并予以注册备案，纳入媒体管理范围，给予有力指导和正确引导，使其规范化运营。三是创新推进网络实名制。认真落实《网络安全法》有关条款，探索试行唯一网络账号制度，进一步扩展网络实名注册的维度，健全备案个人信息存储和保护机制，实现"一号在手、全网通行"，且个人数据信息由公安等政府部门存储，企业不得收集个人资料信息，着力解决"实名不实人"、个人信息容易泄露、账号"复活转世"等问题。

三、强化主体责任，提升平台自治的能力水平

加强对移动社交媒体平台管理的指导，在科学设计管理框架的基础上，将更多的管理责任和权力交给移动社交媒体企业，完善平台治理的制度环境，推进企业规范管理、有效管理。一是建立规范化管理目录。从落实主体责任角度，把有关互联网管理的法律法规和规章制度清单化，分业务领域列出管理条件目录，帮助企业清晰知晓开展某一业务，需要遵守哪些法规条款、具备哪些资质许可、制定哪些制度规范、完善哪些管理手段、达到哪些标准要求等，以推动规范化管理。二是统一实施分级分类管理。建立分级分类管理标准，按照统一标准划分账号类别和级别，按照分级、分类区分管理权重，对重点类别、重点账号实施重点管理，对一般类别、一般账号实施粗放管理。三是完善细化网络信用管理制度。建立以信用积分为基础，实施按信用等级动态赋能和处罚的制度，对信用等级达到标准的开放全部平台功能，不达标的部分开放功能。管理与信用挂钩，按处罚次数判定信用得分。四是实施媒体类政务类账号加标管理。要求平台企业对中央和地方新闻单位开办的媒体账号、党政机关开办的政务账号加注专门标识，实施特殊管理，上交管理权限，方便受众辨识阅读，支持主

流舆论发展壮大。

四、强化行业自律，形成社会化管理格局

结合移动社交媒体和自媒体社会化、全民性特征，汇集各方资源，不断推进共同参与、群策群力的社会化管理局面。一是研究出台行业标准规范。以互联网社会组织主导、企业和社会参与的举措，将各个平台的内生规则汇集起来，找出平台管理可复制、可推广的内容，制定出台行业普遍性的标准规范，为整个行业推进自律自治提供依据。二是建立健全社会举报仲裁机制。由互联网举报中心主导，建立由行业方、企业方、社会方共同参与的举报仲裁组织，借助社会力量，科学判定举报内容，督导企业受理和处理社会举报，进一步发挥好社会监督的作用。三是开展全民网络素养教育。将网络素养教育纳入学校教育和社会教育，从政府、行业和企业的不同角度，普及互联网法律知识，开展教育实践活动，培植网络行为伦理道德规范，增强网络信息甄别判断和自我保护能力，提升全民文明上网、依法上网、安全上网的能力水平。

本章聚焦于移动社交媒体舆论热点传播机制与网络舆论引导的交互作用及展望，重点从当前移动社交媒体舆论引导机制和改进完善移动社交媒体舆论传播对策建议两个层面进行研究。一方面，移动社交媒体舆论热点传播机制赋予了网络传播空间多元化的参与主体、多层次的引导对象及动态化的传播过程；另一方面，舆论传播的复杂性、系统性对当前的网络舆论引导提出了挑战和变革，而移动社交媒体舆论热点传播机制有效弥补了传统社会治理和网络治理存在的短板和不足。针对舆论引导过程中存在的思想观念、政策法规、体制机制、模式方法等方面的不适应，移动社交媒体舆论热点传播机制对创新网络治理的新格局和社会治理的新实践发挥了积极作用和效果。在对移动社交媒体舆论热点传播机制的不足和效用深入分析的基础之上，提出了强化思维更新、强化基础管理、强化主体责任、强化行业自律的"四个强化"展望和建议，以期为清朗网络空间、建设网络综合治理体系提供借鉴。

结　语

随着移动社交媒体使用人群数量和覆盖率的持续增长，微博、微信、移动客户端等已成为新闻媒体最重要的信息发布渠道和网民不可或缺的社交互动平台。以"两微一端"为代表的移动社交媒体，为舆论场整体生态环境和舆论传播机制带来了变革和契机。一方面，移动社交媒体舆论热点的传播机制促进了主流舆论采取更加亲民朴实的话语与民间舆论主动沟通对话，不同媒体深度融合，舆论场进一步走向互联互通、形成共识。移动社交媒体连接传统媒体和网络媒体，也融合官方舆论和民间舆论，促进了舆论热点的有效整合发力。另一方面，移动社交媒体传播的时时在线、深度融入场景等能力，基于集群和关系网的裂变式、循环嵌套式传播，各用户之间信息发布的无序行为，让传播路径更为分散复杂，加剧了信息和传播时空的碎片化，显性舆论和隐形舆论并存且持续互相转化，往往理性声音和非理性声音相互交织、真实信息与谣言传言相互交织、正当舆论监督与不恰当的舆论炒作相互交织，增加了移动舆论场舆论引导与治理的难度。

习近平总书记于 2016 年 2 月 19 日在党的新闻舆论工作座谈会上提出，"尊重新闻传播规律，创新方法手段，切实提高党的新闻舆论传播力、引导力、影响力、公信力""创新理念、内容、体裁、形式、方法、手段、业态、体制、机制，增强针对性和实效性，适应分众化、差异化传播趋势，加快构建舆论引导新格局"；① 于 2019 年 1 月 25 日中共中央政治局就全媒体时代和媒体融合发展举行的第十二次集体学习时提出，"要坚持移动优先策略，让主流媒体借助移动传播，牢牢占据舆论引导、思想引领、文化传承、服务人民的传播制高点。要

---

① 新华网．习近平：坚持正确方向创新方法手段 提高新闻舆论传播力引导力 ［EB/OL］．http：//www. xinhuanet. com//politics/2016 - 02/19/c_ 1118102868. htm，2016 - 02 - 19.

探索将人工智能运用在新闻采集、生产、分发、接收、反馈中，全面提高舆论引导能力"。① 这一系列重要观点和论断，为移动社交媒体舆论热点传播和治理提供了基本理念和实践路径，对网络空间治理全局工作有重要的指导意义。对于移动社交媒体及其舆论热点传播机制的构建完善，理念上需高度重视、研究上需精准有力、实践中需积极研判，增加正能量有效内容和服务的供给，减少负面无效负效内容的传播，充分发挥移动社交媒体舆论热点传播机制的作用和效果，切实提升精准把握舆论引导的时、度、效和网络空间治理的能力和水平。

党的十九大提出，中国特色社会主义进入了新时代，我国社会主要矛盾已经转化为人民日益增长的美好生活需要和不平衡不充分的发展之间的矛盾。新时代人民生活需要从"物质文化需要"变成"美好生活需要"，而发展则从相对"落后的社会生产"转化成"不平衡不充分的发展"，"需求侧"和"供给侧"都发生了深刻变化。以供给侧结构改革理念观照移动社交媒体舆论热点传播和治理工作，社会主要矛盾的转化，在网络空间环境中，主要表现为移动社交媒体不断更新迭代，使用人群数量庞大，智能移动终端成为获取信息资讯、开展社交互动的主要渠道，移动舆论场让网络舆论热点生态系统更加复杂多元，得到传播赋权的受众话语权和影响力急剧增加，移动社交媒体成为舆论热点事件的发酵和集散地，迅速凝聚形成移动的"微舆论"，打破了传统媒体舆论传播机制构建的相对稳定的传播格局和机制，舆论供给和传播需求又进入了新一轮的不平衡状态。因此，对移动社交媒体舆论热点传播机制和相关舆论治理的深化认识和有效利用，在理论研究层面，关系着能否对舆论传播机制的运行规律取得新的认知和理解，通过发现有效的理论研究工具，深入挖掘传播机制对舆论传播、社会治理、舆论引导发挥重要的影响作用和效果。在现实社会层面，人民对美好生活的向往更加强烈，主要表现为期盼有更好的教育、更稳定的工作、更满意的收入、更可靠的社会保障、更高水平的医疗卫生服务、更舒适的居住条件、更优美的环境、更丰富的精神文化生活。这"八个更"反映在移动网络舆论场中，则表现为特定群体的时代焦虑，以及随着新技术平台不断细分而产生的关系社群所带来的复杂传播关系和舆论现象。网上网下界限模糊、公私领域界限模糊，移动舆论场的系统性、复杂性对网络空间治理工作提出了更

---

① 新华网. 习近平：推动媒体融合向纵深发展 巩固全党全国人民共同思想基础［EB/OL］. http://www.xinhuanet.com/politics/leaders/2019 - 01/25/c_ 1124044208.htm，2019 - 01 - 25.

高的要求。

　　鉴于此，治理主体要主动适应移动舆论场上供给侧的复杂结构和关系，深刻理解移动社交媒体传播机制和舆论热点之间的紧密关联性，充分尊重"传播赋权""议程设置"的泛媒介化个体及自组织生态系统，不断调整优化引导的方式、尺度和技巧，以适应不断变化的传播语境和移动场景的需求，提升舆论供给水平，更好满足受众需求，有效激发和利用舆论场中的正能量，引导和消减负面声音，解决当前正面有效舆论声音传播不平衡不充分的问题，最终实现凝聚共识、争取人心的目的。

　　本研究围绕移动社交媒体舆论热点传播机制，主要以移动社交媒体出现时间节点和影响力为标准，对当下影响力最强的几种主要移动社交媒体舆论热点传播机制深入分析研究，重点通过传播赋权理论研究微博的舆论热点传播机制、议程设置理论研究微信公众账号的舆论热点传播机制、自组织理论研究微信朋友圈的舆论热点传播机制、场景理论研究移动短视频的舆论热点传播机制，综合应用传播学、舆论学相关理论的内部演化机制以及外部环境影响对不同移动社交媒体的传播过程、传播特征、传播模式、传播影响比较研究，建立了当前移动社交媒体舆论热点传播机制的发展演化模式和优化路径，并根据发展演化规律从不同层面、不同角度提出移动社交媒体舆论引导及治理的策略。本研究主要结论如下。

一、万物皆媒时代重塑传播生态

　　2019 年，工信部宣布发放 5G 牌照，中国互联网正式进入 5G 时代。通信技术的演进与媒介形态变革之间有着直接联系，3G 的商业应用带来了微博、微信移动端的普及应用，信息传播从 PC 端逐步转移到移动端。4G 的商业应用带来了以短视频为代表的多媒体产品的迅速崛起，让移动智能终端成为信息传播过程中不可或缺的一环。5G 的市场准入，标志着互联网将从人与人之间的连接发展到人与物、物与物之间联系，物联网、区块链、人工智能等与 5G 技术密切相关的应用推动媒介形态发生变革与发展，移动社交媒体进入无线网络的深度体验时代，舆论热点传播机制也会发生质的变化。进入全移动和全连接的媒介社会，场景的构建为各类媒体带来万物互联、万物皆媒的新平台和新机遇，新的信息革命带来的不仅是媒介形态的变化，更是舆论热点传播形式的深刻变革，移动社交将进一步主流化，成为舆论热点传播的主阵地。

在万物皆媒时代，移动社交媒体未来可能向平台型媒体发展。2014年美国学者乔纳森·格里克（Jonathan Glick）提出了平台型媒体（Platisher）的概念，即平台方（Platform）和出版方（Publisher）的合成词。平台型媒体被认为是既拥有传统媒体的专业资源，又向平台所有用户开放内容编辑的新技术平台，遵循着特定规则开放式提供内容和服务。平台型媒体建立在超高速率、超低延时、超大连接的网络技术基础之上，在物联网的平台上，现有媒体形态深度融合，不同媒体边界逐渐模糊消解，信息传播渠道互相联通，用户自主选择和生成内容充分实现，媒介、用户、信息、技术达到"你中有我、我中有你"的状态，人工智能将与媒介平台共同作用，构建新的舆论热点传播机制。平台型媒体将给新的舆论热点传播机制带来几方面的发展变革。

一是传播媒介的场景化、精准化。5G技术为移动智能终端、社交媒体、传感器和算法推荐等提供了更多交互的可能，衣食住行和娱乐服务都可以与传播内容深度融合，并在各自垂直领域深耕细作，满足差异化需求。平台型的媒体将能够更好地分析匹配每个用户在特定场景中的需求和传播行为，并根据人工智能算法满足其需要的体验和服务，甚至创造现实与虚拟空间的无缝对接。

二是传播机制的智能化、泛在化。在平台型媒体上，人工智能进入信息生产、议程设置、传播和引导环节中，现有舆论传播机制将进一步表现出智能化倾向，多元主体在去中心化的模式下参与完成舆论传播，各类智能产品将成为舆论传播的端口，为参与者创造无所不在的沉浸体验。

三是用户关系的社交化、连接化。5G的到来与社交化密不可分，物联网时代，各类信息服务的社交属性将进一步增强，社交成为推动传播的主要动力。传播的关系不仅仅是人与人之间的相互作用，还包括人与物、人与环境、物与物之间的深度关系和连接。在关系的深度连接中，物联网是交互的关键环节，语音、身体都将成为传播互动的载体，并与实物终端相连，继而推动传播机制的深刻变革。

未来，传播媒介将不再局限于某种特定的传播形态，无论是微博微信，还是短视频、移动新闻客户端，都需要在5G发展应用的场景中重新认知各种媒介形式和传播形式，以便了解舆论热点传播机制的内在动因，为舆论引导提供新的思路和方法。

二、网络社会的传播权力

根据社会学和传播学学者曼纽尔·卡斯特（Manuel Castells）提出的网络社

会理论，他认为，网络社会（network society）就是遵循"网络化的逻辑"（net-working logic）而形成的社会结构。网络是一组相互连接的节点，而节点（node）是"曲线与己身相交之处"①。网络化逻辑则遵循信息、节点和权力的分配来运行，节点是推动网络社会互动传播的关键环节，"互动过程是信息（影像、声音、象征等）、物质（资本、技术等）甚至权力（对经济或政治的支配）的流动过程，由此形成了网络社会的基础流动空间"②。流动的空间是抽象的符号构建，由公共领域向网络空间领域的转移，表明网络流动空间权力的存在和影响，网络化逻辑是由信息传播和技术发展主导网络空间的流动和交互。网络社会中，"信息的生产、处理和应用"成为"生产力和竞争力"，即"传播力"，其中信息的流动和权力的流动具有紧密关联性，进入网络社会，信息成为主导网络社会发展的动力，信息和权力的流动构建了网络社会的基本结构要素。网络社会理论对传播力（communication power）的内涵进行了深入分析，网络社会中的权力基本上是围绕着文化代码和信息内容的生产和传播进行的③，网络社会中，话语通过媒体和互联网传播，由人们生产、传播、争夺、内化，并最终体现在人类行动中。因此，在网络社会语境中，传播即权力④。曼纽尔·卡斯特选取社会现实案例来说明社交媒体传播力对现实的重要影响作用，如用数据分析社交媒体在奥巴马当选美国总统过程中的关键作用。网络社会理论中关于传播权力的构建对当前我国网络空间治理和舆论引导工作有重要的借鉴价值。传播即权力不仅意味着传播带来的赋权行为，也促进了实现传播权力的"平权过程"，大众的自主传播行为分化了传统的传播主导权，移动社会媒体作为当前网络社会的重要节点，普通用户的接受使用对社会权力关系的构建和解构发挥了重要作用，对社会治理和网络治理工作提出了极大挑战，相对不受控制的传播行为带来的舆论热点事件，可能会影响社会稳定及网络空间秩序。特别是5G时代的到来，传播技术的极大革新将会进一步激活媒介的权力和动力，传播权力对普通用户的不断加强，对传统的政府治理构成了权力的反作用。因此，社会治理主体要高度重视大众媒体特别是5G时代移动社交媒体可能带来的传播平

---

① 曼纽尔·卡斯特. 网络社会的崛起. 夏铸九等译. 北京：社会科学文献出版社，2000：505.
② 曼纽尔·卡斯特. 网络社会的崛起. 夏铸九等译. 北京：社会科学文献出版社，2000：570.
③ Manuel Castells. Communication Power. Oxford University Press，2009：16.
④ Manuel Castells. Communication Power. Oxford University Press，2009：53.

权属性，将传播力的重要作用纳入社会治理的考量指标，通过舆论引导的协同应对万物皆媒时代传播权力带来的潜在风险。

三、本研究获得的主要结论

1. 深入研究当前移动社交媒体舆论热点传播环境与格局，充分认识移动社交媒体对舆论热点生成传播的作用和影响。运用不同的理论分析工具，根据传播主体因素、传播客体因素、传播媒介因素、传播内容因素和传播效果等因素，描述了移动社交媒体舆论热点传播的新现象和新规律，深入分析不同移动社交媒体的舆论热点传播特征和模式，探索舆论热点传播机制发挥作用的过程方式以及对舆论场的整体影响效果，建立起微博、微信公众账号、微信朋友圈、移动短视频的舆论热点传播模式，结合典型的舆论热点事件案例分析，总结其传播机制的内在规律。

2. 以社会网络理论框架和标准为基础，研究影响移动社交媒体舆论热点发酵传播的关键节点和动力因素，得出事件性质、舆论正负向、传播渠道、自组织群体、共情心理、场域情境、流行话语等是影响移动社交媒体舆论事件是否能够生成扩散为舆论热点的内在结构要素。通过研究移动社交媒体舆论热点事件的话题主题与规模，议程设置的同步化，颗粒化，首轮发酵路径，关键传播节点等传播关键阶段，总结提炼移动社交媒体舆论热点传播模式。

3. 在研究机制在舆论热点传播过程中如何发挥作用、取得了什么样的效果的基础上，总结移动社交媒体舆论传播的本质特征，提出移动社交媒体舆论热点生成的偶发性、舆论传播的圈层性、舆论效果的协同性、舆论消散的长尾性的传播机制特性，构建热点触发机制、互动传播机制、碎片聚合机制、群体极化机制、长尾闭合机制的结构要素和联动机理。

4. 在理论研究基础之上，从实践角度对移动社交媒体舆论热点传播机制的影响和效果进行检验，挖掘移动社交媒体与舆论引导的良性交互作用，从中发现移动社交媒体舆论引导机制存在的问题和不适应性并加以改进完善，立足于加强和改进舆论引导的角度，从强化思维更新、强化基础管理、强化主体责任、强化行业自律的"四个强化"角度，为移动社交媒体网络空间治理提供对策和依据。

四、研究不足与展望

1. 主要运用定性和案例分析的方法探究移动社交媒体舆论热点传播机制的

规律，缺乏量化的数据分析，而移动社交媒体舆论热点传播受到诸多复杂的即时更新的因素影响，使研究结果缺乏定量的依据。

2. 本研究基于不同理论建立的多种移动社交媒体舆论热点传播模式是基于对舆论传播现象的认识，在内在规律的深刻挖掘和系统研究应用上尚存不足，传播现象可能会随着时间和空间的变化而发生变化，因此本研究还需要立足长远进行规律性的研究总结。

3. 本研究的治理策略多从网络空间治理和舆论引导的具体实践指导角度切入，舆论传播的宏观角度和理论研究稍显不足，需要进一步细化丰富，提升具体策略针对不同移动社交媒体平台和不同舆论热点事件性质的准确性和科学性。

移动社交媒体是时刻都在与时俱进创新发展的媒介形式，可以说，对相关领域的理论研究和实践应用都是稍显滞后和不足的。未来，期待更多研究聚焦到移动社交媒体以及舆论热点传播机制研究领域，重点关注社会网络中的关系传播对网络空间和现实社会带来的深刻影响，在国家治理能力和治理手段现代化的大趋势下，研究提高移动社交媒体综合治理能力，推动形成党委领导、政府管理、企业履责、社会监督、网民自律等多主体参与，经济、法律、技术等多种手段相结合的综合治网格局。

参考文献

一、中文文献

著作类：

［1］保罗·莱文森．新新媒体．何道宽译．上海：复旦大学出版社，2011：3－8．

［2］比尔·科瓦奇，汤姆·罗森斯蒂尔．真相：信息超载时代如何知道该相信什么．陆佳怡，孙志刚译．北京：中国人民大学出版社，2014：179．

［3］布尔迪厄．实践与反思．李猛，李康译．北京：中央编译出版社，1998．

［4］辞海．上海：上海辞书出版社（第1版），2009．

［5］陈力丹．舆论学——舆论导向研究．上海：上海交通大学出版社，2012．

［6］崔蕴芳．网络舆论形成机制研究．北京：中国传媒大学出版社，2012．

［7］戴瑞克·希金斯．系统工程：21世纪的系统方法论．朱一凡，王涛，杨峰译．北京：电子工业出版社，2018．

［8］党生翠．网络舆论蝴蝶效应研究：从"微内容"到舆论风暴．北京：中国人民大学出版社，2015．

［9］董璐．传播学核心理论与概念．北京：北京大学出版社，2016．

［10］弗雷德里克·S. 西伯特．传媒的四种理论．戴鑫译．北京：中国人民大学出版社，2018．

［11］高钢．传播边界的消失．北京：中央广播电视大学出版社，2016．

［12］郭庆光．传播学教程．北京：中国人民大学出版社，2011：52－53．

［13］韩运荣，喻国明．舆论学原理、方法与应用．北京：中国传媒大学出版社，2005.

［14］赫尔曼·哈肯．大自然成功的奥秘：协同学．凌复华译．上海：上海译文出版社，2005

［15］赫尔曼·哈肯．信息与自组织．巧治安等译．成都：四川教育出版，1988：29.

［16］蒋忠波．网络议程设置的实证研究．北京：中国社会科学出版社，2015.

［17］卡琳．沃尔．乔根森，托马斯·哈尼奇．当代新闻学核心．张小娅译．北京：清华大学出版社，2014.

［18］匡文波．新媒体舆论：模型、实证、热点及展望．北京：中国人民大学出版社，2014.

［19］雷跃捷，薛宝琴．舆论引导新论．北京：社会科学文献出版社，2018.

［20］雷跃捷，辛欣．网络新闻传播概论．北京：中国传媒大学出版社，2007 年修订版．

［21］刘朝霞．转型期网络舆论生态：动因、机制与模型．北京：中国社会科学出版社，2016.

［22］刘建明．社会舆论原理．北京：华夏出版社，2002：36-37.

［23］刘建明等．舆论学概论．北京：中国传媒大学出版社，2009：50.

［24］刘建明，王泰玄．宣传舆论学大辞典．北京：经济日报出版社，1993.

［25］刘毅．网络舆情研究概论．天津：天津人民出版社，2007：292-326.

［26］芦何秋．社交媒体意见领袖研究．武汉：武汉大学出版社，2016：30-38.

［27］罗伯特·思考博，谢尔·伊斯雷尔．即将到来的场景时代．赵乾坤，周宝曜译．北京：北京联合出版公司，2014.

［28］罗德尼·本森．布尔迪厄与新闻场域．张斌译．杭州：浙江大学出版社，2017.

[29] 马尔科姆·格拉德威尔．引爆流行．钱清，覃爱冬译．北京：中信出版社，2006.

[30] 马修·弗雷泽，苏米特拉·杜塔．社交网络改变世界．谈冠华，郭小花译．北京：中国人民大学出版社，2013：1－10.

[31] 麦库姆斯．议程设置：大众媒介与舆论．郭镇之，徐培喜译．北京：北京大学出版社，2008.

[32] 曼纽尔·卡斯特．网络社会的崛起．夏铸九等译．北京：社会科学文献出版社，2000.

[33] 闵大洪．中国网络媒体 20 年（1994—2014）．北京：电子工业出版社，2016.

[34] 尼古拉斯·尼葛洛庞帝．数字化生存．胡泳译．海口：海南出版社，1997.

[35] 欧文·戈夫曼．日常生活中的自我呈现．周怡，冯钢译．北京：北京大学出版社，2008.

[36] 勒庞．乌合之众：大众心理研究．冯克利译．北京：中央编译出版社，2004：33.

[37] 彭虹．涌现与互动——网络社会的传播视角．北京：中国社会科学出版社，2010：82.

[38] 彭兰．社会化媒体：理论与实践解析．北京：中国人民大学出版社，2015.

[39] 彭剑．社会化媒体舆论传播与引导研究．上海：三联书店，2016.

[40] 十四大以来重要文献选编（上）．北京：人民出版社，1996：654.

[41] 师曾志．新媒介赋权及意义互联网的兴起．北京：社会科学文献出版社，2014.

[42] 王秋菊，师静．网络舆论生成机制与引导规律研究．保定：河北大学出版社，2012：155.

[43] 王喆．社交媒体新世代的互动传播．北京：科技出版社，2018.

[44] 威尔伯·施拉姆．传播学概论（第 2 版）．何道宽译．北京：中国人民大学出版社，2010.

[45] 沃尔特·李普曼．公众舆论．阎克文，江红译．上海：上海人民出版

社，2006.

[46] 杨国斌．连线力：中国网民在行动．桂林：广西师范大学出版社，2012：61.

[47] 于德山．共识与分歧：网络舆论的信息传播研究．北京：社会科学文献出版社，2016.

[48] 余红．互联网时代网络舆论发生机制研究．武汉：华中科技大学出版社，2016.

[49] 袁媛．社会化媒体中公共危机事件的传播机制研究．北京：光明日报出版社，2017.

[50] 约书亚·梅罗维茨．消失的地域：电子媒介对社会行为的影响．肖志军译．北京：清华大学出版社，2002.

[51] 张志安．新媒体与舆论：十二个关键问题．北京：中国传媒大学出版社，2016.

[52] 曾润喜．热点事件网络舆情的传播与治理．武汉：华中科技大学出版社，2017.

[53] 郑永年，邱道隆．技术赋权：中国的互联网、国家与社会．北京：东方出版社，2014.

[54] 中共中央宣传部舆情信息局．网络舆情信息工作理论与实务．北京：学习出版社，2009：30.

[55] 周鸿铎主编．传播学教程．北京：中国书籍出版社，2010：265.

[56] 邹振东．弱传播——舆论世界的哲学．北京：国家行政学院出版社，2018.

期刊、报告类：

[57] 安珊珊．网络舆论生成中的要素及其互动影响机制——基于四个中文BBS论坛的探索性研究．新闻与传播研究，2012（5）.

[58] 蔡雯，翁之颢．微信公众平台：新闻传播变革的又一个机遇——以"央视新闻"微信公众账号为例．新闻记者，2013（7）.

[59] 曹博林．社交媒体：概念、发展历程、特征与未来——兼谈当下对社交媒体认识的模糊之处．湖南广播电视大学学报，2011（9）.

[60] 曹劲松. 网络舆情的发展规律. 新闻与写作, 2010 (5).

[61] 陈楚洁. 公民媒体的构建与使用: 传播赋权与公民行动. 公共管理学报, 2010 (4).

[62] 陈力丹, 宋晓雯, 邵楠. 传播学面临的危机与出路. 新闻记者, 2016 (8).

[63] 陈卫星. 新媒体的媒介学问题. 南京社会科学, 2016 (2).

[64] 陈先红. 论媒介即关系. 现代传播, 2016 (3).

[65] 陈远, 袁艳红. 微博信息传播的正负社会效应. 信息资源管理学报, 2012 (2).

[66] 程士安. 网络公共话题影响力形成的媒体关系及作用. 广告大观 (综合版), 2013 (3).

[67] 戴月华. 网络舆论传播中的"蝴蝶效应": 复杂性理论的传播学启示. 传媒学院学报, 2012 (12).

[68] 邓建国, 张琦. 移动短视频的创新、扩散与挑战. 新闻与写作, 2018 (6).

[69] 丁未. 新媒体与赋权——一种实践性的社会研究. 国际新闻界, 2009 (10).

[70] 董子铭. 舆论引导的学理解读: 元理由、概念及其系统特征. 四川大学学报 (哲学社会科学), 2014 (5).

[71] 窦锋昌, 李华. 热点事件传播的新路径、新特点与新应对——以2016年5起热点事件的传播为例. 新闻战线, 2017 (9).

[72] 方兴东, 石现升, 张笑容, 张静. 微信传播机制与治理问题研究. 现代传播, 2013 (6).

[73] 方兴东, 张静, 张笑容. 即时网络时代的传播机制与网络治理. 现代传播, 2011 (5).

[74] 冯锐, 李闻. 社交媒体影响力评价指标体系的构建. 现代传播, 2017 (3).

[75] 郭岩, 刘春阳, 余智华, 张瑾, 戴媛. 网络舆情信息源影响力的评估研究. 中文信息学报, 2011 (3).

[76] 韩立新. 时空转移与智慧分流: 媒体的分化与重构. 新闻与传播研

究，2016（5）．

[77] 贺恩锋，庄林远，徐文根．网络舆情潜在影响力指标体系构建及应用．情报杂志，2014（1）．

[78] 胡锦涛．在人民日报社考察工作时的讲话．人民日报，2008-6-21.

[79] 胡正荣．移动互联时代传统媒体的融合战略．传媒评论，2015（4）．

[80] 黄楚新，王丹丹．中国新媒体现状、特点和未来．新闻战线，2018（1）．

[81] 黄瑚，李俊．"议题融合论"：传播理论的一个新假设．新闻大学，2001（2）．

[82] 黄永林等．中国社会转型期网络舆论的生成原因．华中师范大学学报（人文社会科学版），2010（5）．

[83] 江泽民总书记视察人民日报社．人民日报，1996-9-27.

[84] 江积海，廖芮．商业模式创新中场景价值共创动因及作用机理研究．科技进步与对策，2017（4）．

[85] 柯赟．移动互联网舆论传播与演化机制研究．传媒，2015（12）．

[86] 匡文波．中国微信发展的量化研究．国际新闻界，2014（5）．

[87] 匡文波．微信：新媒体的新形态．群言，2014（2）．

[88] 匡文波．移动互联下的内容生产规律与传播规律．新闻与写作，2018（10）．

[89] 兰月新，曾润喜．突发事件网络舆情传播规律与预警阶段研究．情报杂志，2013（5）．

[90] 雷跃捷，李汇群．媒体融合时代舆论引导方式变革的新动向——基于微信朋友圈转发"人贩子一律死刑"言论引发的舆情分析．新闻记者，2015（8）．

[91] 雷跃捷，唐远清．论如何建立健全舆论引导工作格局和工作机制．现代传播，2007（4）．

[92] 雷跃捷．把握舆论工作规律 提高舆论引导能力．新闻传播，2017（3）．

[93] 雷跃捷，蒋玉鼐．让新闻更易抵达受众——近年来我国媒体的实践探索．新闻与写作．

［94］雷跃捷．习近平新闻舆论观的四个基本特征．现代传播，2017（10）．

［95］雷跃捷．新舆论格局下要加强对舆论引导工作时度效的研究．青年记者，2017（2）．

［96］雷攀．社交网络进入短视频时代．西部广播电视，2014（16）．

［97］李彪．网络事件传播阶段及阈值研究．国际新闻界，2011（10）．

［98］李彪．网络事件传播空间结构及其特征研究——以近年来40个网络热点事件为例．新闻与传播研究，2018（6）．

［99］李良荣，张媛．新老媒体结合造就舆论新格局．国际新闻界，2008（7）．

［100］李良荣，郑雯．论新传播革命——新传播革命研究之二．现代传播，2012（4）．

［101］李明德，张园，刘婵君，高如．互联网思维下舆论引导的改善与创新．西安交通大学学报，2015（5）．

［102］李洋．网络舆情传播机制及其引导．青年记者，2018（33）．

［103］李阳．微信公众平台的角色定位与功能调适．社会科学辑刊，2014（2）．

［104］林凌．移动网络舆论传播机制及引导策略．当代传媒，2012（5）．

［105］林阳．作为场景的媒介——读《消失的地域——电子媒介对社会行为的影响》．传播力研究，2017（10）．

［106］廖海涵，靳嘉林，王曰芬．网络舆情事件中微博用户行为特征和关系分析——以新浪微博"雾霾调查："穹顶之下"为例．情报资料工作，2016（3）．

［107］逯义峰，杨伯溆．新媒介即新社区：网络化个人主义理论探析．新闻界，2018（3）．

［108］刘丛，谢耘耕，万旋傲．微博情绪与微博传播力的关系研究——基于24起公共事件相关微博的实证分析．新闻与传播研究，2015（9）．

［109］刘洪举，任镝．网络舆论的传播与控制机制．情报科学，2015（4）．

［110］刘鹏飞．网络舆情抽样与分析方法．青年记者，2009（8）．

［111］刘茜，欧阳宏生．场景力：移动时代传媒核心竞争力．新闻战线，

2018（1）.

[112] 刘艳婧．网络舆论热点议题的信息架构分析．新闻学与传播学，2013（12）.

[113] 刘衍珩，李飞鹏，孙鑫，朱建启．基于信息传播的社交网络拓扑模型．通信学报，2013（4）.

[114] 马晓娟，李玉贞，胡勇．微博用户影响力的评估．信息安全与通信保密，2013（6）.

[115] 麻小影．互联网时代地域的"存在"与"消失"——从梅罗维茨的媒介情境理论出发．新媒体研究，2018（8）.

[116] 孟颖．社会化媒体环境下舆论引导现状及对策．新闻世界，2013（9）.

[117] 闵大洪．传统媒体的网络社会化媒体使用．南方传媒研究，2009（6）.

[118] 彭兰．碎片化社会背景下的碎片化传播及其价值实现．今传媒，2011（10）.

[119] 彭兰．传统媒体转型的三大路径移动化、社交化、智能化．新闻界，2018（1）.

[120] 彭兰．传播者、受众、渠道：博客传播的深层机制．上海师范大学学报（哲学社会科学版），2007（6）.

[121] 彭兰．社会化媒体、移动终端、大数据：影响新闻生产的新技术因素．新闻界，2012（16）.

[122] 彭兰．场景：移动时代媒体的新要素．新闻记者，2015（3）.

[123] 彭剑，苟德培．微媒时代：移动互联、小众传播、圈内扩散的控制研究——以移动终端上微信的传播与控制为例．西部学刊，2018（11）.

[124] 彭剑．后媒介时代：新闻研究的新领域、新方向、新突破．新闻与传播研究，2018（12）.

[125] 彭剑．社会化媒体舆论生成及传播机制研究．编辑之友，2016（4）.

[126] 彭剑．社会化媒体舆论：从个体理性到公共理性．当代文坛，2014（6）.

[127] 芮必峰. 人类理解与人际传播——从"情境定义"看托马斯的传播思想. 新闻与传播研究, 1997 (2).

[128] 单学刚, 朱燕, 卢永春. 载体多元、热点频出、交融传播——2016年中国移动舆论场研究报. 中国报业, 2016 (15).

[129] 沈正斌. 新媒体时代新闻舆论传播力、引导力、影响力和公信力的重构. 现代传播, 2016 (5).

[130] 沈正赋. 新媒体时代传播力的影响要素及其建构路径. 新闻战线, 2018 (9).

[131] 沈阳, 杨艳妮. 中国网络意见领袖社区迁徙影响因素及路径分析. 国际新闻界, 2016 (1).

[132] 史安斌, 王沛楠. 议程设置理论与研究50年: 溯源·演进·前景. 新闻与传播研究, 2017 (10).

[133] 师静, 王秋菊. 从"蝴蝶效应"谈网络舆论热点生成路径. 传媒观察, 2011 (2).

[134] 施亮, 鲁耀斌. 微博用户行为意向及平台的调节作用研究. 管理学报, 2014 (2).

[135] 苏涛, 彭兰. 多元化、精细化与范式创新: 2016年新媒体研究的特点与进路. 国际新闻界, 2017 (1).

[136] 孙玮. 从新媒介通达新传播: 基于技术哲学的传播研究思考. 暨南学报 (哲学社会科学版), 2016 (1).

[137] 孙五三. 舆论研究的新思路——介绍协同学中的舆论研究方法. 新闻研究资料, 1991 (1).

[138] 谭天, 张子俊. 我国社交媒体的现状、发展与趋势. 编辑之友, 2017 (1).

[139] 唐绪军, 黄楚新, 王丹. 智能互联与数字中国: 中国新媒体发展现状、展望. 新闻与写作, 2018 (9).

[140] 田卉, 柯惠新. 网络环境下的舆论形成模式及调控风险. 新闻学与传播学, 2015 (5).

[141] 万克文. 网络舆情影响因素与政府干预效果的研究与分析——基于2007—2014年130起重大网络舆情事件. 情报杂志, 2015 (5).

[142] 王斌，郭扬．移动社交情境下互联网媒体的内容生产流程重构．编辑之友，2018（7）．

[143] 王欢，祝阳．人际沟通视阈下的微信传播解读．现代情报，2013（7）．

[144] 王辉，韩江洪，邓林，程克勤．基于移动社交网络的谣言传播动力学研究．物理学报，2013（11）．

[145] 王来华．舆情变动初论．学术交流，2005（12）．

[146] 王来华．论网络舆情与舆论的转换及其影响．天津社会科学，2008（4）．

[147] 王喆．社会政治议题网络讨论之认知失调与选择性修正．国际新闻界，2016（2）．

[148] 王晴锋．戈夫曼与情境社会学：一种研究取向的阐释性论证．社会科学研究，2018（5）．

[149] 汪明艳，陈梅．社交媒体网络舆情传播影响力研究综述．情报科学，2017（5）．

[150] 吴世文．融合文化本质与受众自我赋权．重庆社会科学，2011（3）．

[151] 吴信东，李毅，李磊．在线社交网络影响力分析．计算机学报，2014（4）．

[152] 吴云，胡广伟．政务社交媒体的公众接受模型研究．情报杂志，2014（2）．

[153] 肖丽妍，齐佳音．基于微博的企业网络舆情社会影响力评价研究．情报杂志，2013（5）．

[154] 肖璇，王铁男，郝凡浩．社会影响理论视角的社交媒体持续使用研究．管理科学学报，2017（11）．

[155] 肖岳峰，李祖塔．网络热点对大学生思想行为影响．高教论坛，2011（8）．

[156] 谢静．微信新闻：一个交往生成观的分析．新闻与传播研究，2016（4）．

[157] 谢科范，赵湜，陈刚．网络舆情突发事件的生命周期原理及集群决

策研究．武汉理工大学学报，2010（4）．

[158] 谢文静．西方社交媒体研究综述．新闻春秋，2014（2）．

[159] 谢新洲，安静．微信的传播特征及其社会影响．中国传媒科技，2013（11）．

[160] 解玉斌，李劭强．媒体舆论引导力建设的新思维——基于戈夫曼"情境定义"的视角．青年记者，2018（1）．

[161] 徐敬宏，李欲晓，方滨兴等．非常规突发事件中网络舆情的生成及管理．当代传播，2010（4）．

[162] 徐英雪，兰芬．微信：网络舆论战的新利器．国防科技，2014（2）．

[163] 薛国林，甘韵矶．"自留地"还是"公共绿地"？媒体人微信公众账号实践的机遇与困境．新闻爱好者，2014（6）．

[164] 薛可，许桂苹，赵袁军．热点事件中的网络舆论：缘起、产生、内涵与层次研究．情报杂志，2018（8）．

[165] 杨洸．社会化媒体舆论的极化和共识——以"广州区伯嫖娼"之新浪微博数据 为例．新闻与传播研究，2016（2）．

[166] 杨娟娟，杨兰蓉，曾润喜，张韦．公共安全事件中政务微博网络舆情传播规律研究——基于"上海发布"的实证．情报杂志，2013（9）．

[167] 易承志．群体性突发事件网络舆情的演变机制分析．情报杂志，2011（12）．

[168] 言靖．传播视野下的舆论形成机制研究．新闻知识，2009（2）．

[169] 喻国明，马慧．关系赋权：社会资本配置的新范式——网络重构社会连接之下的社会治理逻辑变革．编辑之友，2016（9）．

[170] 喻国明．互联网时代的新权力范式："关系赋权"—"连接一切"场景下的社会关系的重组与权力格局的变迁．国际新闻，2016（10）．

[171] 喻国明．网络舆论场域的供给侧改革：要素设计与关键性操作．新闻与写作，2017（1）．

[172] 喻国明．关于传媒影响力的诠释——对传媒产业本质的一种探讨．国际新闻界，2003（2）．

[173] 喻国明，梁爽．移动互联时代："场景"的凸显及其价值分析．当代

传播，2017（1）．

［174］喻国明，张佰明．从版面扩张到界面扩展：传统媒介未来发展的关键转型．现代传播，2010（6）．

［175］喻国明，吴文汐，何其聪．传媒的进化趋势与未来可能．北方传媒研究，2016（3）．

［176］郁赛君．网络热点事件的信息生成、传播及自净机制——以"罗尔事件"为例．青年记者，2017（5）．

［177］余秀才．网络舆论场的构成及其研究方法探析——试述西方学者的"场"论对中国网络舆论场研究带来的启示．现代传播，2010（5）．

［178］袁川晔．网络时代的议程设置．青年记者，2010（2）．

［179］翟波，赵晓阳．论新媒体介质下舆情传播与应对．新西部（理论版），2015（4）．

［180］张安淇，陈敬良．社会化媒体管理的创新途径研究．管理世界，2015（10）．

［181］张佰明．以界面传播理念重新界定传受关系．国际新闻界，2009（10）．

［182］张玥，孙霄凌，朱庆华等．基于ELM模型的微博舆情传播影响因素研究——以新浪微博为例．情报学报，2014（4）．

［183］张玉忠，袁立宇，徐雄．个性化推荐在移动互联网业务中的应用．电信科学，2012（28）．

［184］赵作为．社会化媒体舆情生成及传播机制探究．出版广角，2017（10）．

［185］赵云泽，张竞文，谢文静，俞炬昇．"社会化媒体"还是"社交媒体"？——一组至关重要的概念的翻译和辨析．新闻记者，2015（6）．

［186］赵静娴，关雅针．移动社交网络中舆论引导机理研究．情报探索，2016（5）．

［187］赵晓燕．自媒体视角下的赋权理论研究．科学大众，2016（10）．

［188］赵娅军．网络舆论热点中的网民群体特征分析．新媒体，2015（5）．

［189］钟智锦，曾繁旭．十年来网络事件的趋势研究：诱因、表现与结局．

新闻与传播研究, 2014 (4).

[190] 周葆华. 社会化媒体时代的舆论研究：概念、议题与创新. 南京社会科学, 2014 (1).

[191] 朱丽, 吕本富, 彭赓. 基于 AHP 法的个人博客影响力评价方法研究. 数学的实践与认识, 2008 (15).

[192] 艾媒网. 2017 上半年中国短视频市场研究报告 [EB/OL]. http：//www. iimedia. cn/56105. html, 2017 - 9 - 12/2017 - 10 - 05.

[193] 艾瑞咨询. 2017 年众媒渠道下移动资讯 APP 媒体价值研究报告 [EB/OL]. http：//www. iresearch. com. cn/report/3040. html, 2017 - 08 - 20/2017 - 10 - 20.

[194] 艾媒咨询. 2017 年 10 月份中国 APP 活跃用户排行榜（TOP450）[EB/OL]. http：//www. iimedia. cn/59770. html, 2017 - 08 - 20/2017 - 10 - 20.

[195] 百度百科. 中国网络社会组织联合会 [EB/OL]. https：//baike. baidu. com/item/22570200? Fr, 2018 - 10 - 23/2018 - 12 - 23.

[196] 陈郁. 2015《新媒体蓝皮书》发布：近六成假新闻首发于微博 [EB/OL]. http：//www. ce. cn/xwzx/gnsz/gdxw/201506/24/html, 2015 - 06 - 24/2015 - 07 - 20.

[197] 黄昭华. 信息时代下的舆论形成与传播机制研究 [EB/OL]. http：//media. people. com. cn/n/2012/1205/c238969 - 19803610 - 2. html, 2012 - 12 - 05/2017 - 11 - 06.

[198] 李未柠. 2014 中国网络舆论生态环境报告：中国进入互联网"新常态" [EB/OL]. http：//news. xinhuanet. com/newmedia/2014 - 12/25. htm, 2014 - 12 - 25/2014 - 12 - 27.

[199] Mayfield, Antony. What is social media? [EB/OL]. http：//www. antonymayfield. com/2008/03/22/What - is - social - media - ebook - onmashable, 2016 - 06/2007 - 09

[200] 清华大学新闻与传播学院新媒体研究中心. 众媒时代：新媒体发展趋势报告（2015）[EB/OL]. http：//tech. qq. com/a/20151112/009900. htm#p = 1, 2015 - 11 - 12/2015 - 12 - 21.

[201] 人民网舆情监测室. 2016 年中国互联网舆情分析报告 [EB/OL]. ht-

tp：//yuqing. people. com. cn/n1/2016/1222/c408999 － 28969136. html，2016 －
12 － 22/2017 － 2 － 21.

［202］任冉．新媒体的狂欢与盲动——从《KNOY2012》的病毒式传播说
开去［EB/OL］．http：//dwz. cn/FShMZ，2017 － 9 － 05/2017 － 11 － 06.

［203］网络传播杂志．中央网信办、中组部召开全国互联网企业党建工作
座谈会［EB/OL］．http：//www. cfis. cn/2018 － 09/25/c _ 1123478945. htm，
2018 － 9 － 25/2018 － 12 － 23.

［204］微博2017赋能自媒体收入207亿CEO王高飞谈"坚持"．ZAKER
［EB/OL］．https：//www. Myzaker. com/article/5a2675fc1bc8e0fd77000002/2017，
2017 － 09 － 24/2017 － 10 － 20.

［205］新华网．2014：两个舆论场共识度报告［EB/OL］．http：//
news. xinhuanet. com/newmedia/2014 － 12/25/c_ 1113781054. htm，2014 － 12 － 25/
2014 － 12 － 26.

［206］新华网．舆情反转与良性网络舆论生态的塑造［EB/OL］．http：//
news. xinhuanet. com/yuqing/2016 － 05/18/c _ 128992868. htm，2016 － 05 － 18/
2016 － 08 － 22.

［207］新华网．国家网络空间安全战略［EB/OL］．http：//www. xinhua-
net. com//politics/2016 － 12/27/c _ 1120196479. htm，2016 － 12 － 27/2017 －
2 － 25.

［208］新华网．在网络安全和信息化工作座谈会上的讲话［EB/OL］．ht-
tp：//www. xinhuanet. com/2018 － 04/23/c_ 1122729579. htm,2016 － 4 － 25/2017 －
02 － 21.

［209］新华网．意识形态工作是党的一项极端重要的工作［EB/OL］．ht-
tp：//www. xinhuanet. com/2018 － 04/23/c_ 1122729579. htm,2013 － 8 － 20/2017 －
02 － 21.

［210］新华网．习近平在党的新闻舆论工作座谈会上强调坚持正确方向创
新方法 手段提高新闻舆论传播力引导力［EB/OL］．http：//www. xinhuanet.
com/2018 － 04/23/c_ 1122729579. htm，2016 － 2 － 19/2017 － 02 － 21.

［211］新华网．习近平：自主创新推进网络强国建设［EB/OL］．http：//
www. xinhuanet. com/2018 － 04/21/c _ 1122719810. htm，2018 － 4 － 21/2018 －

05 – 23.

［212］新华网 . 2014：两个舆论场共识度报告 . ［EB/OL］. http：//news. xinhuanet. com/newmedia/2014 – 12/25/c_ 1113781054. htm，2014 – 12 – 25/2014 – 12 – 26

［213］中国网信网 . CNNIC 发布第 41 次中国互联网络发展状况统计报告 ［EB/OL］. http：//www. cac. gov. cn/2018 – 01/31/c_ 1122346138. htm，2018 – 01 – 31/ 2018 – 02 – 23.

［214］中国网信网 . CNNIC 发布第 42 次中国互联网络发展状况统计报告 ［EB/OL］. http：//www. cac. gov. cn/2018 – 01/31/c_ 1122346138. htm，2018 – 08 – 20/2018 – 09 – 21.

［215］中国网信网 . CNNIC 发布第 43 次中国互联网络发展状况统计报告 ［EB/OL］. http：//cnnic. cn/gywm/xwzx/rdxw/20172017_ 7056/201902/t20190228_ 70643. htm，2019 – 02 – 28/2019 – 03 – 02.

［216］中国网信网 . 2016 年中国社交类应用用户行为研究报告 ［EB/OL］. http：//www. cnnic. net. cn/hlwfzyj/hlwxzbg/sqbg/201712/P020180103485975797840. pdf，2017 – 1 – 05/2017 – 6 – 05.

［217］中国社会科学网 . 2016 政务微信发展报告发布 ［EB/OL］. http：//www. cssn. cn/dybg/gqdy_ gdxw/201703/t20170329_ 3470417. shtml，2017 – 03 – 29/2017 – 05 – 09.

［218］人民网 . 中国网络社会组织联合会在京成立 ［EB/OL］. http：//politics. people. com. cn/n1/2018/0509/c1001 – 29975545. html，2018 – 5 – 09/2018 – 09 – 12.

［219］祝华新 . 2014 年中国互联网舆情分析报告 ［EB/OL］. http：//yuqing. people. com. cn/GB/392071/392072/index. html，2014 – 12 – 25/2014 – 12 – 27.

论文类：
［220］蔡攀攀 . 社交媒体时代热点舆情的传播机制与管理研究 . 南昌：江西财经大学，2017.

［221］陈艳 . 集结的力量——乌坎事件社会传播网络研究 . 杭州：浙江大

学，2013.

[222] 董向阳. 微博的病毒式传播研究. 深圳：深圳大学，2012.

[223] 郭宏博. 突发事件社交网络舆情的扩散及其控制研究. 秦皇岛：燕山大学，2016.

[224] 华洁. 移动社交媒体微视频的即时传播研究. 天津：天津师范大学，2015.

[225] 焦俊波. 突发事件舆论引导机制研究. 武汉：华中科技大学，2013.

[226] 孔大为. 突发事件中的微博传播机制研究. 北京：中央民族大学，2013.

[227] 孔利军. 社交网络舆情传播与控制策略研究. 太原：山西财经大学，2016.

[228] 李力. 新媒体时代的网络舆情应对研究. 南昌：南昌大学，2014.

[229] 李福琦. 移动短视频对新闻生产与传播机制的变革. 济南：山东师范大学，2018.

[230] 李骁楠. 网络视频社交行为研究. 成都：西南交通大学，2014.

[231] 卢江南. 草根之魅：新浪微博在"乌坎事件"中的传播机制研究. 北京：中国青年政治学院，2012.

[232] 刘飞. 网络微视频研究. 长沙：湖南大学，2012.

[233] 刘姝冶. 基于网络传播平台的视频自媒体机制研究. 呼和浩特：内蒙古师范大学，2015.

[234] 马欣睿. 微博客的传播特征及社会影响分析. 武汉：华中科技大学，2011.

[235] 卿立新. 突发公共事件网络舆论及其应对研究. 长沙：湖南师范大学，2012.

[236] 束芳彬. 微信的传播机制研究. 武汉：华中师范大学，2015.

[237] 唐琪. 网络热点事件的科学传播研究. 长沙：湖南大学，2012.

[238] 王飞. 改革开放以来中国共产党政治传播研究. 上海：华东师范大学，2017.

[239] 王涵宇. 突发公共事件微博舆情研究. 长沙：湖南大学，2014.

[240] 夏彬. 基于社会网络的舆论传播与引导机制研究——以"丽江女游

客遭殴打"事件为例. 昆明：云南财经大学，2018.

[241] 谢起慧. 危机中的地方政务微博：媒体属性、社交属性与传播效果——中美比较的视角. 合肥：中国科学技术大学，2015.

[242] 徐蕾. 政务社交媒体用户使用意愿研究. 南京：南京大学，2015.

[243] 余秀才. 网络舆论场传播的行为与动因. 武汉：华中科技大学，2011.

[244] 张澜. 基于空间约束的有限信任舆论演化模型研究. 武汉：华中科技大学，2014.

[245] 张仙. 公共危机网络舆情中的政府影响力评价指标体系构建研究. 成都：电子科技大学，2013.

[246] 张晓琪. 突发事件中的微博舆论影响与引导研究. 郑州：郑州大学，2013.

[247] 张晓瑞. 移动社交网络的传播学研究. 北京：北京邮电大学，2013.

[248] 左晓娜. 微博的传播机制及影响力研究. 西安：陕西师范大学，2011.

[249] 周瑄. 政务微博的信息传播模式及效果研究. 厦门：厦门大学，2014.

二、英文文献

著作类：

[250] Akshay Java. A Frame Work for Modeling Influence, Opinions and Structure in Social Media Association for Advancement Artificial Intelligence, 2007.

[251] Dearing J W, Rogers E M. Agenda – Setting Research：Where Has It Been Where Is It Going? In D. A. Graber, Eds. Media Power in Politics. Washington. DC：CQ Press, 2007, 80 – 96.

[252] Lasswell, H. D. The Structure and Function of Communication in Society. New York：Harper & Bros, 1948.

[253] Manuel Castells. Communication Power. Oxford：Oxford University Press, 2009.

[254] Morley D. Home Territories：Media, Mobility and Identity. London：

Routledge, 2000.

[255] Morley D, Robbins K. Space of Identity: Global Media, Electronic Landscapes and Cultural Boundaries. London: Routledge, 1995.

[256] Stoneeash, Jeffey Political polling: Strategic Information in Campaigns, Lanllan, MD, 2003.

论文类:

[257] Arnstein, S. R. A Ladder of Citizen Participation. Journal of the American Institute of Planners, 1969, 35 (4): 216 - 224.

[258] Birkland, T. A. Focusing Events, Mobilization, and Agenda Setting. Journal of Public Policy, 1998, 18 (1): 53 - 74.

[259] Donghao Ren, Xin Zhang, Zhenhuang Wang, Jing Li, Xiaoru Yuan, Weibo Events: A Crowd Sourcing Weibo Visual Analytic System. Proceedings of IEEE Pacific Visualization Symposium. PacificVis, 2014 (03): 330 - 334.

[260] E. Bakshy, I. Rosenn, C. Marlow, L. Adamic, The Role of Social Networks in Information Diffusion. Proceedings of the 21st International Conference on World Wide Web, 2012 (11): 519 - 528.

[261] Elgazzar An Application of the Sznajd Sociophysies Model to Small World Networks. 2001 (12): 1537 - 1544.

[262] F Xiong, Y Liu, Z J Zhang, J Zhu, Y Zhang. An Information Diffusion Model Based on Rewetting Mechanism for Online Social Media. Physics Letters A. 2012, 376 (30 - 31): 2103 - 2108.

[263] Green N. On the Move: Technology, Mobility, and the Mediation of Social Time and Space. The Information Society, 2002 (18).

[264] Guanqing Liang, Jiannong Cao. Social Context - Aware Middleware: A Survey. Pervasive and Mobile Computing Journal (PMCJ), 2015 (2): 207 - 219.

[265] Guo Dong - Wei, Chen Jing, Zou Yun, Li Bing. Evolutionary Characteristics of Public Opinion Spread in Social Networks. International Conference on Computer and Computational Intelligence, 2013 (5).

[266] G. Pickard, I. Rahwan, W. Pan, M. Cebrian, R. Crane, A. Madan,

A. Pentland. Time Critical Social Mobilization: The DARPA Network Challenge Winning Strategy, 2010 (31): 1008.

［267］Hassan S, Shiratuddin N, Hashim NL, etal. Evaluating Social Media: Towards a Practical Model for Measuring Social Media Influence. International Journal of Interactive Communication Systems and Technologies (IJ1CST) . 2014, 4 (2): 33 – 49.

［268］Hofer Matthias, Burkhard Laetitia, Allemand Mathias. Age Differences in Emotion Regulation During a Distressing Film Scene. Journal of Media Psychology – Theories Methods and Applications. 2015, 27 (2): 47 – 52.

［269］Hong H. Government Websites and Social Media's Influence on Government – public Relationships. Public Relations Review. 2013, 39 (4): 346 – 356.

［270］Hu H, Jasper C R. A Cross – cultural Examination of the Effects of Social Perception Style on Store Image Formation. Journal of Business Research, 2007, 60 (3): 222 – 230.

［271］Juliane Urban, Kristin Bulkow. Tracing Public Opinion Online – An Example of Use for Social Network Analysis in Communication Research. Procedia Social and Behavioral Sciences. 2013, 100 (7): 108 – 126.

［272］Jung Tae Kim. Location Based Personalize Social Media Service for the Smart Phone. 6th International Conference on Internet Technology and Secured Transaction, 2011 (10): 655.

［273］Kam C. Wong. The Making of the USA Patriot Act Ⅱ: Public Sentiments, Legislative Climate, Political Gamesmanship, Media Patriotism. International Journal of the Sociology of Law, 2006 (6) .

［274］Kang, Jang – Mook; Hong, Bong – Hwa. A Study on the SNS (Social Network Service) Based on Location Model Combining Mobile Context – Awareness and Real – Time AR (Augmented Reality) via Smart – phone. Communications In Computer and Information Science. 2011 (184): 299 – 307.

［275］Kaplan AN M, Haenlein M. Users of the World, Unite! The Challenges and Opportunities of Social Media. Business Horizons. 2010, 53 (01): 59 – 68.

［276］Kelman H C. Interests, Relationships, Identities: Three Central Issues for Individuals and Groups in Negotiating Their Social Environment. Annual Review of Psychology. 2006 (57): 1 – 26.

［277］Kietzmann J H, Hermkens K, McCarthy I P, et al. Understanding the Functional Building Blocks of Social Media. Business Horizons. 2011, 54 (3): 241 – 251.

［278］L. J. Zhao, J. J. Wang, Y. C. Chen, J. J. Cheng, H. G. Cui. SIHR Rumor Spreading Model in Social Networks. Physica A, 2012, 391 (7): 2444 – 2453.

［279］M. Nekovee, Y. Moreno, G. Bianconi, M. Marsili. Theory of Rumor Spreading in Complex Social Networks. Physica A, 2007, 374 (1): 457 – 470.

［280］Mark S. Granovetter. The Strength of Weak Ties. American Journal of Sociology. 1973 (6): 1360 – 1380.

［281］Mo M, Wang D. Exploit of Online Social Networks With Semi – supervised Learning. Proceeding of IEEE World Congress on Computational Intelligence, 2010 (8): 18 – 23.

［282］Nili Steinfelda, Tal Samuel – Azranb, Azi Lev – Ona. User Comments and Public opinion: Findings From an Eye – tracking Experiment. Computers in Human Behavior. 2016 (61): 63 – 72.

［283］Papacharissi, Z. The Virtual Sphere: The Internet as a Public Sphere. New Media Society, 2002, 4 (1): 9 – 27.

［284］Paul Kim and Sangwook Kim. A Model of Close – Relationship among Mobile Users on Mobile Social Network. 2011 Ninth IEEE International Conference on Dependable. Autonomic and Secure Computing, 2011.

［285］Witschge, T. Examining Online Public Discourse in Context: A Mixed Method Approach. Javnost – the public, 2008, 15 (2): 75 – 92.

［286］Withaar R. J, Ribeiro G. F, Eifng R. The Social Media Indicator 2: Towards a Software Tool for Measuring the Influence of Social Media EGOV/ePart On going Research, 2013 (6): 200 – 207.

［287］X. Wu, Z. Liu. How Community Structure Influences Epidemic Spread in Social Networks. Physica A: Statistical Mechanics and Its Applications, 2008 (387): 623 – 630.

[288] Y. Moreno, M. Nekovee, A. F. Pacheco. Dynamics of Rumor Spreading in Complex Networks. Physical Review E, 2004, 69 (6).

[289] Y. Jaewon, L. Jure. Modeling Information Diffusion in Implicit Networks. Proceedings of the 2010 IEEE international conference on data mining, 2010 (10): 599 – 608.

[290] Zanette D H. Dynamics of Rumor Propagation on Small – world Networks. Physical Review E, 2002, 65 (4).

[291] Zizi Papacharissi. The Virtual Sphere: the Internet as a Public Sphere. New Media Society, 2002 (2).